lonely planet

DE CERCA
PARÍS

Mary Winston Nicklin, Alexis Averbuck,
Jean-Bernard Carillet, Fabienne Fong Yan,
Rooksana Hossenally, Nicola Leigh Stewart,
Rowan Twine, Peter Yeung

Sumario

Arriba: Paris Plages (p. 33).
Abajo: Jardin du Luxembourg (p. 182).

DESDE ARRIBA A LA IZDA.: SASKIA B/SHUTTERSTOCK, VIT KOVALCIK/SHUTTERSTOCK

Explora París 37

Guía práctica 209

★ Imprescindible

Merece la pena

El viaje empieza aquí

¿Dónde si no se puede jugar a la petanca en un anfiteatro romano, contemplar obras maestras del impresionismo y tomarse un cóctel con el fantasma de Hemingway? Solo París tiene una oferta tan variada. La ciudad es un *millefeuille* de cultura a la espera de que el visitante le hinque el diente. He vivido muchos años en París, y su magia sigue sorprendiéndome, sea en una inauguración de una galería o tomando algo en un bistró con encanto. De pronto la belleza de París te envuelve, y sientes su irrefrenable *joie de vivre*.

Mary Winston Nicklin
marywinstonnicklin.com
Mary Winston Nicklin, francoestadounidense, es escritora y editora, y vive en la Rive Gauche de París.

St-Germain des Prés (p. 177).
POSITIVETRAVELART/SHUTTERSTOCK

LO MEJOR

Estructuras singulares

Con su impresionante arquitectura y sus inconfundibles imágenes, París es de esos sitios que todos creemos conocer. Sus famosos monumentos se han convertido en señas de identidad, y algunos incluso han sido copiados en otros sitios.

Ascender a la **Torre Eiffel,** imponente estructura de hierro forjado que destaca contra el paisaje urbano. Nadie se imagina a París sin ella. (foto; p. 42)

Admirar **Notre Dame,** centro geográfico y espiritual de la ciudad, restaurada con mimo por 2000 artesanos tras el devastador incendio de 2019. (p. 144)

Visitar el **Louvre** de noche para ver el maravilloso ambiente de este inmenso palacio convertido en museo. (p. 72)

Subir a la Butte de Montmartre, a 130 m de altura, y contemplar la blanca cúpula de la **Basilique du Sacré-Cœur.** (foto; p. 93)

Ir a la caza del Fantasma de la Ópera en el opulento **Palais Garnier,** del s. XIX, que inspiró la novela y el musical. (p. 59)

Echar un vistazo a la tumba de Napoleón, bajo la dorada cúpula del **Hôtel des Invalides,** construido en el s. XVII como residencia para veteranos de guerra discapacitados. (p. 188)

Dcha.: Hôtel des Invalides (p. 188).

DESDE LA IZDA.: GURGEN BAKHSHETYAN/SHUTTERSTOCK, NATTEE CHALERMTIRAGOOL/SHUTTERSTOCK, PINKCANDY/SHUTTERSTOCK

LO MEJOR

Experiencias gastronómicas

París, bastión de la tradición gastronómica francesa, atrae a chefs internacionales que afilan sus cuchillos en restaurantes con estrellas Michelin. También es una capital multiétnica donde probar sabores de todo el mundo. Su fama es merecida.

Preparar un pícnic visitando uno de los mercados de la ciudad *(paris.fr)*, como **Le Marché des Enfants Rouges** con puestos de productos frescos y otros donde comer en la barra. (p. 117)

Visitar **Le Procope,** uno de los cafés más antiguos de Paris, con un comedor espectacular, comida tradicional francesa y un elegante servicio. (p. 191)

Recorrer **rue Montorgueil,** animada calle comercial que recuerda lo que fue el mercado de Les Halles. (foto; p. 82)

Darse un festín con estrellas Michelin en **La Tour d'Argent** (foto) o en el Substance, Le George o el Pavyllon. (p. 172)

Perderse en el **paraíso de las pastas,** con maestros *pâtissiers* como Claire Damon: la gente hace cola para entrar en sus elegantes pastelerías. (p. 198)

Dcha.: Le Marché des Enfants Rouges (p. 117).

DESDE LA IZDA.: KIEV.VICTOR/SHUTTERSTOCK, HJBC/SHUTTERSTOCK, MO WU/SHUTTERSTOCK

camembert
di bufala
DOUBLE CRÈME
200g
TENTATION
de Saint-Félicien
Crémier
À LA LYONNAISE
Moulé à la louche
180g
SAINT-FÉLICIEN
Crémier
Saint-felicien
tentation
Double-crème
Saint-Félicien
a la Lyonnaise
Moulé à La louche
Crémier Au lait cru 25% Mg

LO MEJOR

Rincones verdes

Pese a ser la capital europea más densa en población, en París es fácil encontrar rincones verdes. Los parques son lugar de descanso para los vecinos, y las grandes extensiones verdes, como la de Champ de Mars, son ideales para el pícnic.

Pasear por el **Jardin du Luxembourg,** oasis urbano y lugar de recreo para niños y mayores que ocupa un lugar especial en el corazón de los parisinos. (p. 182)

Admirar la simetría y la elegancia del **Jardin des Tuileries,** diseñado por André Le Nôtre en el s. XVII. (p. 80)

Explorar el **Bois de Boulogne,** antigua reserva de caza de la realeza, con sus rosaledas, sus invernaderos tropicales y más. (p. 66)

Ir en busca de las tumbas de los famosos en el mayor cementerio de la ciudad, el **Cimetière du Père Lachaise.** (p. 126)

Descubrir los tesoros naturales del **Jardin des Plantes,** antiguo jardín botánico. (p. 161)

Disfrutar del verano remando en torno a las islas del Lac Daumesnil, en el **Bois de Vincennes.** (p. 138)

Jardin du Luxembourg (p. 182).

FOKKE BAARSSEN/SHUTTERSTOCK

LO MEJOR

Inmersiones en el arte

París no solo tiene un ilustre pedigrí artístico –fue hogar de Renoir, Picasso y Van Gogh–, sino que es una de las ciudades con más arte del mundo. Además de los famosos museos, hay otras galerías menores que cubren todos los géneros.

Visitar la **Fondation Louis Vuitton,** en un edificio creado por Frank Gehry, un centro artístico que más bien parece un barco de cristal navegando por el Bois de Boulogne. (foto; p. 66)

Dejarse llevar por la magia medieval del **Musée de Cluny,** una mansión del s. XV construida sobre unas termas romanas. (p. 166)

Admirar la mayor colección de obras de Claude Monet en el **Musée Marmottan Monet,** antiguo pabellón de caza de suntuosa decoración. (p. 50)

Ver el antiguo estudio, galería y jardín de Auguste Rodin en el **Musée Rodin** y admirar obras maestras como *El beso*. (foto; p. 187)

Perderse en el **Louvre,** antigua fortaleza convertida en el museo más visitado del mundo, hoy en plena reforma para ofrecer una mejor acogida a sus casi 9 millones de visitantes anuales. (p. 72)

DESDE LA IZDA.: KIEV.VICTOR/SHUTTERSTOCK, GILMANSHIN/SHUTTERSTOCK

LO MEJOR

Vistas panorámicas

La mejor vista de París siempre es desde arriba. Su estructura más alta, la Torre Eiffel, ofrece una panorámica sublime, pero cuenta con otros muchos miradores.

Acompañar las vistas con un cóctel estupendo en terrazas con ambiente, como la del **Maggie,** en el Hôtel Rochechouart. (p. 104)

Contemplar las espléndidas vistas desde lo alto del **Arco de Triunfo,** en los Campos Elíseos. (foto; p. 58)

Ver una panorámica de vértigo de París desde lo alto de la **Torre Eiffel,** con una flauta de champán en la mano. (p. 42)

Lo bueno de subir al mirador de la planta 56 de la **Tour Montparnasse,** considerada una afrenta a la estética de la ciudad cuando se inauguró, en 1973, es que la Torre Eiffel forma parte de la panorámica. (p. 205)

Echar un vistazo a los tejados de París desde las **Galeries Lafayette Haussmann.** Es gratis. (foto; p. 64)

Dcha.: la Torre Eiffel, vista desde la Tour Montparnasse (p. 205).

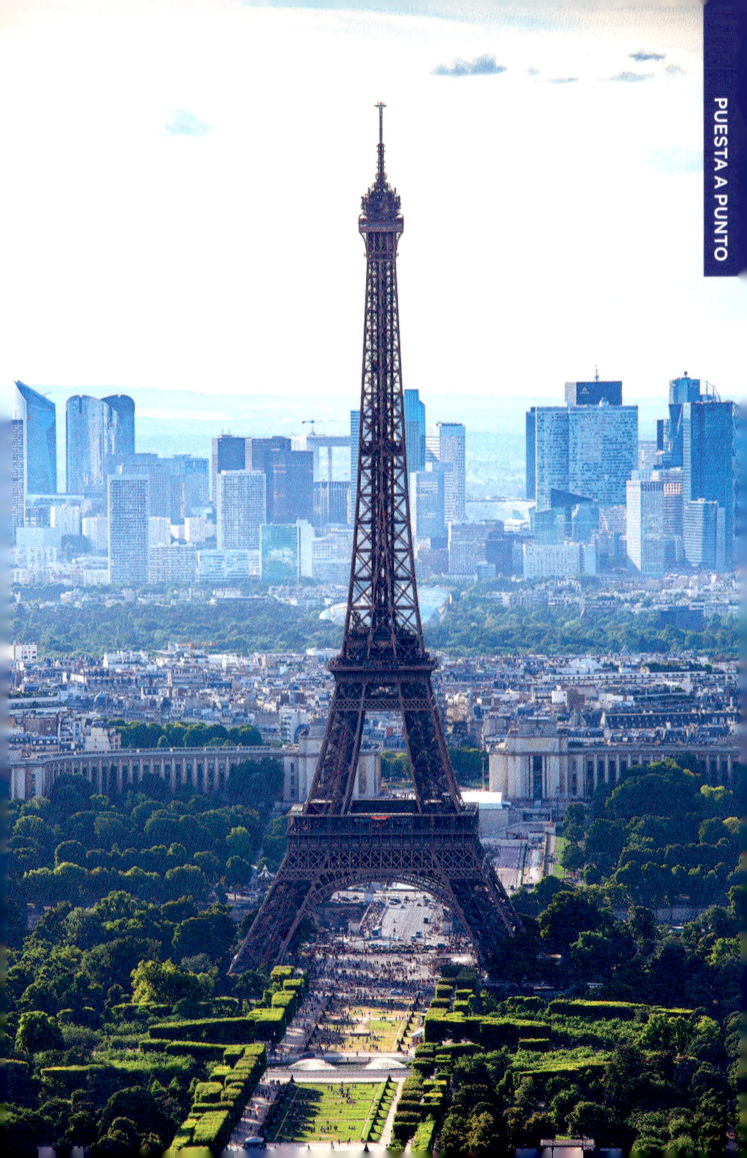

LO MEJOR

Experiencias novedosas

París será atemporal, pero no es una ciudad estática. Siempre hay novedades, y va incorporando espacios peatonales y soluciones de transporte. A cada visita se descubrirán cosas nuevas.

Admirar la restauración que se ha hecho del **Grand Palais,** monumento con cúpula de cristal construido para la Exposición Universal de 1900. (foto; p. 63)

Echar un vistazo al "bosque urbano" que rodea el **Hôtel de Ville,** resultado de la iniciativa municipal por convertir la ciudad en un espacio más verde. (foto dcha.; p. 114)

Pasarse la noche bailando en el **Mia Mao,** en un antiguo espacio industrial de La Villette a la altura de los mejores locales de música electrónica de Berlín. (p. 100)

En verano, observar el espectáculo del fuego en el **pebetero de París 2024,** en las Tuileries, que recuerda un globo aerostático (hasta que lleguen los JJ.OO. de 2028 en Los Ángeles). (p. 80)

Admirar arte contemporáneo en el imponente edificio nuevo de la **Fondation Cartier,** diseñado por Jean Nouvel. (p. 83)

Dcha.: pebetero de París 2024, obra de Mathieu Lehanneur, Jardin des Tuileries (p. 80).

DESDE LA IZDA.: VERNERIE YANN/SHUTTERSTOCK, KIEV.VICTOR/SHUTTERSTOCK, FRANCK LEGROS/SHUTTERSTOCK

LO MEJOR

Vida nocturna

La contención típica de los parisinos desaparece de golpe cuando se pasa a modo nocturno. Los cafés se transforman en bares y aparecen locales a la última con música en directo. ¡A disfrutar!

Participar en el **'revival' del vinilo,** bares musicales que han vuelto a poner de moda los discos clásicos. (p. 101)

Tomarse un cóctel con estilo en un entorno elegante como el del **Hôtel de Crillon,** o en los antiguos locales recuperados del SoPi *("South Pigalle"),* nuevo barrio de moda. (p. 65)

Asistir a un concierto de *jazz* en un local clásico como el **Caveau de la Huchette** (p. 169) o el **Duc des Lombards.** (p. 83)

Pasarse la noche bailando en el **Café de la Danse,** en el corazón de la marcha nocturna de Bastille. (p. 132)

Ver una película en un mítico cine de arte y ensayo como **Le Champo,** cerca de Odéon. (p. 170)

Explorar la oferta nocturna del norte de París, con locales como Cigale, Elysée-Montmartre o **Le Zénith.** (p. 103)

Caveau de la Huchette (p. 169).

JULIEN JEAN ZAYATZ/SHUTTERSTOCK

LO MEJOR

Excursiones fluviales

El Sena es la arteria que da vida a París. Sus orillas, llenas de famosos monumentos, están conectadas por 37 puentes, y sus muelles son Patrimonio de la Humanidad. Todo un lugar de referencia para los parisinos.

Hacer una excursión con el Batobus, un **crucero por el Sena** con cena *gourmet* incluida, o alquilar un barco y ponerse al timón. (p. 46)

Tomarse un *apéro* (aperitivo) o asistir a un concierto en una de las **casas-barco reconvertidas** atracadas a orillas del Sena. (foto; p. 196)

Dejarse hechizar por **Île St-Louis,** tomando un café en una terraza o escuchando a los músicos callejeros en **Pont St-Louis.** (p. 153)

Alquilar un barquito en **Akwa Experience** para explorar el Bassin de la Villette y el Canal del Ourcq, afluente del Sena. (p. 103)

Darse un chapuzón en el Sena en uno de los **puntos para el baño** recuperados tras la colosal limpieza que se hizo del río para poder celebrar competiciones de las Olimpiadas de 2024. (foto; p. 134)

Echar un vistazo a los **puestos verdes** de los *bouquinistes*, que son como librerías al aire libre a orillas del río. (p. 168)

DESDE LA IZDA.: JEANLUCICHARD/SHUTTERSTOCK, FRANCK LEGROS/SHUTTERSTOCK

OLIVEROUGE 3/SHUTTERSTOCK

Marché aux Puces de St-Ouen (p. 94).

LO MEJOR

Días de mercado

Los mercados callejeros son lugares de encuentro. Casi cada barrio tiene el suyo, y un día a la semana las calles se llenan de puestos cubiertos con lonas donde se venden alimentos frescos y delicias cocinadas o en conserva.

Explorar el laberíntico **Marché aux Puces de St-Ouen,** el mayor mercado callejero de antigüedades, en busca de algún tesoro. (p. 94)

Escoger un ramo en el **Marché aux Fleurs Reine Elizabeth II,** mercado de flores rebautizado en 2014 en honor de la reina Isabel II de Inglaterra. (p. 154)

Pasear por la adoquinada **rue Mouffetard,** calle comercial medieval hoy llena de tiendas *gourmet* y puestos de mercado. (p. 167)

Comprar en el **Marché d'Aligre,** el favorito de chefs y vecinos, con puestos de quesos, café, chocolate, carne, marisco y vino. (p. 132)

Admirar las delicias que se venden en el **Marché Biologique Raspail,** principal mercado de comida bio de la ciudad. (p. 192)

Lo mejor para niños

Ir buscando por las calles los **mosaicos pixelados** del artista callejero francés Invader, para ir ganando puntos en la *app*. (p. 116)

Disfrutar contemplando los tiovivos clásicos del **Musée des Arts Forains,** en el interior de las antiguas bodegas de Bercy. (p. 133)

Darse un baño de ciencia y dejar que los pequeños exploren en la **Cité des Sciences et de l'Industrie,** con su cine inmersivo La Géode. (p. 103)

Disfrutar del aire libre en el **Jardin du Luxembourg** (p. 182), con su tiovivo y sus veleros de juguete, o explorar el enorme **Bois de Boulogne** (p. 66), el **Jardin des Tuileries** (p. 80) o los parques a orillas del Sena.

Apuntar a los chavales a un taller infantil en algún museo, como el **Musée des Arts et Métiers,** dedicado a los inventos y al ingenio humanos. (p. 116)

Lo mejor gratis

Admirar los murales de Delacroix en la **Église St-Sulpice:** algunos de los edificios más imponentes de París son lugares de culto de entrada gratuita, llenos de tesoros artísticos. (p. 186)

Pasear por el primer parque elevado del mundo, la **Coulée Vert René-Dumont,** creado en un viaducto ferroviario del s. XIX. (p. 130)

Contemplar la impresionante colección permanente del **Musée d'Art Moderne de Paris:** ¡los museos municipales *(parismusees.paris.fr)* son gratis! (p. 52)

Pasarse las horas curioseando por los brocantes y los **mercadillos** que se montan por toda la ciudad. (p. 116)

Oír un concierto en la calle, en los puentes o en las pérgolas de los parques, especialmente durante la **Fête de la Musique.** (p. 132)

Asistir a un espectáculo artístico en el **Collège des Bernardins,** antigua universidad cisterciense del s. XIII hoy convertido en centro cultural del Barrio Latino. (p. 167)

Tres días perfectos

París es una ciudad compacta, lo que facilita moverse de un barrio a otro. Estos itinerarios cubren las principales atracciones y algunas sorpresas, pero conviene dejar tiempo para el paseo: esta es una ciudad para *flâneurs*.

Canal St-Martin (p. 102).

PRIMER DÍA

Si solo se dispone de un día

MAÑANA

Empezamos el día en la recién restaurada **Notre Dame** (foto; p. 144). Cruzaremos el **Pont St-Louis** (p. 153) para explorar la Île St-Louis y luego seguiremos hacia el Barrio Latino para ver las **Arènes de Lutèce** (p. 165) y las delicias que se venden en **rue Mouffetard** (p. 165).

TARDE

Se puede dar un paseo por el **Jardin du Luxembourg** (p. 182), o entrar en algún café histórico como **La Palette** (p. 194) para tomar café y ver el ambiente. Luego se pueden admirar las grandes obras impresionistas del **Musée d'Orsay** (p. 183).

NOCHE

Como colofón, un concierto en uno de los clubs de *jazz* de **rue des Lombards** (p. 83) como el Sunset/Sunside, el Duc des Lombards o Le Baiser Salé.

SEGUNDO DÍA

Un fin de semana

MAÑANA

La pirámide de cristal de IM Pei es la referencia para encontrar la entrada al laberíntico **Louvre** (p. 72). Una vez saciados de arte, podemos dar un paseo por el elegante **Jardin des Tuileries** (foto; p. 80) o el **Jardin du Palais Royal** (p. 80). Y recorriendo **rue Montorgueil** (p. 82) nos haremos una idea de cómo eran los mercados de mayoristas de Les Halles.

TARDE

Tras localizar la casa de Victor Hugo en **place des Vosges** (p. 114) se pueden recorrer las callejuelas de Le Marais, descubriendo jardines ocultos, museos llenos de tesoros y *boutiques* de moda.

NOCHE

Bastille es un barrio animado para ir de un café a otro y oír música en directo en **Les Disquaires** (p. 132), **Supersonic** o el **Café de la Danse** (p. 132).

TERCER DÍA

Una escapada

MAÑANA

Las sinuosas calles de Montmartre, flanqueadas de edificios cubiertos de hiedra, son un lugar estupendo para pasear, especialmente a primera hora. Tras la visita al **Sacré-Cœur** (p. 93) podemos dirigirnos al **Canal St-Martin** (p. 102), atravesado por puentes de hierro forjado, y pasear a la sombra por sus caminos de sirga.

TARDE

El oeste de París es territorio de arte y cultura, y alberga la mayor colección de obras de Monet en el **Musée Marmottan Monet** (p. 50), de arte contemporáneo en el **Palais de Tokyo** (p. 51) y de obras de arte asiáticas en el **Musée Guimet** (p. 52). La mejor hora para subir a la **Torre Eiffel** es al atardecer (foto; p. 42).

NOCHE

Al caer la noche, nada como una fiesta a orillas del Sena, en alguno de los **bares y clubes flotantes** (p. 196) junto a Invalides.

Con más tiempo

París está hecha para caminar, y los paseos menos conocidos ofrecen una perspectiva muy diferente de la ciudad: la **Coulée Vert René-Dumont** (p. 130) es una vía verde creada sobre una antigua vía de tren elevada que sirvió de inspiración para la High Line de Nueva York, y la Petite Ceinture, o "Pequeño Cinturón", ofrece una inmersión en la naturaleza siguiendo otra vieja línea de ferrocarril. Algo más apartados están los dos "pulmones verdes" de la ciudad: el **Bois de Vincennes** (p. 138) y el **Bois de Boulogne** (p. 66).

Un **crucero fluvial** por el Sena (p. 46) permite ver pasar la ciudad y sus famosos monumentos sin esfuerzo. Como alternativa se puede hacer un crucero por las esclusas del **Canal St-Martin** (p. 102).

Para panorámicas espectaculares tenemos las que ofrece el imponente **Arco de Triunfo** (p. 58), la monstruosa **Tour Montparnasse** (p. 205) y la terraza de las **Galeries Lafayette Haussmann** (p. 64), que da a la parte trasera del **Palais Garnier** (p. 59), el opulento teatro de la ópera, que ofrece visitas guiadas.

Crucero por el Sena (p. 46).

MISTERVLAD/SHUTTERSTOCK

Una excursión

El **Château de Versailles** (foto; p. 206) siempre impresiona. Es el palacio más opulento de Francia, con 2300 habitaciones, y en su día acogía a toda la corte real. Se llega fácil desde el centro de París con el RER C (30 min desde la estación Champ de Mars).

Conviene comprar la entrada (con un horario asignado) previamente. Para acceder a zonas restringidas hay que apuntarse a una visita guiada de 90 min por los Aposentos Privados del Rey, ampliados por el rey Luis XV para evadirse del jaleo de la corte.

Para almorzar, se puede reservar en el **Ore**, de Alain Ducasse (p. 207), en el mismo *château,* o en el aclamado **Bistrot du 11,** fuera del palacio, en rue de Satory.

En un día de lluvia

Para refugiarse se puede optar por un cine de arte y ensayo como el **Odéon** (p. 170), o alguno de los museos de **Le Marais** (p. 115), asistir a una ópera en el **Palais Garnier** (foto; p. 59) o a un espectáculo de cabaré en **Pigalle** (p. 98). Por su parte, las iglesias de la ciudad –de acceso libre– contienen grandes obras de arte, y en ocasiones acogen conciertos.

Explorando los **passages couverts** (p. 78), las primeras galerías con techo de cristal construidas en el s. XIX, se podrá ir de compras sin sufrir las inclemencias del tiempo. Muchas de estas galerías están conectadas (por ejemplo, el Passage des Panoramas, el Passage Jouffroy y el Passage Verdeau), lo que permite recorrer un buen trecho protegidos de la lluvia.

Prepararse

ANTES DE PARTIR

Tres meses antes Comprar entradas para la ópera, el *ballet* o el cabaré; comprobar la agenda de eventos y festivales; reservar en los restaurantes más elegantes o populares.

Un mes antes Apuntarse a un circuito guiado y decidir los museos que se van a visitar, reservando entradas en línea (si se puede) para ahorrarse colas.

Una semana antes Comprobar la previsión del tiempo y escoger el calzado más cómodo para recorrer las calles de París.

Costumbres

Saludar siempre en cada interacción, por ejemplo al comprar, usando *bonjour* (*bonsoir* por la tarde) y *au revoir*. No se considera una formalidad, sino una sencilla señal de respeto.
En París comer o tomarse un café lleva un tiempo: es un momento de relajación.
Hablar de dinero en público (sueldos o gastos) es tabú. Cuando no se habla de comida, se puede hablar de filosofía, arte o deporte.

Ropa

Como corresponde a la cuna de la *haute couture,* París es chic, un sitio para vestir bien. Los parisinos tienen un gran sentido de la estética. Lo mejor es optar por el estilo y la simplicidad –prendas clásicas–, evitando los brillos, combinando prendas básicas de cadenas de ropa con algún elemento de diseño o algún hallazgo *vintage*. Así, además, se evita el *look* de turista (y ser blanco de los carteristas).
En cualquier temporada conviene llevar calzado resistente, sean deportivas –que se ven por todas partes– o zapatos para caminar.

Conviene saber

Tiendas Especialmente en *boutiques* elegantes y puestos de mercado, a los vendedores no les gusta que el cliente toque la mercancía sin permiso, ni que se tomen fotografías.
Charla En general, la comunicación tiende a ser formal y reservada, pero eso no indica necesariamente distancia. Los parisinos no suelen alzar la voz: conviene modularla para hablar al mismo volumen.
Tuteo *Tu* solo se usa con personas a las que se conoce muy bien, niños o animales. Lo normal es usar *vous* hasta que alguien nos invite a pasar al *tu*.
Camareros Para llamarlos basta un gesto sutil o una mirada. Nunca hay que llamarlos "*garçon*" (literalmente "chico"); mejor "Monsieur" o "Madame".

PROPINAS

En Francia nadie espera recibir propina: el servicio está incluido en la cuenta del restaurante. Solo se dan para premiar un buen servicio.

5-10%
Restaurantes
Para un servicio excelente

Unos euros
Bares y cafés
Se dejan en la mesa

Redondeo
Taxi
Al euro más cercano

1-2 €
Botones
Por maleta

PRESUPUESTO DIARIO

Económico Menos de 100 €

- Cama en dormitorio colectivo: **desde 32 €**
- *Espresso*/copa de vino/*demi* (media pinta de cerveza)/cóctel: **desde 2/4/4/10 €**
- Billete de metro: **2,50 €**
- Bocadillo de *baguette:* **4,50-6,50 €**
- Muchos conciertos y eventos: **gratis**

Precio medio 200 a 300 €

- Habitación doble: **desde 160 €**
- Cena de dos platos: **24-50 €**
- Entrada a museos: **de 0 a 22 €**
- Entrada a discotecas: **de 0 a 30 €**

Precio alto Más de 300 €

- Habitación doble en hotel histórico de lujo: **desde 250 €**
- Menú en restaurante gastronómico: **desde 60/100 €**
- Circuito privado de 2 h por la ciudad: **desde 200 €**
- Entrada en platea para la ópera o el *ballet:* **desde 160 €**

Moneda
Euro (€)

Idioma
Francés

Hora local
Hora central europea (GMT/UTC + 1 h)

MICHAEL BARAJAS/SHUTTERSTOCK

CUIDADO CON LOS CARTERISTAS

Atención con los carteristas que suelen atacar en las zonas turísticas, como la línea 1 del metro entre el Arco de Triunfo y la Torre Eiffel. Es importante que los bolsos estén cerrados y no llevar los teléfonos móviles en el bolsillo trasero, ni dejarlos apoyados en la mesa de una terraza.

Cuándo ir

Desde los festivales de verano a las luces de Navidad, París ofrece cultura y ocio a raudales en cualquier época del año.

París es un imán, una ciudad que aparece prácticamente en la lista de destinos predilectos de todo el mundo. La primavera (especialmente abril y mayo) y el otoño (septiembre y octubre) son ideales, con un tiempo suave y menos aglomeraciones. El verano es la temporada pico del turismo, con hasta 16 h de luz al día, "playas" –con sus tumbonas y palmeras– a orillas del Sena, el Paris Pride en junio y rebajas en las tiendas. Pero muchos locales cierran en agosto, cuando muchos parisinos toman vacaciones. En invierno (noviembre a febrero) está todo más tranquilo y más barato.

Grandes eventos

Diciembre/enero: los fuegos de artificio sobre el Arco de Triunfo (p. 58) y los Campos Elíseos en **Nochevieja** son sensacionales.

Junio: la **Fête de la Musique** (p. 132) da la bienvenida al verano con fabulosas interpretaciones de todos los géneros, programadas e improvisadas, en calles y plazas de toda la ciudad.

Julio: la última de las 21 etapas del **Tour de France** culmina en los Campos Elíseos, tras 3500 km de carretera, el tercer o cuarto domingo de julio.

14 de julio: la capital celebra la **Fiesta Nacional de Francia** con un desfile militar por los Campos Elíseos acompañado de una exhibición aérea con aviones y helicópteros. De noche el cielo del Champ de Mars (p. 46) se ilumina con fuegos artificiales.

Clima

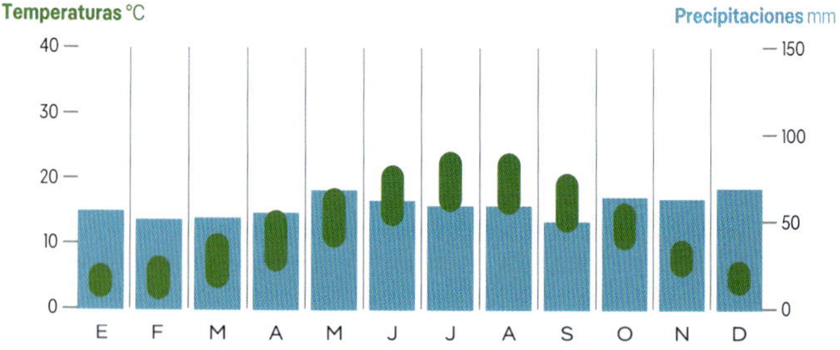

LIV GAUNT/SHUTTERSTOCK

Fête des Vendanges (p. 97), Montmartre.

Arte y cultura

Febrero: durante el **Año Nuevo chino,** hay desfiles y fuegos artificiales por el **'13e arrondissement'.**

Abril y mayo: el **Banlieues Bleues,** festival de *jazz, blues* y *R&B*, anima la periferia durante cuatro semanas.

Junio: el Barrio Latino (p. 157) cobra vida con el festival literario **Quartier du Livre,** y la **Nuit Blanche** llena las calles de la ciudad de instalaciones de arte contemporáneo durante una "noche en blanco".

Septiembre-diciembre: el tercer fin de semana de septiembre se celebran las **Journées Européennes du Patrimoine** (Jornadas Europeas del Patrimonio), que permiten acceder a edificios normalmente cerrados. En Montmartre se celebra la vendimia con la **Fête des Vendanges** (p. 97), que dura cinco días, en octubre, y el **Festival d'Automne** trae el arte a escenarios de toda la ciudad durante un mes.

CONSEJOS SOBRE ALOJAMIENTO

París tiene alojamientos para todos los bolsillos, pero suele agotarse, sobre todo en épocas de mucha demanda (abril-octubre, fiestas oficiales y vacaciones escolares). En esas épocas es imprescindible reservar, pero también es recomendable el resto del año. Los precios suelen bajar en invierno, salvo durante la Semana de la Moda.

Cómo llegar

París es el principal punto de entrada a Francia. La mayoría de las aerolíneas internacionales vuelan al aeropuerto Charles de Gaulle (CDG) o al de Orly, y hay cinco grandes estaciones de tren con conexiones internacionales.

Del aeropuerto al centro

En RER o metro

El tren es el medio más práctico para llegar a la ciudad desde el aeropuerto. La línea RER B comunica el Charles de Gaulle con el centro, pasando por la Gare du Nord, Châtelet-Les Halles, St-Michel-Notre Dame y Luxembourg. Algunos trenes cruzan la periferia sin parar, lo que ahorra 10 min. Y hay una ruta exprés aún más rápida programada para 2027.

Desde Orly, se puede llegar a la ciudad con la línea 14 del metro, sin conductor, o con el RER B, después de tomar la lanzadera Orlyval.

En Taxi

Tardan 40-80 min en llegar al centro. La estación de taxis oficiales está claramente indicada en las terminales de llegadas, y tienen tarifa fija hasta la orilla izquierda y la orilla derecha. Los servicios de VTC no pueden usar los carriles taxi.

En autobús

El Roissybus conecta el aeropuerto CDG con el barrio de Opéra, en 1 h más o menos. Los autobuses salen cada 15 min durante el día y cada 20 durante la noche. El Orlybus dejó de circular en marzo de 2025.

Otros puntos de entrada

Eurostar

El tren de alta velocidad entre Londres y París (2¼ h) comunica la estación de St Pancras con la Gare du Nord. Hay billetes desde 44 €. Los billetes *"snap" (snap.eurostar.com/rw-fr)* ofrecen tarifas reducidas de última hora. Eurostar también opera rutas a Bruselas, Amberes y Ámsterdam.

Autocar

FlixBus y BlaBlaCar tienen rutas de larga distancia. Los billetes son más baratos online.

TGV

La SNCF tiene servicios de tren de alta velocidad a destinos internacionales, en asociación con Renfe, Lyria y Trenitalia para llegar a España, Suiza e Italia, respectivamente.

Cómo desplazarse

El metro de París es rápido y práctico, y la gran red de autobuses permite contemplar la ciudad mientras se viaja. La aparición de nuevos carriles-bici ha propiciado una revolución ciclista. Pero para muchos lo ideal es recorrer las calles paseando.

Metro y RER

El metro es el medio más rápido, y funciona de las 5.30 a las 1.15 aproximadamente (hasta las 2.15 los viernes y sábados por la noche). Los trenes RER, que van a la periferia, permiten cruzar la ciudad más rápido porque hacen menos paradas en el centro.

Autobús

Al no tener escalones, los autobuses son de fácil acceso para padres con carritos y gente con la movilidad limitada. Para algunos recorridos el autobús puede ser más directo que el metro, y con vistas. En las paradas se indican los horarios, las rutas y, en muchos casos, el tiempo de espera.

A pie

París es ideal para pasear. La ciudad es tan compacta que se puede cruzar en unas 2 h. Los amantes de las caminatas pueden explorar varias Grandes Randonnées (pistas de largo recorrido), entre ellas la GR75, un bucle de 50 km que rodea la ciudad y que se inauguró en 2017 para apoyar la candidatura de París como sede para los Juegos Olímpicos y Paralímpicos de 2024.

DESDE LA IZDA.: IVAN MARC/SHUTTERSTOCK, GENOVA/SHUTTERSTOCK

UNA 'APP' ESENCIAL

Bonjour RATP, la *app* de la autoridad metropolitana, ofrece información actualizada sobre tráfico, opciones de itinerarios y billetes.

Barco

El **Batobus** *(batobus.com/es)* es un práctico servicio de barco que permite parar el tiempo que se desee en nueve puntos clave del Sena. Los meses de calor hay servicio todo el día, y es un modo de hacer un crucero fluvial por mucho menos de lo que cuesta un barco turístico.

Bicicleta

La red de bicicletas compartidas Vélib' cuenta con más de 20000 bicis, clásicas (verdes) y eléctricas (azul), repartidas por unas 1480 estaciones, en la ciudad y alrededores. En la ciudad hay una cada 300 m. Para abonarse se puede hacer por internet *(velib-metropole.fr/es)* o en una estación. Se puede pagar por trayecto, por día u otras opciones. Hay otros servicios de bicis compartidas, como Lime o Dott. Antes de subirse a la bici conviene comprobar las ruedas, los frenos y las marchas. Atención a las normas de tráfico, y cuidado con las calles en que bicis y autobuses usan el mismo carril.

Taxi y VTC

Se puede tomar un taxi en una parada o pedirlo a través de compañías como **Taxis G7** *(g7.fr)*. En las principales estaciones se verán colas de taxis. También se pueden parar por la calle si tienen la luz del techo verde. Los taxistas están obligados a aceptar tarjetas de crédito. La *prise en charge* (bajada de bandera) son 3 € (si se usa la *app* son 4 € pidiendo el taxi al momento o 7 € si se reserva con antelación). El precio mínimo de una carrera son 8 €. Salvo en los trayectos a/desde el aeropuerto, que siguen tarifas planas, el precio de la carrera lo determinará el taxímetro.

Información práctica

Tarjeta Navigo Easy

El modo más barato y fácil de usar el transporte público en París es usando la tarjeta Navigo Easy. Se vende por 2 € en las taquillas del metro y del RER y en puestos de venta afiliados (p. ej. estancos y mercados), y se puede usar para cualquier tipo de trayecto. También existe en formato virtual, como *app*. La Navigo, al igual que la Oyster de Londres o la Octopus de Hong Kong, permite cargar cualquier tipo de título de transporte. En el proceso de eliminación de billetes en papel, la Navigo Easy se postula como el futuro. La tarjeta se carga con billetes que se pueden ir usando progresivamente.

Cálculo de las tarifas

En enero de 2025 se introdujo un nuevo sistema de tarifas que elimina el confuso sistema de zonas. Antes se pagaba más para viajar a la periferia (incluido Versalles). Ahora se puede viajar por toda la región de Île-de-France por el precio de un billete sencillo (2,50 €), y el billete es válido durante 2 h. Autobuses y tranvías tienen un precio diferente (2 €). En una tarjeta Navigo Easy se pueden cargar billetes de diferentes tipos: metro-tren-RER, autobús-tranvía, RoissyBus, aeropuertos de París o pases de un día. Se puede hacer en las máquinas de las estaciones (multilingües), pedir ayuda en una ventanilla de la RATP o cargar los billetes a través de la *app*.

Pase de un día Navigo

Si se va a usar mucho el transporte público en un día, el pase de un día sale a cuenta: cuesta 12 € y permite viajar sin límite en todos los medios de transporte de la Île-de-France (salvo aeropuertos).

PRECIOS

Billete de metro
2,50 €

Trayecto en bici Vélib'
3 €

Billete de autobús
2 €

IMPRESCINDIBLE VALIDAR EL BILLETE

No hay que olvidar validar el pase o billete en cada viaje. Habrá que mostrarlo a petición de un revisor.

HORA PUNTA

La red de transporte público de la región de París es la más activa del mundo tras la de Tokio, con 9,4 millones de viajes al día. Si se tiene flexibilidad de horarios, conviene evitar las horas punta, de 8.00 a 10.00 y de 17.00 a 19.00, cuando los trenes se llenan de parisinos que van o vuelven del trabajo. Siempre hay que dejar salir de los trenes antes de subir, y en hora punta no hay que sentarse en los *strapontins* (asientos plegables).

PIERRE LABORDE/SHUTTERSTOCK

Otra cara de París

París es algo más que sus grandes atracciones. La ciudad cuenta con otros tesoros inesperados para quien preste atención.

Atentos a las señales

Las 700 **placas históricas** de París, obra de Philippe Starck, tienen forma de remo, en referencia al barco que aparece en el escudo de París. Quien sepa francés podrá leer sobre los eventos históricos, los personajes y los monumentos perdidos. Las placas aparecen frente a edificios y en fachadas, y hablan de los residentes insignes de cada lugar, como la escritora Colette en el jardín del **Palais Royal** (p. 80) o James Joyce en **rue du Cardinal Lemoine** (p. 169), en el Barrio Latino.

Muro de Felipe II Augusto

París siempre ha estado rodeada de murallas. Las más antiguas que aún se ven son las del **Enceinte de Philippe Auguste** (p. 111), llamadas así por el rey que mandó su construcción en el s. XII. Aún conserva misteriosas torres y bastiones en ruinas a ambos lados del Sena. El tramo más largo queda bajo el campo de deporte del Collège Charlemagne, en el *4e*. También hay una torre escondida en el Jardin des Rosiers-Joseph Migneret, en el Marais.

Mobiliario urbano

Bancos, faroles, quioscos de prensa, fuentes e incluso contenedores y papeleras forman parte del tejido urbano, diseñado pensando en la estética. El **banco doble de Davioud,** llamado así por el arquitecto que lo diseñó, en la década de 1860, se ha convertido en un emblema urbano. Las tumbonas verdes del **Jardin du Luxembourg** (p. 182) son tan famosas como las **Fuentes Wallace** de hierro forjado, donadas en el s. XIX por sir Richard Wallace, un rico coleccionista de arte, para que hubiera agua potable en la ciudad. Estas fuentes, que aún se usan, suelen estar pintadas de verde, aunque se verá una roja en Chinatown, en el *13e*. Los **sanisettes,** váteres públicos obra del famoso diseñador Patrick Jouin, tienen incluso fuentes de agua potable en el exterior. Hay 400 de ellos, y se pueden localizar en el plano Paris Je T'aime: *parisjetaime.com/spa/articulo/aseos-publicos-a696*

'Paris Piscines'

En verano se abre la estación de las **Paris Plages** para nadar al aire libre, con tres puntos para el nado con socorristas (p. 134), y tres piscinas de agua filtrada en el **Bassin de la Villette.** También se pueden ver pasar los barcos por el Sena desde la **Piscine Joséphine Baker,** piscina flotante cerca de Bercy, o visitar otras piscinas históricas con un toque de estilo, como la **Piscine Pontoise,** *art déco*, de la década de 1930, en el Barrio Latino, que también tiene sesiones nocturnas, la minimalista **Piscine de la Butte aux Cailles,** de color blanco, o la maximalista **Piscine Molitor.** La **Piscine Georges Vallerey,** construida para los Juegos Olímpicos de 1924, fue restaurada por completo para los de 2024.

Arte callejero

París es un lienzo para los artistas callejeros. Entre otras figuras populares se pueden ver las heroínas de los estarcidos de **Miss. Tic,** los grafitos de Jef Aérosol o los mosaicos pixelados de **Invader** (p. 116). También hay enormes murales de grandes artistas internacionales como Shepard Fairey, D*Face o Inti en un museo al aire libre junto al Bd Vincent Auriol, en el *13e arrondissement*. El **Boulevard Paris 13** es una iniciativa conjunta de la Galerie Itinerrance y la administración del *13e arrondissement*, y hay planos disponibles *(itinerrance.fr)*.

Piscine Joséphine Baker.

LKONYA/SHUTTERSTOCK

Tour St-Jacques.

Mirando al suelo

La rue St-Jacques, en su día una vía romana, es la calle más antigua de París. Forma parte de la ruta de peregrinaje a Santiago de Compostela, y el punto de partida es la **Tour St-Jacques,** una espléndida torre gótica, único vestigio de la iglesia de St-Jacques-de-la-Boucherie, del s. XVI, destruida durante la Revolución. Muchos peregrinos llevan conchas de vieira colgadas del cuello o de la mochila, y ese mismo símbolo se ve en los **medallones de bronce** incrustados en el suelo a lo largo de todo el *14e arrondissement*.

También se puede hacer otra caza del tesoro, en busca de los medallones que marcan el antiguo curso del "río perdido" de París. El **Bièvre,** afluente del Sena, atravesaba los *13e* y *5e arrondissements* hasta principios del s. XX, cuando estaba tan contaminado que se decidió soterrarlo e incorporarlo al sistema de alcantarillado.

También se verán los **medallones de Arago,** que marcan el meridiano de París, indicador de longitud usado antes de que el meridiano de Greenwich se convirtiera en la referencia mundial. El artista holandés Jan Dibbets los creó en homenaje al físico francés que trazó el meridiano de París. Se pueden ver incluso en el interior del Louvre.

Bajo tierra

Por debajo de las calles adoquinadas y los elegantes bulevares de París hay todo un reino subterráneo. Los edificios que vemos en la superficie se construyeron con piedra caliza extraída de una serie de canteras subterráneas, algunas de las cuales albergan las actuales **Catacombes** (p. 202), uno de los osarios más grandes del mundo, así como túneles de metro, alcantarillas y refugios ocultos.

Hay vestigios arqueológicos visitables, como las ruinas galorromanas de la **Crypte Archéologique** (p. 147) bajo el patio anterior de Notre Dame. También se pueden ver bodegas abovedadas del s. xv en el interior del **M Musée du Vin**, o las antiguas canteras bajo tierra de Passy donde los monjes solían guardar sus barricas (p. 50). En el **Musée de la Libération de Paris** se puede ver el refugio aéreo convertido en puesto de mando de la Resistencia durante la II Guerra Mundial, y con un crucero **Canauxrama** por el **Canal St-Martin** (p. 102) se podrá navegar por túneles bajo el *11e arrondissement*, viendo las criptas subterráneas de **Bastille** (p. 130). Aunque también se pueden ver las "estaciones fantasma" del metro tomando las líneas 8 y 9: actualmente la estación abandonada de St-Martin a veces se usa para campañas de publicidad.

Espacios reinventados

Algunos edificios industriales abandonados se han reconvertido en centros culturales y sociales que han revitalizado barrios enteros. Cerca de la Gare de Lyon, al este de París, está el **Ground Control** (p. 135), en lo que era un antiguo almacén de la SNCF: ahora se pueden recorrer sus tiendas, escuchar música en directo o tomarse una cerveza en el patio. **Le 104** (p. 103), en el norte de París, es una galería de arte contemporáneo y centro comunitario establecido en lo que era un tanatorio municipal. Es más, se convierte también en sala de baile para la juventud. Otros espacios híbridos son **La REcyclerie** (p. 99), **La Gare – Le Gore** y el **Césure** (p. 171).

FUERA DE RUTA

Seguir los pasos de Honoré de Balzac en la **bonita casa** (p. 50) de Passy donde el escritor se refugió de sus acreedores.

Ir de fiesta a una antigua estación de trenes en **Le Hasard Ludique** (p. 99), en la antigua línea de ferrocarril antes conocida como Petite Ceinture (Pequeño Cinturón).

Esconderse en los jardines secretos de St-Germain, como el **Jardin Catherine-Labouré** (p. 193), en un antiguo convento del s. XVII.

Conocer a los artistas y ver sus estudios y exposiciones en la enorme incubadora de arte que es el **POUSH** (p. 100), en Aubervilliers.

Recorrer los verdes senderos del **Cimetière du Montparnasse** (p. 205), lugar de reposo eterno de figuras como Man Ray, Simone de Beauvoir o Serge Gainsbourg.

Explora París

Merece la pena

Circuitos a pie

Paseando por los muelles del Sena (p. 154).
JEANLUCICHARD/SHUTTERSTOCK

Sugerencias de lugares para comer y beber en **p. 53**

Explora Torre Eiffel y oeste de París

Por Mary Winston Nicklin

Cuando uno sube a la Torre Eiffel, siente todo París a sus pies. Al oeste, la panorámica se extiende más allá de Trocadéro, hasta el elegante *16e arrondissement,* a orillas del Sena y junto al espléndido Bois de Boulogne (p. 66). Tiempo atrás, el pueblo de Passy fue hogar de personajes ilustres como Balzac, antes de integrarse en la ciudad, en 1860. Hoy en día los mejores restaurantes se disputan la atención del visitante con los grandes museos. La arquitectura es otro de sus grandes atractivos, con residencias *art nouveau*, edificios *art déco* y villas modernas construidas para los más ricos. Y todo ello a los pies de la gran torre, siempre protagonista, siempre impresionante.

Cómo desplazarse

Metro y RER

Para llegar a la Torre Eiffel hay que tomar la línea 6 de metro hasta Bir-Hakeim, o el RER C a Champ de Mars–Tour Eiffel. La línea 9 cruza el *16e* de norte a sur (de Trocadéro a Exelmans).

A pie

Es el mejor modo de disfrutar del ambiente de pueblo del *16e,* admirando la arquitectura mientras se pasea.

Bicicleta

Numerosos carriles-bici, y la red de bicis compartidas Vélib', facilitan los movimientos en bici por el *16e*. De Trocadéro a Auteuil se puede llegar en solo 10 min.

Torre Eiffel (p. 42).
STEPHEN RICHARD MCADAM/SHUTTERSTOCK

★

LO MEJOR

EL ICONO DE LA CIUDAD
Torre Eiffel (p. 42)

INSPIRACIÓN ARTÍSTICA
Musée Marmottan Monet (p. 50)

MERCADO AL AIRE LIBRE
Marché Président Wilson (p. 50)

AVENTURA ACUÁTICA
Crucero por el Sena (p. 46)

UNA JOYA ESCONDIDA
Maison de Balzac (p. 50)

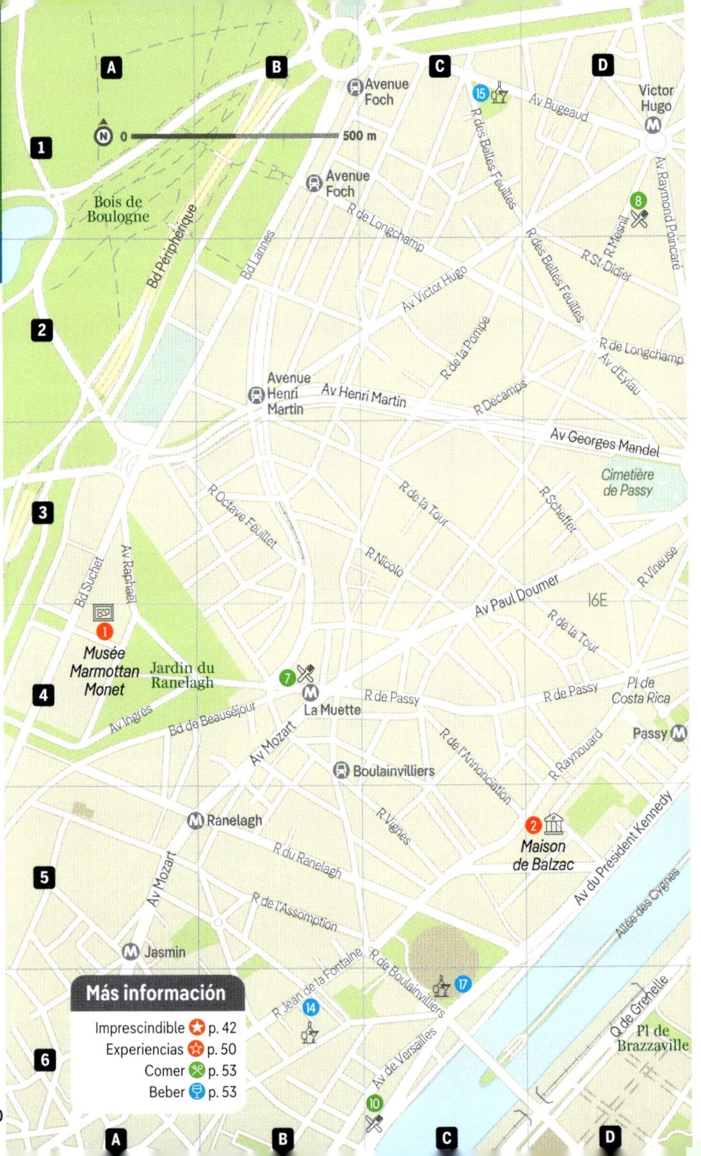
A
B
C
D
1
2
3
4
5
6
0
500 m
Avenue Foch
Avenue Foch
Victor Hugo
Av Bugeaud
R des Belles Feuilles
Av Raymond Poincaré
R Mesnil
R St-Didier
Bois de Boulogne
Bd Périphérique
Bd Lannes
R de Longchamp
Av Victor Hugo
R des Belles Feuilles
R de la Pompe
R de Longchamp
Av d'Eylau
Avenue Henri Martin
Av Henri Martin
R Decamps
Av Georges Mandel
Cimetière de Passy
R Octave Feuillet
R de la Tour
R Scheffer
R Nicolo
R Vineuse
Av Paul Doumer
16E
R de la Tour
Bd Suchet
Av Raphaël
Musée Marmottan Monet
Jardin du Ranelagh
La Muette
R de Passy
R de Passy
Pl de Costa Rica
Passy
Av Ingres
Bd de Beauséjour
Av Mozart
R de l'Annonciation
R Raynouard
Boulainvilliers
Ranelagh
R Vignes
Maison de Balzac
Av du Président Kennedy
R du Ranelagh
Av Mozart
R de l'Assomption
Allée des Cygnes
Jasmin
R Jean de la Fontaine
R de Boulainvilliers
Av de Versailles
Q de Grenelle
Pl de Brazzaville
Más información
Imprescindible p. 42
Experiencias p. 50
Comer p. 53
Beber p. 53

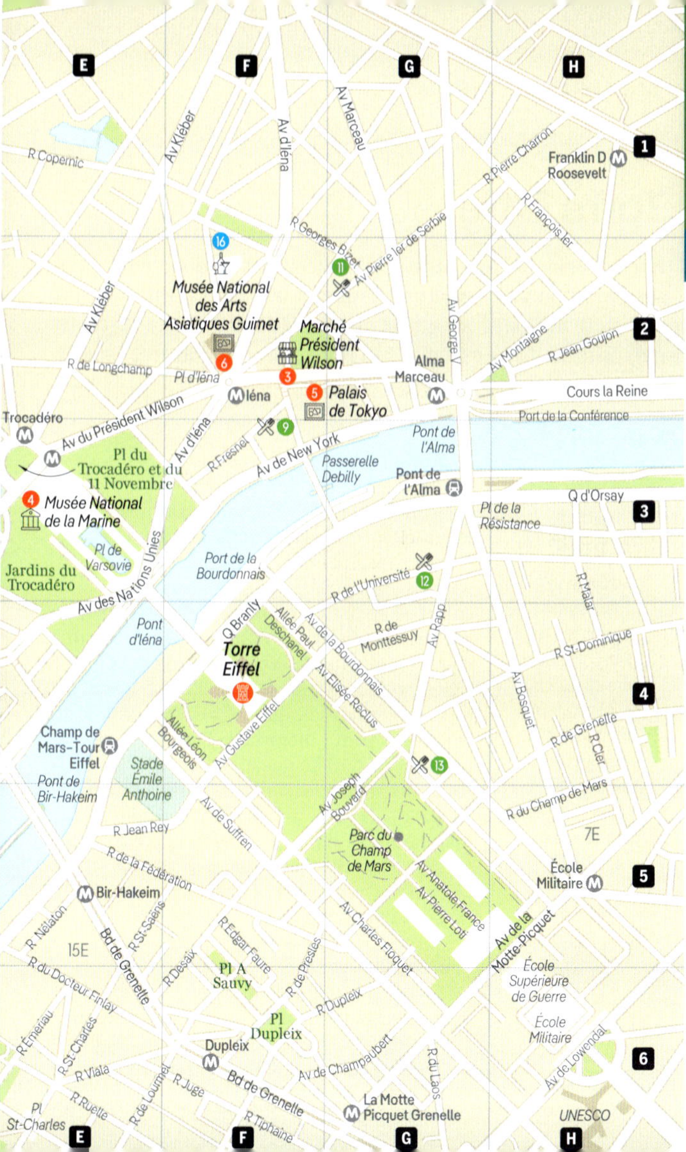
E
F
G
H
1
2
3
4
5
6
R Copernic
Av Kléber
Av d'Iéna
Av Marceau
R Pierre Charron
Franklin D Roosevelt
R François Ier
R Georges Bizet
Av Pierre Ier de Serbie
Musée National des Arts Asiatiques Guimet
Marché Président Wilson
Av George V
Av Montaigne
R Jean Goujon
R de Longchamp
Pl d'Iéna
Iéna
Palais de Tokyo
Alma Marceau
Cours la Reine
Port de la Conférence
Trocadéro
Av du Président Wilson
R Fresnel
Av de New York
Pont de l'Alma
Passerelle Debilly
Pl du Trocadéro et du 11 Novembre
Musée National de la Marine
Pl de Varsovie
Jardins du Trocadéro
Q d'Orsay
Pl de la Résistance
Port de la Bourdonnais
R de l'Université
R Malar
Av des Nations Unies
Pont d'Iéna
Q Branly
Allée Paul Deschanel
Av de la Bourdonnais
R de Monttessuy
Av Rapp
R St-Dominique
Torre Eiffel
Av Élisée Reclus
Av Bosquet
R de Grenelle
R Cler
Champ de Mars-Tour Eiffel
Allée Léon Bourgeois
Av Gustave Eiffel
Stade Émile Anthoine
Pont de Bir-Hakeim
Av Joseph Bouvard
R du Champ de Mars
Av de Suffren
R Jean Rey
Parc du Champ de Mars
7E
R de la Fédération
Av Anatole France
Av Pierre Loti
École Militaire
Bir-Hakeim
R Nélaton
R St-Saëns
Bd de Grenelle
15E
R Edgar Faure
Av Charles Floquet
Av de la Motte-Picquet
R du Docteur Finlay
R Desaix
Pl A Sauvy
R de Presles
École Supérieure de Guerre
R Dupleix
R Émeriau
R St-Charles
Pl Dupleix
Dupleix
École Militaire
Av de Lowendal
R Viala
R de Lourmel
R Juge
Av de Champaubert
R du Laos
Bd de Grenelle
La Motte Picquet Grenelle
Pl St-Charles
R Ruelle
R Tiphaine
UNESCO
1
2
3
4
5
6
9
11
12
13
16

★ IMPRESCINDIBLE

Torre Eiffel

El emblema de París atraviesa el cielo, llamando a quien lo ve, sea para una visita o para ascender a las alturas. Aunque son casi siete millones los que la visitan cada año, pocos discutirán que cada visita es especial: sin duda algo que hay que hacer una vez en la vida.

PLANO P. 40 **F4**

CONSEJO
Conviene reservar con tiempo y llevar una chaqueta: arriba el viento puede ser frío. De hecho el último piso a veces se cierra por el viento.

Escanea este QR para consultar horarios y reservar.

Explorar un icono

La Torre Eiffel, que lleva el nombre de su diseñador, Gustave Eiffel, fue construida para la Exposición Universal de 1889. Fueron necesarios 300 obreros, 2,5 millones de remaches y dos años de trabajo incesante, y al completarse se convirtió en la estructura más alta hecha por el ser humano en todo el mundo (324 m), récord que ostentaría hasta la construcción del Chrysler Building de Nueva York, en 1930. Como símbolo de la modernidad, se encontró con las críticas de la élite artística y literaria de París, y en un principio se decidió que el "espárrago de metal", como lo llamaban algunos, se desmontaría en 1909. Se salvó únicamente porque resultó ser una plataforma ideal para las antenas necesarias para la radiotelegrafía, que daba sus primeros pasos. Hoy en día también se la llama La Dame de Fer (la Dama de Hierro).

Primer piso

De los tres niveles de la torre, el primero (57 m) es el que cuenta con más espacio. Tiene una amplia terraza de madera, pero las vistas son las menos impresionantes. El **Pavillon Ferrié,** rodeado de

JEANLUCICHARD/SHUTTERSTOCK

cristal, presenta una filmación, y también hay cafetería, un puesto de *pizzas* y tienda de recuerdos. Por la pasarela exterior se puede seguir un itinerario explicativo sobre el ingenioso diseño y la historia de la torre. También hay una zona con suelo de cristal desde la que se ve a la gente en tierra firme convertida en hormiguitas. En este piso está el restaurante **Madame Brasserie.** La electricidad que alimenta la zona comercial del primer nivel proviene de dos turbinas de aire instaladas en la torre.

Segundo piso

Las vistas desde el 2º nivel (115 m; arriba) son imponentes: pese a la altura se puede distinguir cada detalle de la ciudad. Los telescopios y los mapas panorámicos señalan los puntos de interés. Hay paneles informativos que resumen

UNA PAUSA

En la torre hay desde bares a restaurantes como el Madame Brasserie, en el primer piso, o el Le Jules Verne, en el segundo. En rue de l'Exposition hay una buena oferta, desde Le P'tit Troquet al Ryukishin Eiffel.

UNA MANO DE PINTURA
Cada siete años, un equipo de 50 personas pintan la torre. Ha lucido seis colores diferentes a lo largo de su vida: el último fue el dorado original escogido por Gustave Eiffel.

la mecánica de los ascensores, y una plataforma permite ver el suelo a través de paneles de cristal. También hay aseos, una tienda de recuerdos, otra de *macarons* y el restaurante **Le Jules Verne,** con estrella Michelin, al que se accede por un ascensor privado en el pilar sur.

Último piso

Desde el nivel superior (276 m), en un día claro, se puede ver hasta a 60 km de distancia, aunque la panorámica es más amplia que detallada. Al salir del ascensor se está en una galería acristalada, con paneles que indican la dirección de muchas ciudades del mundo. Luego se puede tomar una de las dos escalerillas hasta el piso superior, abierto, y celebrar la ascensión

JEANLUCICHARD/SHUTTERSTOCK

con una copa de champán en la **champanería** (aunque quizá se prefiera agua mineral, limonada y *macarons*). Después, se puede echar un vistazo a la **oficina** de Gustave Eiffel, con figuras en cera de Eiffel y su hija Claire recibiendo a Thomas Edison. Parecerá increíble, pero también hay baños aquí arriba.

Compra de billetes y colas

La base de la torre puede ser un caos de viajeros confundidos. Vale la pena preparar la visita para ahorrar tiempo y colas, especialmente en temporada alta (jun-sep) o en vacaciones como las de Semana Santa. Normalmente hay menos gente en martes, miércoles y jueves.

Seguridad externa

Actualmente la base de la torre está rodeada de cristal antibalas. Los visitantes pasan el control de seguridad en una de las dos entradas al recinto de cristal, en av Gustave Eiffel. Las dos salidas están en Quai Branly. Hay diferentes colas para visitantes sin reserva, con reserva, y con reserva para los restaurantes. También se puede pasar sin entrada si solo se quiere dar un paseo por los jardines bajo la torre.

Entradas

Una vez dentro, hay taquillas para la venta de entradas (con largas colas) en el pilar sur. Reservando en internet se reduce la espera, y se asegura la entrada. ¡También pueden acabarse las entradas para los ascensores! Pero las entradas con acceso por las escaleras no suelen agotarse. Si no se reserva con antelación, habrá que hacer una larga cola para comprar entrada y para subir a los ascensores. Las entradas con reserva tienen una hora indicada, lo que significa que se entra directamente por un segundo control de seguridad justo antes de los ascensores o las

BRILLO NOCTURNO
A las horas en punto, toda la torre brilla durante 5 min con el encendido de 20000 luces de 6 vatios. 25 escaladores tardaron cinco meses en instalar las bombillas y 40 km de cable eléctrico, para la celebración del milenio, en el 2000. La mejor imagen del espectáculo de luces se ve desde los Jardins du Trocadéro, al otro lado del Sena.

CHAMP DE MARS
Al sureste de la Torre Eiffel se extiende el Parc du Champ de Mars, ideal para un pícnic en verano. En el s. XVIII se usaba para los desfiles de los cadetes de la École Militaire. La escuela militar ocupaba el enorme edificio de estilo francés clásico construido por Luis XV en el extremo sureste del parque, y Napoleón Bonaparte fue uno de sus ilustres graduados.

escaleras. Habrá que llevarlas impresas o mostrar la pantalla del teléfono.

Por las escaleras

Son 327 escalones hasta el primer piso, y otros 347 hasta el segundo. Las escaleras hasta el nivel superior no están abiertas al público por motivos de seguridad. Habrá que comprar el billete para el ascensor en la base o por internet, ya que no hay taquillas en el segundo piso. A pie, se tardará entre 10 y 20 min de un piso a otro, según el nivel de forma física.

Ascensor al último nivel

Desde el segundo piso, otro ascensor sube hasta el último piso (cerrado con viento fuerte). Para acceder hay que subir unos escalones hasta el *mezzanino* del segundo piso. Téngase en cuenta que el último piso y esas escaleras no son accesibles para personas con movilidad reducida. En los ascensores las sillas de ruedas deben ir plegadas, y no se permiten bolsas o mochilas mayores que el equipaje de cabina de los aviones. Para acceder al ascensor hay que mostrar la entrada, después de hacer cola una vez más.

Cruceros por el Sena

Las travesías por el Sena (foto derecha) son un modo idílico de ver la Torre Eiffel. **Bateaux Parisiens** ofrece circuitos de 1 h con audioguías en 14 idiomas, y cruceros temáticos con almuerzo o cena. **Vedettes de Paris** también tiene cruceros de 1 h a partiendo de su base, a los pies de la

ADISA/SHUTTERSTOCK

Torre Eiffel. Y el **Batobus,** que permite subir y bajar a discreción, también tiene parada en la Torre Eiffel. **Green River Cruises** alquila embarcaciones para uso privado. El restaurante **Ducasse sur Seine,** del chef Alain Ducasse, se encuentra en un lujoso barco eléctrico donde se sirven almuerzos y cenas. El único crucero con estrella Michelin es el del **Don Juan II,** un yate *art déco* con chimenea, paneles de madera y detalles en latón. El menú de varios platos para la cena es obra del chef Frédéric Anton, que pasó por el restaurante Le Jules Verne.

GUÍA DEL VISITANTE 'ON-LINE'

A través de la wifi de la torre se puede acceder a su sitio web *(guide.toureiffel.paris/es)*, con abundante información. Cerca del pilar oeste está la oficina de información.

CIRCUITO A PIE

La imponente arquitectura del '16e'

Passy y Auteuil, en el *16e*, son una borrachera de grandes obras modernas, *art nouveau* y *art déco*. Paseando por este distrito se podrán admirar unos edificios innovadores y de vanguardia en su tiempo, y que aún hoy llaman la atención.

INICIO	FINAL	DISTANCIA
Cité de l'Architecture et du Patrimoine	Apartamento-estudio de Le Corbusier	5 km; 3 h

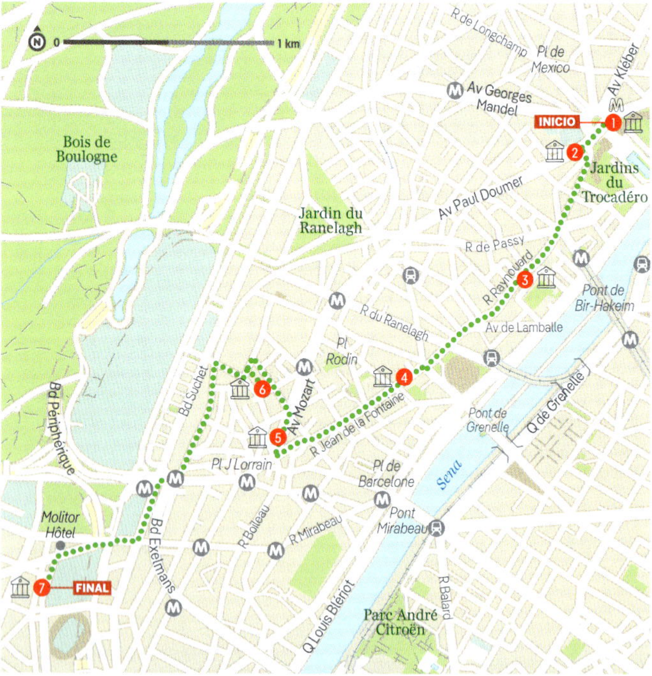

❶ Un museo imponente

Empezamos en la **Cité de l'Architecture et du Patrimoine,** museo con vistas de la Torre Eiffel. Un escaparate ideal para mostrar los grandes hitos de la arquitectura francesa.

❷ Lujo a raudales

Saliendo del Palais de Chaillot rodearemos el jardín de Yorktown, llamada así en recuerdo de la famosa batalla de la guerra de Independencia de EE UU. El **edificio Jean Fidler,** en el 1 de av Paul Doumer, que recuerda un transatlántico, fue inaugurado para la Exposición Internacional de 1937 y es considerado un emblemático edificio de lujo del período de entreguerras.

❸ Pionero del hormigón

Seguimos por rue Benjamin Franklin (llamada así por el tipo que vivió en el 66 de rue Raynouard) hasta llegar al 25bis, con una fachada con motivos florales (1904). Este **bloque de apartamentos,** diseñado en hormigón armado por los hermanos Perret, presenta elementos novedosos para la época, como la "planta abierta" que más tarde inspiraría a Le Corbusier. También en rue Raynouard, se puede echar un vistazo a la casa de Balzac.

❹ Maravillas del 'art nouveau'

Por rue Jean de la Fontaine hay edificios diseñados por Hector Guimard (1867-1942), pionero del *art nouveau* autor de las entradas del metro de París inspiradas en la naturaleza. Su obra más destacada es el **Castel Béranger,** en el 16 de rue Jean de la Fontaine, que ganó el premio a mejor fachada de París en 1898, con sus caballitos de mar trepando por la piedra.

❺ La casa de Hector Guimard

Al otro de la calle está el **bar Cravan** (p. 53), coctelería en un edificio diseñado por Guimard, con azulejos y espejos *art nouveau*. Seguiremos por rue Jean de la Fontaine hasta **122 av Mozart,** donde Guimard se hizo su vivienda y su estudio, un festival de asimetrías, en 1909.

❻ Arquitectura moderna

Atravesando el pueblo de Auteuil se llega a la **Maison La Roche,** revolucionaria villa racionalista construida por Le Corbusier y Pierre Jeanneret entre 1923 y 1925. El edificio, Patrimonio de la Humanidad, es hoy la sede de la Fondation Le Corbusier, y se puede visitar (con reserva por internet).

❼ Más Patrimonio de la Humanidad

Siguiendo con nuestra inmersión en la arquitectura de Le Corbusier, podemos explorar otro edificio Patrimonio de la Humanidad cerca de Boulogne-Billancourt. Su **apartamento-estudio** ocupaba dos plantas del primer bloque de apartamentos del mundo con la fachada de cristal, que diseñó entre 1931 y 1934. De camino podemos echar un vistazo al complejo de piscinas *art déco* del Hotel Molitor, de 1929.

EXPERIENCIAS

Un baño de arte en el Musée Marmottan Monet

MUSEO DE ARTE

PLANO: 1 P. 40 **A4**

El antiguo refugio de caza del Duc de Valmy (más bien una mansión) alberga el **Musée Marmottan Monet** *(marmottan .fr; adultos/niños 14 €/gratis)* y la mayor colección de obras de Claude Monet del mundo. Es una oportunidad única para seguir la trayectoria del artista, empezando con sus primeras obras, como *Impression, soleil levant* (1872), pasando por los numerosos estudios sobre nenúfares hasta llegar a sus pinturas abstractas. Destacan obras maestras como *La barque* (1887), *Cathédrale de Rouen* (1892), *Londres, le Parlement* (1901) o las diversas *Nymphéas* (nenúfares).

La enorme mansión, con sus dorados y sus detalles de estilo Imperio, casi eclipsa la colección. Llaman la atención una cama que perteneció a Napoleón, un enorme escritorio de madera con tallas de leones alados y un espléndido reloj geográfico de porcelana de Sèvres. En la planta superior, no hay que perderse la colección de pinturas de la famosa impresionista Berthe Morisot. Las exposiciones temporales, incluidas en el precio de la entrada, también son espléndidas.

Siguiendo las huellas de Balzac

RESIDENCIA DEL ESCRITOR

PLANO: 2 P. 40 **D5**

Viajamos en el tiempo, visitando la bonita casa de tres plantas donde vivió y trabajó el novelista Honoré de Balzac (1799-1850) entre 1840 y 1847, ocultándose de sus acreedores (usaba un pseudónimo, y los visitantes debían pronunciar una contraseña para entrar). Es un reducto del Passy de antaño, y mirando por encima del muro se puede ver rue Berton, un callejón adoquinado al que daba la salida secreta de Balzac. La **Maison de Balzac** *(maisondebalzac.paris .fr/informacion-practica-casa-de-balzac; adultos/niños 9 €/gratis)* es muy interesante para los amantes de la literatura y de las cartas. Incluso se puede ver la cafetera de porcelana que le daba energía en sus noches de trabajo. La *app* (hay wifi para descargarla) ofrece numerosos comentarios e información detallada sobre los hábitos de intenso trabajo de Balzac. En la misma casa está el café **Rose Bakery,** donde tomar algo dulce, una sopa o una quiche: las mesas del jardín, con vistas de la Torre Eiffel a lo lejos, son el lugar ideal para pensar en la trama de nuestra próxima gran obra.

Viandas en el Marché Président Wilson

MERCADO CALLEJERO

PLANO: 3 P. 40 **F2**

Dando un paseo por el **Marché Président Wilson,** frente al Palais de Tokyo, se verán los puestos de flores frescas, verdura, pescado y charcutería artesanal que tanto gustan a los grandes chefs. Este animado mercado ofrece productos de la mejor calidad: aves de corral de la Maison Priolet, fruta de Normandía del Moulin de l'Abbaye y quesos de Les Fromages de Sophie. También hay puestos donde almorzar y donde comprar comida para un pícnic, desde comida callejera japonesa a panes especiados libaneses o creps, tentaciones de todo tipo disponibles los miércoles y sábados por la mañana, sin duda una de las soluciones más económicas en el *16e*.

Gobernando las olas en el Musée de la Marine

MUSEO

PLANO: 4 P. 40 E3

En el ala oeste del Palais de Chaillot está el **Musée National de la Marine** (*musee-marine.fr; adultos/niños 11 €/gratis*), una celebración de las grandes aventuras navales francesas a partir del s. XVII y hasta nuestros días (con numerosas maquetas de barcos), que a la vez ofrece una inmersión sensorial en todo lo relacionado con el mar, desde rutas mercantes a regatas en alta mar, y desde la polución del agua a los misteriosos naufragios que han desatado la imaginación humana. Todo cobra vida gracias a pantallas interactivas, vídeos y más. Tras una reforma integral que duró seis años, en 2023 el viejo museo abrió de nuevo sus puertas convertido en una atracción cultural de visita ineludible para los parisinos. A los chavales les encanta. Y es el primer museo de París con una sala "zen" especial para niños con autismo.

EL LEGADO DE LA EXPOSICIÓN MUNDIAL

A partir del s. XIX, las exposiciones mundiales fueron un gran reclamo para mostrar al público lo último en tecnología, cultura e industria. París albergó siete de estos eventos, para los que se construyeron imponentes monumentos. El Palais de Chaillot, de 1937, tiene a sus pies unos jardines con fuentes con vistas a la Torre Eiffel. Hoy en día su ala este alberga la Cité de l'Architecture et du Patrimoine, dedicada a la arquitectura francesa, así como el Théâtre National de Chaillot, con una programación de danza y teatro. En el ala oeste están el Musée National de la Marine y el Musée de l'Homme (sobre la evolución humana).

Arte moderno en el Palais de Tokyo

MUSEO

PLANO: 5 P. 40 F2

Altas columnas, frisos *art déco*... ¿Qué es exactamente ese palacio junto al Sena? El **Palais de Tokyo** *(palaisdetokyo.com; adultos/niños 13 €/gratis)* se creó para la Exposición Internacional de 1937. Hoy en día su ala oeste alberga el mayor museo de arte contemporáneo de Europa. El interior, de hormigón y acero, acoge instalaciones y exposiciones interactivas. Hay divertidas opciones de comida, bebida y ocio: el Bambini o el Forest, con mesas en el patio central, sobre una piscina reflectante y con la Torre Eiffel a lo lejos, y el club nocturno Yoyo, en el sótano.

El **Musée d'Art Moderne de Paris** *(mam.paris.fr)*, en el ala este, presenta una enorme colección permanente de acceso gratuito con instalaciones monumentales, como una sala entera de murales de Henri Matisse, o *La Fée électricité,* fresco de Raoul Dufy que muestra la historia de la electricidad. La sala es tan imponente que los visitantes se sientan sobre taburetes, traspuestos, dejándose llevar por los efervescentes colores. En ocasiones hay excelentes exposiciones temporales (de pago).

Un viaje a Asia en el Musée Guimet

MUSEO

PLANO: 6 P. 40 F2

El **Musée National des Arts Asiatiques Guimet** *(guimet.fr; adultos/niños 13 €/gratis)* es el museo de arte asiático más importante de Francia, con una espléndida colección de todos los rincones del continente. De hecho, observando sus obras se puede ver el avance gradual del budismo y de los diferentes estilos artísticos por la Ruta de la Seda, desde los budas de Gandhara (Pakistán) del s. I a las esculturas de siglos posteriores procedentes de Asia central, China y Japón. En conjunto, es un lugar donde perderse entre tanta belleza –desde la rotonda neoclásica de la antigua biblioteca al patio jemer–, un espacio elegante con maravillas en cada rincón. No hay que saltarse los mandalas tibetanos, los antiguos caballos de terracota chinos o la mayor colección del mundo de piezas jemeres fuera de Camboya. Si se quiere comer algo, se puede probar la cocina coreana casera del restaurante Hannok. En verano, la terraza panorámica es un buen lugar para almorzar, picar algo o tomarse un cóctel los fines de semana por la noche, cuando los DJ pinchan su música.

Lo mejor para...

Localizaciones en el plano de la **p. 40**

€ Económico €€ Medio €€€ Alto

Comer

Cocina francesa

La Rotonde de la Muette €€
7 B4
Esta famosa *brasserie* es toda una institución, con sus banquetas de terciopelo, sus paneles de madera y sus apliques de latón. No hay que perderse el suflé al Grand Marnier. *7.00-24.00*

Le Petit Rétro €€
8 D1
Una cápsula del tiempo de 1904, en estilo *art nouveau*. Está clasificado como Monumento Histórico y es un buen lugar para comerse un *steak-frites*. *12.00-14.30 y 19.30-22.30*

Les Marches €€
9 F3
Bistró clásico con manteles de cuadros rojos. *12.00-14.30 y 19.30-22.30*

Un lujo que vale la pena

Comice €€€
10 C6
Un simpático matrimonio gestiona este clásico con estrella Michelin. *19.00-21.00 lu-vi, algunos sa*

Substance €€€
11 G2
El fascinante menú-degustación del chef Matthias Marc no deja de sorprender. *12.00-13.30 y 19.30-21.00 lu-vi*

Cerca de la Torre Eiffel

Les Deux Abeilles €
12 G3
Delicias caseras en este salón de té a la antigua con una clientela fiel. *9.00-19.00 ma-sa*

Arnaud Nicolas €€
13 G4
El maestro de la *charcuterie* usa sus productos en el restaurante que gestiona él mismo. *12.00-14.30 y 19.00-22.00 ma-sa*

Beber

Cócteles en el '16e'

Cravan
14 B6
Para disfrutar de estupendos cócteles en el interior de un edificio *art nouveau* de Hector Guimard. *18.00-23.00 mi-sa*

St James Paris
15 C1
Copas creativas con ingredientes del huerto del hotel servidas en una biblioteca con paneles de madera o en una terraza de ensueño. *19.00-24.00*

Midi-Minuit
16 F2
El bar del Ducasse Baccarat, en una imponente mansión, lo lleva la mixóloga Margot Lecarpentier, que adquirió su fama en el Combat. *12.00-24.00*

Le Belair
17 C6
Glamur retro en un local de moda en la Maison de la Radio, con pista de baile y noches de DJ. *18.30-2.00 ju-sa*

Sugerencias de lugares para comer, beber y comprar en **p. 65**

Por Nicola Leigh Stewart

Explora Campos Elíseos y Grands Boulevards

Los Campos Elíseos y los Grands Boulevards tienen unas dimensiones imponentes: podríamos conectar los puntos y el resultado sería una superficie enorme. Sus puntos de referencia -el Arco de Triunfo, place de la Concorde, place de la Madeleine y la Opéra- están conectados por unos elegantes bulevares con edificios de la era Haussmann. Las vistas son monumentales, pero las tiendas de lujo y los elegantes grandes almacenes son el alma de este distrito. Más allá del aluvión de moda, se encontrarán impresionantes monumentos históricos y museos de arte que merece la pena visitar.

Cómo desplazarse

A pie

París es una ciudad cómoda para pasear, y para ver los Campos Elíseos lo mejor es recorrerlos a pie.

Metro

Por los Campos Elíseos hay pocas paradas de metro, entre ellas Charles de Gaulle-Étoile, Champs-Élysées-Clemenceau y Concorde.

Taxi

Si se va a acudir a algún evento elegante por los Campos Elíseos, quizá se quiera llegar en taxi. Es posible que se pase por la bulliciosa place de l'Étoile, con el Arco de Triunfo en el centro.

Arco de Triunfo (p. 58).

ERIC ISSELEE/SHUTTERSTOCK

★

LO MEJOR

LA GUARIDA DEL FANTASMA
Palais Garnier (p. 59)

MUSEO DE ARTE
Petit Palais (p. 62)

MONUMENTO IMPRESCINDIBLE
Hôtel de la Marine (p. 63)

MODA Y LUJO
La Galerie Dior (p. 63)

VISTAS DE PARÍS
Arco de Triunfo (p. 58)

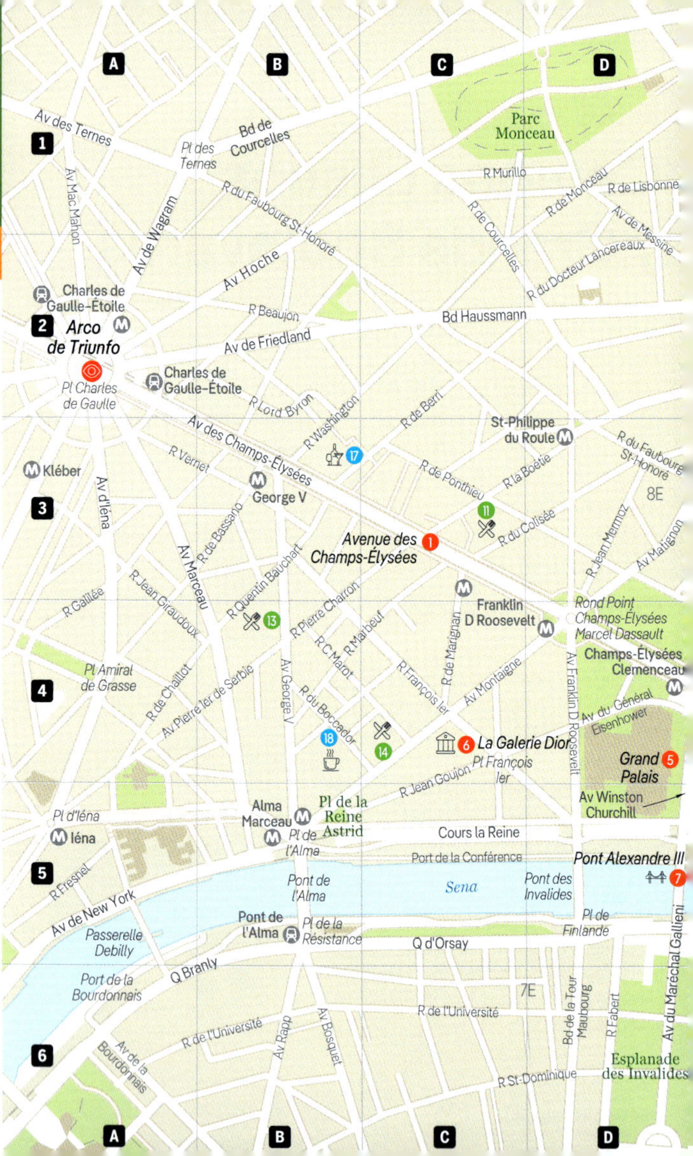
A
B
C
D
1
2
3
4
5
6
Av des Ternes
Bd de Courcelles
Pl des Ternes
Parc Monceau
R Murillo
R de Monceau
R de Lisbonne
Av de Messine
R de Courcelles
R du Docteur Lancereaux
R du Faubourg St-Honoré
Av Mac Mahon
Av de Wagram
Av Hoche
Charles de Gaulle-Étoile
Arco de Triunfo
R Beaujon
Bd Haussmann
Av de Friedland
Pl Charles de Gaulle
Charles de Gaulle-Étoile
R Lord Byron
R Washington
R de Berri
St-Philippe du Roule
R du Faubourg St-Honoré
8E
Av des Champs-Élysées
R Vernet
George V
R de Ponthieu
R la Boétie
Kléber
Av d'Iéna
R de Bassano
Av Marceau
Avenue des Champs-Élysées
R du Colisée
R Jean Mermoz
Av Matignon
R Quentin Bauchart
R Galilée
R Jean Giraudoux
R Pierre Charron
R Marbeuf
Franklin D Roosevelt
Rond Point Champs-Élysées Marcel Dassault
Champs-Élysées Clemenceau
R de Marignan
R C Marot
Av George V
R François Ier
Av Montaigne
Pl Amiral de Grasse
R de Chaillot
Av Pierre Ier de Serbie
R du Boccador
Av Franklin D Roosevelt
Av du Général Eisenhower
La Galerie Dior
Grand Palais
Pl François Ier
R Jean Goujon
Av Winston Churchill
Pl d'Iéna
Alma Marceau
Pl de la Reine Astrid
Iéna
Pl de l'Alma
Cours la Reine
Port de la Conférence
Pont Alexandre III
R Fresnel
Pont de l'Alma
Sena
Pont des Invalides
Av de New York
Pont de l'Alma
Pl de la Résistance
Pl de Finlande
Passerelle Debilly
Q d'Orsay
Port de la Bourdonnais
Q Branly
7E
R de l'Université
R de l'Université
Av Rapp
Av Bosquet
Bd de la Tour Maubourg
R Fabert
Av du Maréchal Gallieni
Av de la Bourdonnais
R St-Dominique
Esplanade des Invalides
17
11
13
14
18
1
5
6
7

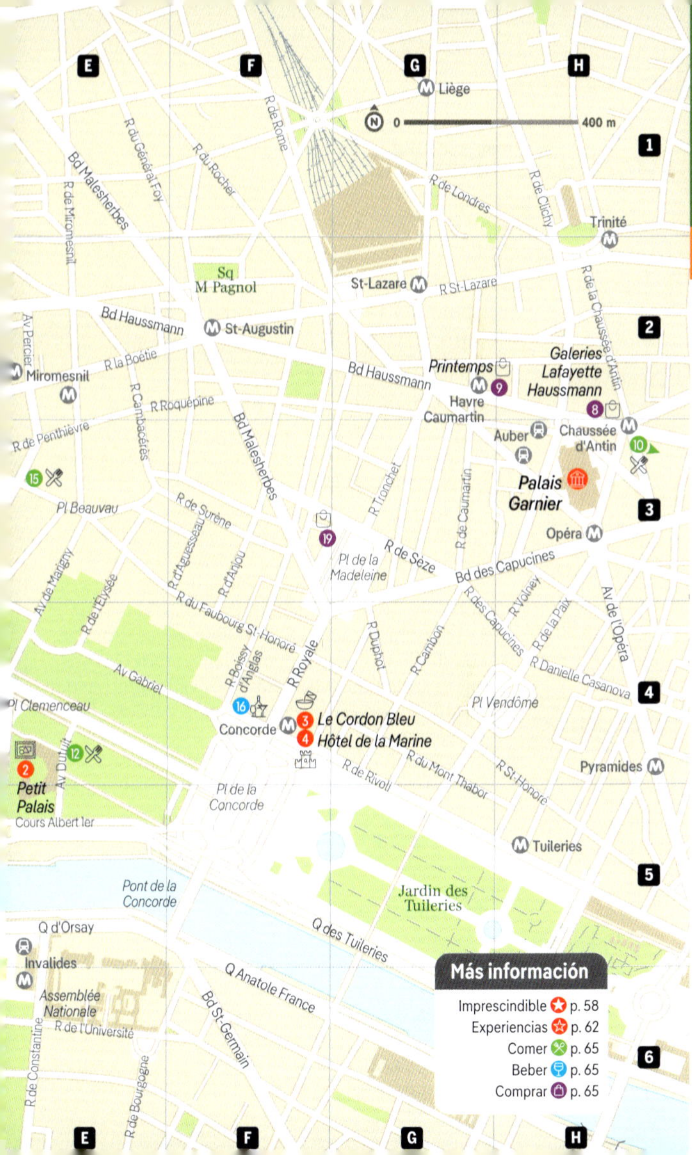

Más información

Imprescindible p. 58
Experiencias p. 62
Comer p. 65
Beber p. 65
Comprar p. 65

★ IMPRESCINDIBLE

Arco de Triunfo

El ejército de Napoleón nunca marchó a través del Arco de Triunfo construido en su honor, pero aun así el monumento se ha convertido en símbolo del patriotismo francés. Para los visitantes, la verdadera atracción son las sublimes vistas que ofrece desde lo alto.

PLANO P. 56 **A2**

CONSEJO
El momento más tranquilo para visitar el monumento es a primera hora de la mañana, pero es más bonito al atardecer. Las entradas se reservan para una hora determinada.

Símbolo de paz y lugar para el recuerdo

Napoleón encargó la construcción del Arco de Triunfo tras su victoria en la batalla de Austerlitz en 1805, pero para cuando se completó, en 1836, el emperador ya había abdicado, muerto, y la monarquía había vuelto brevemente. Bajo el arco, al nivel del suelo, se encuentra la Tumba del Soldado Desconocido, en honor a 1,3 millones de soldados franceses que perdieron la vida durante la I Guerra Mundial. El soldado desconocido fue sepultado en 1921, bajo una llama eterna que se reaviva cada día a las 18.30. Los visitantes pueden asistir al evento o ver la grabación en vídeo en el museo.

Subiendo 200 escalones se llega al museo, y otros 40 más llevan a la terraza, que posiblemente ofrezca una de las mejores vistas de París. Obsérvese que con mal tiempo y durante las ceremonias oficiales está cerrada al público.

Espléndida puesta de sol

Dos días al año, se puede ver la puesta de sol a través del centro del arco, normalmente hacia el 10 de mayo y el 1 de agosto (el sitio web no indica la fecha exacta, pero se puede buscar en Google). Para obtener la foto perfecta no hay que estar en el arco, sino algo más atrás, en los Campos Elíseos.

Escanea este QR para consultar horarios y reservar.

★ IMPRESCINDIBLE

Palais Garnier

Pocos monumentos hay en París que hayan inspirado a los artistas como el Palais Garnier. Desde las bailarinas de Edgar Degas al fantasma de Gaston Leroux o el techo de Marc Chagall, las imágenes de mitos y leyendas que han ido poblando su interior han contribuido a su aura de dramatismo y misterio.

Un diseño imponente

Napoleón III encargó la construcción de un nuevo teatro de la ópera tras el intento de asesinato que sufrió en el que había en la cercana rue Le Peletier. Un desconocido Charles Garnier, de 35 años, se hizo con el contrato de construcción y sorprendió a todo el mundo, incluida la emperatriz Eugenia, que no se mostró especialmente impresionada al ver sus planos.

Una vez dentro, el espectáculo empieza ya con la gran escalinata. Garnier la diseñó con amplios escalones y balcones para que los asistentes pudieran ver quién hacía su aparición. En el auditorio, eligió el terciopelo rojo como complemento al dorado, diciendo que el reflejo rosa resultante hacía que las damas se vieran "más jóvenes y radiantes".

Lo más destacado

En el techo del auditorio se puede ver un fresco obra de Marc Chagall, incorporación relativamente reciente, y la impresionante lámpara de araña, que inspiró una escena de *El fantasma de la ópera* de Gaston Leroux cuando se cayó, en 1896.

Aparte del auditorio, una de las salas más prestigiosas del Palais Garnier es el recién restaurado Grand Foyer, inspirado en la Galería de los Espejos de Versalles, que ha recuperado todo su esplendor.

PLANO P. 56 **H3**

CONSEJO

Conviene reservar por internet, y con antelación: no hay garantía de conseguir entradas para el mismo día en la taquilla. Se puede optar por una visita guiada en grupo, pero la audioguía también es excelente.

Escanea este QR para consultar horarios y reservar.

CIRCUITO A PIE

De los Campos Elíseos al Palais Garnier

Paseando por los Campos Elíseos se pueden ver grandes monumentos y bellezas arquitectónicas del París *fin-de-siècle*. Es un barrio rico en museos y en historia, y las vistas tanto desde el Arco de Triunfo como desde la place de la Concorde son insuperables. Conviene dedicarle tiempo y hacer pausas por el camino.

INICIO	FINAL	DISTANCIA
Arco de Triunfo	Palais Garnier	4 km; 3 h

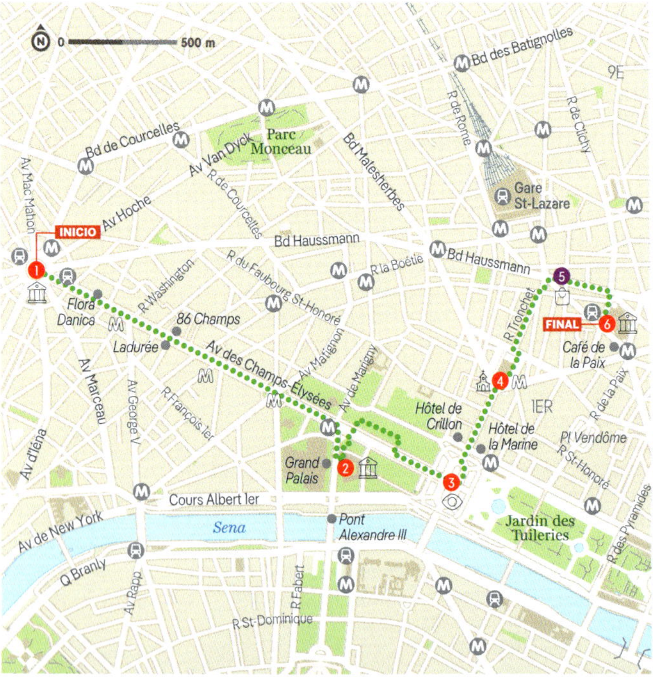

1 "La avenida más bella"

Partiendo del **Arco de Triunfo** (p. 58), recorreremos los 2 km de los arbolados Campos Elíseos, llenos de tiendas de diseño y de lujo. Puede que sea la avenida más famosa del mundo, pero desde luego no por sus restaurantes. Si hay que picar algo, se puede visitar Ladurée o L'Occitane x Pierre Hermé (para comprar *macarons*), o Flora Danica (para un café y un bollo).

2 Monumentos magníficos

Giraremos a la derecha por av Winston Churchill para visitar el **Petit Palais** (p. 62), de estilo *art nouveau*, construido como museo de bellas artes para la Exposición de París de 1900. De camino veremos la estatua del general Charles de Gaulle, y la de Winston Churchill en la esquina del museo, hacia el puente Alexandre III. Frente al museo se verá el **Grand Palais** (p. 63), con su techo de cristal.

3 Plaza histórica

Tras empaparnos de arte, cruzamos los Campos Elíseos y los jardines de allée Marcel-Proust hasta la **place de la Concorde.** Las esculturas que rodean la mayor plaza de la ciudad representan diferentes ciudades francesas. Cerca del obelisco egipcio del centro, con la punta dorada, se encontrará una placa que indica el lugar de ejecución del rey Luis XVI y María Antonieta.

4 Una iglesia grandiosa

Cruzaremos la calle y tomaremos rue Royale hacia place de la Madeleine; se encuentra entre los edificios gemelos diseñados por el arquitecto jefe de Luis XV, Ange-Jacques Gabriel, que actualmente albergan el Hôtel de Crillon y el **Hôtel de la Marine** (p. 63). La **Église de la Madeleine,** de inspiración griega, tiene una imponente fachada de columnas corintias.

5 Grandes almacenes

Desde place de la Madeleine seguiremos al norte por rue Tronche hasta bd Haussmann. Sabremos que hemos llegado cuando veamos las cúpulas doradas y de mosaico de **Printemps.** Al lado están las **Galeries Lafayette Haussmann.** Ambos *grands magasins* (p. 64) cuentan con elegantes terrazas desde las que contemplar las vistas.

6 El gran teatro de la ópera

Desde aquí seguiremos por rue Halévy hasta el magnífico **Palais Garnier** (p. 59). Se puede acabar el recorrido en la terraza del histórico Café de la Paix, emulando a Victor Hugo, Ernest Hemingway o Émile Zola, entre otros.

EXPERIENCIAS

Sin rumbo fijo por los Campos Elíseos

CALLE

PLANO: 1 P. 56 **C3**

Hay quien dice que es la avenida más bonita del mundo, pero los parisinos suelen evitar la **Avenue des Champs-Élysées**, a menos que trabajen por la zona: su fama mundial la ha convertido en un destino imprescindible para los turistas. Tiene fama por sus tiendas, pero la mayoría son las mismas que las de cualquier gran ciudad. Aun así, sus bonitos edificios y su rica historia no se encuentran en otras grandes calles comerciales. Si se está por la zona, vale la pena darse un paseo, evitar las grandes cadenas internacionales y echar un vistazo a lo francés: la histórica tienda de **Guerlain** es especialmente bonita, se puede optar por los productos de belleza de la marca de culto francesa **Biologique Recherche**, o entrar en los grandes almacenes **Galeries Lafayette.** Conviene evitar los restaurantes, turísticos y caros, y limitarse a parar a tomar café.

Empaparse de la grandeza del Petit Palais

MUSEO DE ARTE

PLANO: 2 P. 56 **E4**

El **Petit Palais** *(petitpalais.paris.fr; colección permanente gratis/exposiciones temporales desde 12 €)*, construido para la Exposición Universal de 1900, alberga hoy el Museo de Bellas Artes de París. El imponente edificio combina elementos clásicos (como columnas y molduras) con un diseño *art nouveau*, reflejado en su puerta de hierro dorada y en los motivos florales de la escalinata en curva. El jardín del patio es un lugar con encanto donde tomarse un café.

Entre las obras expuestas se encuentran *Les Halles*, de Léon Lhermitte; *El sueño*, de Gustave Courbet, encargado por un diplomático turco que tenía el cuadro oculto tras una cortina por considerarlo demasiado atrevido; y el recién restaurado *Autorretrato con traje oriental* de Rembrandt, que añadió el perro al cuadro para ocultar sus piernas, ya que no estaba satisfecho con el resultado final. Se ofrecen visitas guiadas en varios idiomas.

Aprender cocina francesa en Le Cordon Bleu

ESCUELA DE COCINA

PLANO: 3 P. 56 **F4**

La mundialmente famosa escuela de cocina **Le Cordon Bleu** *(cordonbleu.edu/paris-hoteldelamarine; desde 35 €)* ofrece ahora cursos de un día para quienes quieran probar algo francés en su propia cocina. Está oculta en un apartamento del s. XVIII del Hôtel de la Marine, un bonito entorno, con su suelo de madera original de 1743, sus molduras y sus ventanas curvadas con vistas a place de la Concorde. Trae recuerdos de la película *Sabrina*, cuando el personaje de Audrey Hepburn aprendía a cocinar en Le Cordon Bleu con vistas de la Torre Eiffel al fondo. Se ofrecen clases para hacer platos dulces y salados, clases magistrales, demostraciones de 30 min y clases infantiles.

Contemplar las salas doradas del Hôtel de la Marine

MONUMENTO-MUSEO

PLANO: 4 P. 56 **F4**

El bonito museo del **Hôtel de la Marine** *(hotel-de-la-marine .paris; desde 9 €)* cuenta la historia del edificio cuando era La Garde-Meuble de la Couronne ("Guardamuebles Real") y se usaba como almacén de la colección de muebles y objetos artísticos de la corona. Algunos de los eventos más importantes de la historia francesa tuvieron lugar aquí, incluida la firma de la orden de ejecución de María Antonieta (que fue ejecutada allí mismo, en place de la Concorde), y la firma de la ley que abolía la esclavitud. Las espléndidas audioguías proporcionan explicaciones sobre los dorados aposentos del último alto funcionario que gestionó el Garde-Meuble. Una parte del edificio alberga la Fundación Al Thani, organización sin ánimo de lucro que expone increíbles obras de arte de todas las épocas y organiza dos exposiciones temporales cada año en colaboración con grandes instituciones como el Victoria & Albert Museum de Londres.

GRAND PALAIS

El **Grand Palais** (PLANO: 5 P. 56 **D4**), edificio *art nouveau* con techo de cristal, se construyó para la Exposición Universal de 1900 y ha reabierto sus puertas en 2025 tras una restauración completa que le ha devuelto su esplendor original. En estos cuatro años se ha ampliado el espacio expositivo y se ha añadido una animada *brasserie* (el Grand Café, con una de las terrazas más bonitas de París). Su alta nave, de hierro forjado y cristal, acoge grandes eventos, espectáculos de arte e incluso veladas musicales con DJ. En invierno se monta una enorme pista de hielo –la mayor pista de hielo temporal del mundo– a la que se añaden bolas estroboscópicas para crear un ambiente de fiesta.

Hacer pasarela por La Galerie Dior

MUSEO DE LA MODA

PLANO: 6 P. 56 **C4**

Junto a la enorme *boutique* insignia de Dior está **La Galerie Dior** *(galeriedior.com; adultos/con descuento 14/10 €)*, un fabuloso museo de la moda que repasa la historia de la famosa marca francesa. La visita empieza en la

PONT ALEXANDRE III
El opulento **Pont Alexandre III** (PLANO: 7 P. 56 **D5**), puente dorado en honor del zar Alejandro III, que firmó la alianza franco-rusa en 1892, es una de las grandes obras del *art nouveau* parisino, junto al Petit Palais y el Grand Palais. Se construyó para la Exposición Universal de 1900, pero fue el hijo de Alejandro, Nicolás II, quien puso la primera piedra, en 1896. Presenta cuatro imponentes columnas, dos a cada extremo, coronadas con esculturas en bronce dorado de unos caballos alados que representan las artes, las ciencias, el comercio y la industria, acompañados de criaturas fantásticas como ninfas, querubines y monstruos marinos. Es un lugar muy fotografiado, con la Torre Eiffel de fondo.

escalinata curvada del museo, de un blanco inmaculado, que resalta el colorista telón de fondo de unas miniaturas de creaciones Dior de 1874. Desde aquí se pasa a un jardín encantado y a un minitaller donde los artesanos de Dior muestran su *savoir-faire*, para acabar luego el recorrido con la protagonista del museo, una sala llena de llamativos vestidos de baile Dior. La muestra cambia dos veces al año, lo que puede tentar a más de uno a volver. Conviene reservar con antelación para evitar las largas colas. Se sale por la tienda de regalos, pero antes se puede tomar algo en el Café Dior... a precios Dior, *bien sûr*, pero es un lugar estupendo para ver gente interesante.

Curioseando por los Grands Magasins

GRANDES ALMACENES

Los *grands magasins* de París, más que grandes almacenes, son monumentos históricos e hitos de la arquitectura de su tiempo. En el *9è arrondissement* están dos de los más imponentes, las **Galeries Lafayette Haussmann** (PLANO: 8 P. 56 **H2**; *haussmann.galerieslafayette.com*) y **Printemps** (PLANO: 9 P. 56 **H2**; *printemps.com*), uno al lado del otro, en bd Haussmann. Ambos están especializados en artículos de lujo, pero hay de todo para todos.

Aunque no se quiera comprar, la visita ya vale la pena. La cúpula de Galeries Lafayette Haussmann, con sus vitrales *art nouveau*, en Navidad presenta una decoración imponente, y las *coupoles* de Printemps no se quedan atrás. Printemps ofrece visitas guiadas a través del sitio web Cultival, mientras que Galeries Lafayette organiza espectáculos de moda y clases de cocina. Es mejor ir en días laborables para evitar las multitudes. Beber algo en sus terrazas panorámicas saldrá más caro que a nivel de calle, pero las vistas compensan el gasto.

Localizaciones en el plano de la **p. 56**

Lo mejor para...

€ Económico €€ Medio €€€ Alto

Comer

Cocina francesa

Bouillon Chartier €
10 H3
Puede que haya que hacer 1 h de cola, pero sirve platos clásicos a buen precio. *11.30-24.00*

Brasserie Baroche €€
11 C3
Perfecto para disfrutar del ambiente mientras se prueba su famoso *pâté en croute*. *7.00-00.30 lu-sa*

Alta cocina

Pavyllon €€€
12 E4
El menú-almuerzo a precio fijo permite probar la *haute cuisine* de Yannick Alléno a un precio más asequible. *12.00-14.30 y 19.00-22.30*

Le George at Four Seasons Hotel George V €€€
13 B4
Cocina sostenible de inspiración mediterránea con una estrella Michelin. *12.30-14.30 y 19.00-22.30*

Un tentempié

La Galerie at Hôtel Plaza Athénée €€€
14 C4
El campeón mundial de pastelería Angelo Musa les da un toque moderno a los dulces clásicos franceses. *14.00-19.00*

Café Antonia at Le Bristol €€€
15 E3
Para disfrutar de la elegancia en este hotel famoso por su cocina, o del verde jardín en verano. *15.30-18.00*

Beber

Bares de hoteles

Les Ambassadeurs at Hôtel de Crillon
16 F4
Es uno de los hoteles más elegantes de París y cuenta con un bar igual de opulento. *17.00-1.00*

CopperBay at Hotel Lancaster
17 B3
La elegante coctelería CopperBay, del *10e arrondissement*, ha abierto un tercer local. *17.00-13.30*

Cafeterías

Café Nuances
18 B4
Los hermanos Charles y Raphaël Corrot seleccionan y tuestan unos granos de café de lo mejor de París. *8.00-19.00*

Comprar

Tiendas 'gourmet'

Caviar Kaspia
19 F3
Tienda insignia de la histórica marca de caviar en place de la Madeleine, con un comedor de la década de 1920 en la planta superior. *10.00-1.00 lu-sa*

La Maison de la Truffe
Véase 19 F3
También en place de la Madeleine, zona de alta gastronomía. Desde patatas fritas al aroma de trufa a grandes (y carísimas) trufas enteras. *10.00-22.30 lu-sa*

★ MERECE LA PENA

Bois de Boulogne

El Bois de Boulogne, en la periferia oeste de París, fue en su día reserva de caza de la realeza. Ahora es un gran parque verde con botes de remos en el estanque, jardines e invernaderos, una famosa fundación artística, un parque de atracciones y las pistas de arcilla de Roland Garros.

Zona de juegos para todos

Originalmente las 845 Ha del Bois de Boulogne formaban parte del bosque de Vouvray. Aquí ha habido castillos, un convento, ha sido territorio de bandoleros y escenario de robos y batallas. El parque adoptó su forma actual en el s. XIX, por obra del barón Haussmann, que se inspiró en el Hyde Park de Londres. Entre sus atracciones está el **Lac Inférieur,** donde se puede alquilar un bote de remos, y sus 15 km de carriles-bici.

Fondation Louis Vuitton

Este llamativo centro de arte contemporáneo fue diseñado por Frank Gehry. El alto edificio recubierto de cristal presenta espectaculares exposiciones temporales. Durante el horario de apertura una lanzadera comunica el Arco de Triunfo con el museo.

Jardin d'Acclimatation

El primer parque de recreo de la ciudad fue inaugurado por Napoleón III y ofrece entretenimiento para toda la familia, con un zoo de mascotas y camas elásticas. En 2018 se hizo una renovación integral, pero conserva su aspecto clásico, con atracciones como el Río Encantado (1928).

CONSEJO

Hay estaciones de bici compartida Vélib' cerca de la mayoría de las entradas al parque, pero no dentro. En algunas zonas se puede ver prostitución, especialmente por allée de Longchamp y allée de la Reine Marguerite.

Escanea este QR para consultar horarios e información sobre las atracciones.

TARAS VERKHOVYNETS/SHUTTERSTOCK

Parc de Bagatelle

Pocos parques son tan románticos como este (arriba), con sus cascadas, su jardín con rosales y su pagoda de estilo chino. El *château* restaurado se construyó en 1775, como resultado de una apuesta entre María Antonieta y su cuñado, el conde de Artois.

Villa Windsor

Esta mansión, residencia de Charles de Gaulle tras la II Guerra Mundial, fue donde vivieron el duque y la duquesa de Windsor tras abdicar Eduardo VIII del trono británico.

Le Pré Catelan

El **Jardin Shakespeare** contiene numerosas plantas mencionadas en las obras del Bardo. En verano se organizan representaciones en el teatro al aire libre. El restaurante del chef Frédéric Anton, también llamado Le Pré Catelan, tiene tres estrellas Michelin.

Jardin des Serres d'Auteuil

Los impresionantes invernaderos del extremo sureste (1898) cuentan con una gran colección de plantas tropicales, un aviario y un estanque con carpas en el *palmarium*.

UNA PAUSA

Frente a la salida de la Fondation Louis Vuitton, en el Jardin d'Acclimatation, hay un puesto de comida rápida. También se puede llevar comida y hacer un pícnic; la oferta de restauración es limitada.

Sugerencias de lugares para comer, beber y comprar en **p. 84**

Explora

Por Fabienne Fong Yan

Louvre y Les Halles

En el centro histórico de París, el Louvre ocupa un lugar de excepción. Lo que fue palacio real es hoy el museo más visitado del mundo. Este barrio, lleno de atracciones clásicas, encarna perfectamente la evolución del París urbano: la planificación urbana obra del barón Haussmann creó grandes plazas y elegantes bulevares, pero la esencia del distrito también se conserva en las estrechas callejuelas adoquinadas y en las galerías cubiertas del s. XIX. Les Halles y sus alrededores –el "ombligo de París", en palabras del novelista Émile Zola– siguen siendo el centro de la vida y el comercio de la ciudad.

Cómo desplazarse

A pie

No es una zona muy extensa, pero ofrece numerosas atracciones culturales, actividades y restaurantes, así que lo mejor es explorarla a pie.

Metro

Châtelet es la estación más céntrica de metro y tren suburbano. Otras estaciones prácticas son Palais Royal–Musée du Louvre (línea 7) y Sentier (línea 3).

Bicicleta

La bici se está volviendo un medio de transporte cada vez más práctico, gracias a las restricciones del tráfico rodado y a la creación de nuevos carriles-bici. En torno a las principales atracciones hay numerosas estaciones de alquiler de bicis.

Entrada del Jardin du Palais Royal (p. 80).
VIVIAN SONG/SHUTTERSTOCK

★ **LO MEJOR**

ARTE EN UN PALACIO
Musée du Louvre (p. 72)

JARDÍN URBANO
Jardin du Palais Royal (p. 80)

CALLE COMERCIAL
Rue Montorgueil (p. 82)

COCINA JAPONESA
Rue Ste-Anne (p. 82)

LOS NENÚFARES DE MONET
Musée de l'Orangerie (p. 81)

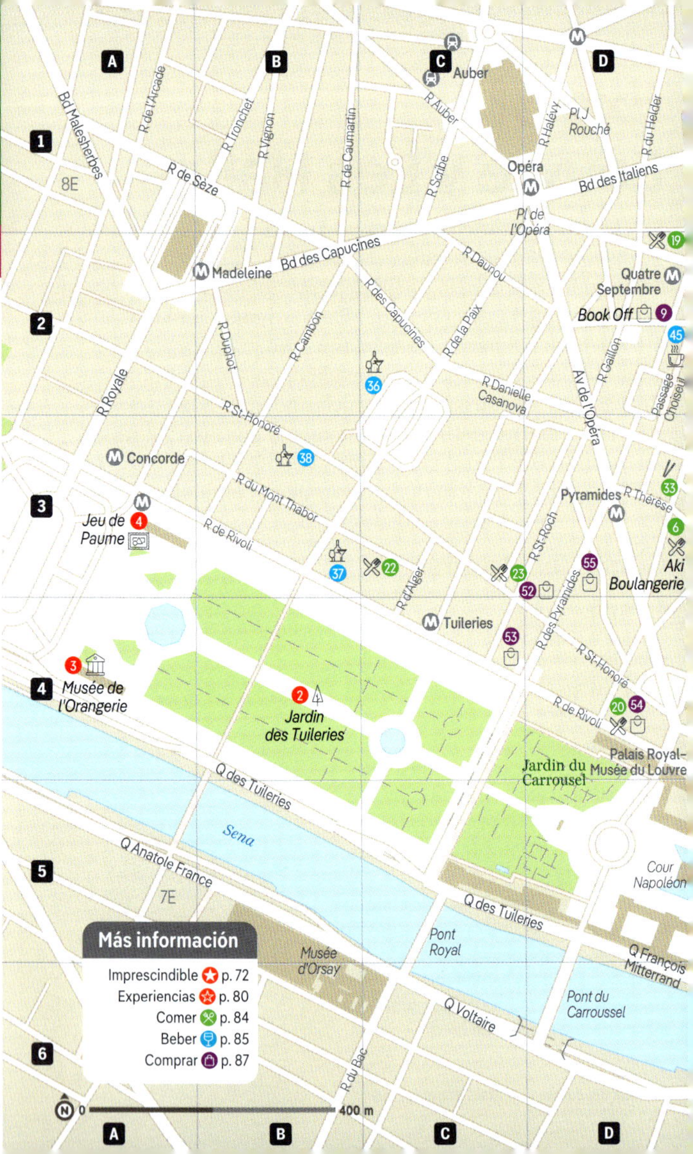
A
B
C
D
1
2
3
4
5
6
Auber
Opéra
Pl J Rouché
R Halévy
R du Helder
R Auber
R Scribe
R de Caumartin
R Vignon
R Tronchet
R de l'Arcade
Bd Malesherbes
8E
R de Sèze
Bd des Italiens
Pl de l'Opéra
Madeleine
Bd des Capucines
R Daunou
Quatre Septembre
Book Off
9
19
45
R des Capucines
R de la Paix
R Duphot
R Cambon
36
R Danielle Casanova
Av de l'Opéra
R Gaillon
Passage Choiseul
R Royale
R St-Honoré
Concorde
38
R du Mont Thabor
Pyramides
R Thérèse
33
6
Aki Boulangerie
Jeu de Paume
4
R de Rivoli
37
22
R d'Alger
23
R St-Roch
52
55
R des Pyramides
Tuileries
53
3
Musée de l'Orangerie
2
Jardin des Tuileries
R St-Honoré
R de Rivoli
20
54
Palais Royal–Musée du Louvre
Jardin du Carrousel
Q des Tuileries
Sena
Q Anatole France
7E
Cour Napoléon
Q des Tuileries
Pont Royal
Musée d'Orsay
Q François Mitterrand
Q Voltaire
Pont du Carrousel
R du Bac
0
400 m
Más información
Imprescindible p. 72
Experiencias p. 80
Comer p. 84
Beber p. 85
Comprar p. 87

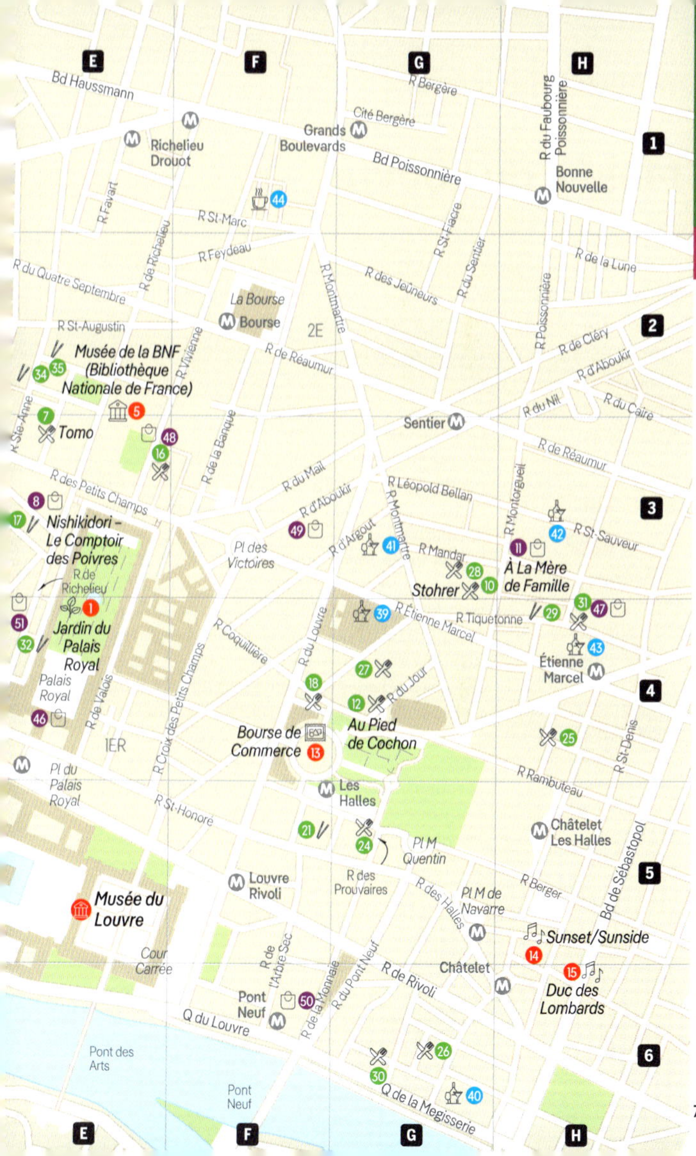
E
F
G
H
1
2
3
4
5
6
Bd Haussmann
R Bergère
Cité Bergère
Richelieu
Drouot
Grands
Boulevards
Bd Poissonnière
R du Faubourg
Poissonnière
Bonne
Nouvelle
R Favart
R St-Marc
R Feydeau
R de Richelieu
R St-Fiacre
R du Sentier
R des Jeûneurs
R de la Lune
R du Quatre Septembre
La Bourse
Bourse
2E
R Montmartre
R Poissonnière
R de Cléry
R d'Aboukir
R St-Augustin
Musée de la BNF
(Bibliothèque
Nationale de France)
R Vivienne
R de Réaumur
R du Nil
R du Caire
R Ste-Anne
Tomo
R de la Banque
Sentier
R des Petits Champs
R du Mail
R Léopold Bellan
R d'Aboukir
R Montorgueil
R St-Sauveur
Nishikidori –
Le Comptoir
des Poivres
Pl des
Victoires
R d'Argout
R Montmartre
R Mandar
À La Mère
de Famille
R de
Richelieu
Stohrer
R Étienne Marcel
R Tiquetonne
Jardin du
Palais
Royal
R Coquillière
R du Louvre
Étienne
Marcel
Palais
Royal
R de Valois
R Croix des Petits Champs
R du Jour
Au Pied
de Cochon
Bourse de
Commerce
1ER
R St-Denis
Pl du
Palais
Royal
Les
Halles
R Rambuteau
R St-Honoré
Châtelet
Les Halles
Pl M
Quentin
Bd de Sébastopol
Louvre
Rivoli
R des
Prouvaires
R des Halles
Pl M de
Navarre
R Berger
Musée du
Louvre
Sunset/Sunside
Cour
Carrée
R de
l'Arbre Sec
R du Pont Neuf
R de Rivoli
Châtelet
Duc des
Lombards
Pont
Neuf
R de la Monnaie
Q du Louvre
Pont des
Arts
Pont
Neuf
Q de la Megisserie

★ IMPRESCINDIBLE

Musée du Louvre

La *pièce de résistance* de París es un enorme museo con 35000 obras de arte expuestas, entre ellas obras maestras de fama mundial, repartidas en cuatro plantas. Si miráramos cada obra un minuto, ¡nos llevaría 24 días sin dormir! Por lo que es esencial planificar la visita.

PLANO P. 70 **E5**

CONSEJO
Conviene comprar la entrada con tiempo, por internet, y llevar calzado cómodo, ya que se atravesarán 403 salas y casi 15 km de pasillos.

Escanea este QR para consultar tarifas y salas cerradas.

La primera vez

Entrar en el Louvre por primera vez puede resultar intimidante. Para hacerse una idea de lo que contiene lo mejor es dividir mentalmente la colección en dos: arte occidental desde la Edad Media hasta mediados del s. XIX, y arte y artesanía de cinco civilizaciones antiguas que influyeron en ese período. La visita también permite admirar la arquitectura del edificio, en la que participaron diversos soberanos. Para orientarse por el interior, hay que recordar que tiene tres alas: la Sully (este) y las paralelas Richelieu (norte) y Denon (sur).

La dimensión del Louvre puede resultar imponente, pero también sobrecogedora. Quizá el mejor modo de visitarlo es decidir lo que se quiere ver, explorar y dejarse sorprender. No hay que obsesionarse con verlo todo: lo importante es disfrutar la visita.

Viaje a las civilizaciones antiguas

El departamento de antigüedades abarca desde el Neolítico hasta la caída del Imperio romano. Si se exploran cronológicamente los tesoros de las civilizaciones antiguas se recorrerá sobre todo la planta baja, aunque hay algunas salas dedicadas al antiguo Egipto en el nivel 1. El viaje empieza

VIOLA DOLAS/SHUTTERSTOCK

en el **ala Richelieu,** explorando el arte de Mesopotamia (considerada la primera civilización humana). De allí pasamos al **ala Sully** para sumergirnos en la Cripta de la Esfinge y descubrir arte egipcio. En el **ala Denon** encontraremos arte griego, etrusco y romano.

Jardín escultórico

Los amantes de la escultura no deberían perderse el Cour Marly y el Cour Puget, en el nivel -1 del ala Richelieu. Estos patios interiores con luz natural albergan obras de arte francesas de la época de Luis XIV. El **Cour Marly** tiene un ambiente sugerente que recuerda el tiempo en que el palacio era residencia real. Atravesando el ala Richelieu, en la planta baja, se encontrarán más esculturas de los ss. XVII a XIX.

UNA PAUSA
El **Café Mollien,** en el interior del museo, tiene unas vistas espléndidas del Carrousel du Louvre. El **Café Richelieu** lo gestiona el equipo de Angelina: su chocolate caliente es famoso.

Louvre

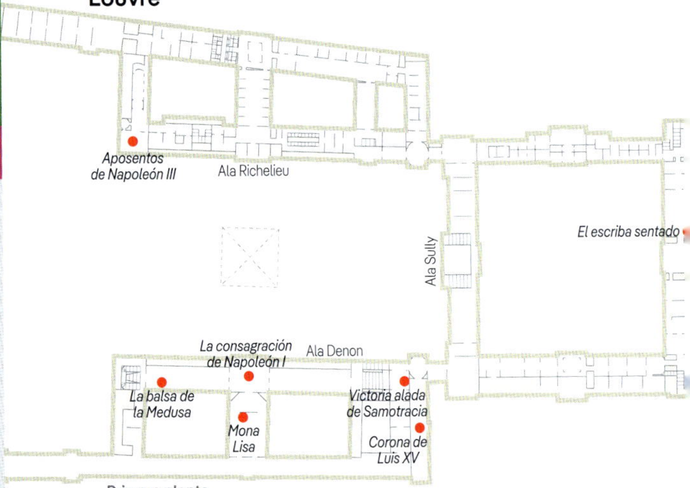

Primera planta

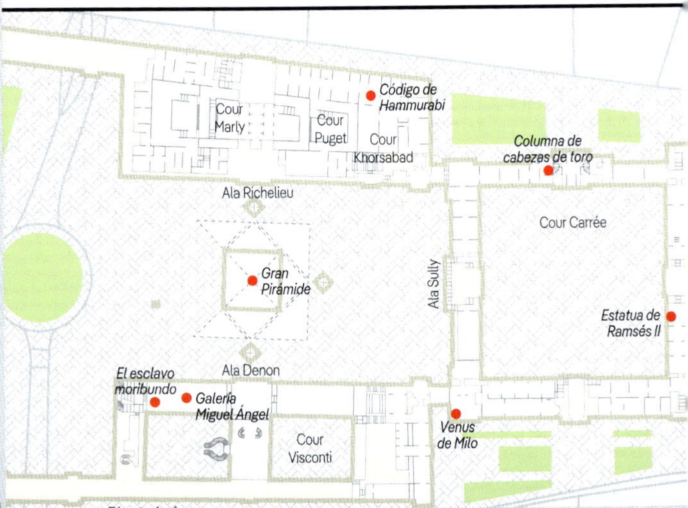

Planta baja

Los grandes maestros europeos

La planta superior presenta pintura y artes decorativas europeas de la Edad Media a mediados del s. XIX. Muchos visitantes dejan estas salas para el final de la visita, siguiendo el orden secuencial, pero los entusiastas de la pintura deberían darles prioridad. Son de visita imprescindible, con obras emblemáticas como la *Mona Lisa,* así como pinturas monumentales como *Las bodas de Caná* o *La balsa de la Medusa*. Tampoco hay que perderse la impresionante **Gran Galería,** el histórico **Salon Carré** (precursor de las galerías de exposiciones) o la opulenta **Galerie d'Apollon,** decorada con imponentes murales y detalles dorados, donde se encuentran las joyas de la corona francesa.

Del Louvre al mundo entero

El Louvre también permite viajar a épocas diversas y a diferentes continentes. No hay que perderse los **aposentos de Napoleón III,** casi intactos tras 150 años, al final del ala Richelieu, en el nivel 1. Y para disfrutar de una experiencia cultural más amplia, se puede explorar la pequeña sección dedicada al arte americano, africano, asiático y oceánico, en un rincón alejado del ala Denon (acceso a través del nivel 1).

Itinerarios por el Louvre

Hay diferentes modos de visitar el museo, dependiendo de si se tiene una lista de obras en mente o si se prefiere dejarse sorprender. He aquí unas ideas para aprovechar el tiempo al máximo.

Lo básico en un par de horas

Si no se tiene mucho tiempo, se puede centrar la visita en una serie de obras emblemáticas, empezando por la **Gran Esfinge de Tanis,** y las

MISTERIO DE LA ANTIGÜEDAD

La pieza más antigua es la **estatua de Aïn Ghazal** (sala 303, ala Sully), hallada en Jordania en la década de 1980; aún no está claro qué representa: ¿un hombre, un niño, un dios? Para hacerse una idea de su antigüedad, la *Victoria alada de Samotracia* y la *Venus de Milo*, de los ss. III y I a.C., respectivamente, son 8000 años más modernas que esta enigmática estatua.

DE FORTALEZA A MUSEO
El rey Felipe Augusto construyó el Louvre como fortaleza en el s. XII, y permaneció intacto tres siglos. Pero a partir de 1546 se sucedieron no menos de 20 fases de destrucción y reconstrucción. Tras la Revolución francesa se convirtió en museo. La Gran Pirámide de IM Pei se instaló en 1989, y hasta 2030 se esperan más cambios que permitan acoger ocho millones de visitantes al año.

antigüedades egipcias del ala Sully. En el nivel 1 veremos **'El escriba sentado'** (sala 635), para luego entrar en las espléndidas **salas 600-622**, escaparate de la vida en la corte en el s. XVIII.

Luego pasamos a la planta baja por la escalera central y nos dirigimos directamente a la sala 345 para admirar la **'Venus de Milo'.** Desde aquí, volvemos a subir por la magnífica escalinata para encontrarnos con la **'Victoria alada de Samotracia'.**

De nuevo en el nivel 1, seguimos el recorrido atravesando el ala Denon y echando un vistazo a los dorados de la **Galerie d'Apollon** (sala 705) antes de sumergirnos en las galerías de pintura. Empezaremos por el **Salon Carré** (sala 708), que da a la impresionante **Gran Galería,** con obras maestras de grandes artistas italianos, entre ellas la **'Mona Lisa'** de Leonardo da Vinci (sala 711), al menos hasta que la trasladen a una sala específica, siguiendo con los planes de renovación del museo.

Si aún se tiene tiempo, se pueden visitar el **Cour Marly** y el **Cour Puget** en el ala Richelieu para contemplar las imponentes esculturas, entre ellas las de los caballos de Marly, con luz natural.

Medio día en el Louvre

Si se tiene más tiempo, se puede explorar la sección renacentista de las alas Sully y Denon, y descubrir las **antigüedades griegas y romanas** expuestas en la Sala de Baile y la Salle du Manège, que muestran el estilo importado de Italia, con obras como las cariátides creadas para sostener la galería de músicos, en el mismo lugar donde el propio Molière actuó ante el rey Luis XIV.

Subiendo la majestuosa escalinata Mollien llegamos al nivel 1, y a las Galerías Rojas, que presentan obras maestras de artistas franceses, entre ellas la *Libertad guiando al pueblo* de Eugène Delacroix (sala 700).

Para acabar la visita con una experiencia espectacular se puede visitar el **Cour Khorsabad** (sala 229, ala Richelieu) y admirar los monumentales restos de palacio del rey asirio Sargón II y de la ciudad de Dur-Sharrukin (hoy Jorsabad).

Todo el Louvre

¿Quedan ganas para explorar más a fondo? Si se ha entrado por el Carousel, se habrán visto parte de los vestigios medievales de 1190, cuando el rey Felipe Augusto decidió construir la fortaleza del Louvre en torno a París. Por debajo del Cour Carrée podemos ver lo que queda de los **fosos y puente levadizo originales.**

Luego podemos dar un salto en el tiempo y pasar por los **aposentos de Napoleón III,** en el ala Richelieu (salas 535-549), para contemplar el lujo del Segundo Imperio.

Por último, los amantes del arte no deberían perderse la última planta del ala Sully, que presenta dos siglos de **obras de arte francesas y europeas**. Quien aprecie las **artes decorativas** quizá prefiera dedicar un rato a las galerías del nivel 1 en el ala Richelieu.

Otra opción es descubrir la pequeña colección de **arte de Asia, África, Oceanía y América** en el Pavillon des Sessions (salas 424-433), aunque estas regiones del mundo están mejor representadas en otros museos de París, como el Musée du Quai Branly.

LOUVRE PARA NIÑOS
Si se visita el museo con niños, se puede hacer una pausa en el Studio (ala Richelieu, nivel -1), donde los pequeños podrán dar rienda suelta a su creatividad.

EL LOUVRE MÁS LUJOSO
Si a alguien le suena la Galerie d'Apollon es porque sirvió de modelo para la Galería de los Espejos de Versalles (p. 206). Luis XIV, el Rey Sol, encargó esta galería a los mejores pintores, doradores y escultores del momento.

CIRCUITO A PIE

Por las galerías cubiertas

Los pasajes cubiertos del barrio se inspiraron en los del Palais Royal, llenos de tiendas y cabarés en el s. XVIII. Los propietarios empezaron a construir sus propios *passages couverts,* que ofrecían la novedad de poder comprar al resguardo del mal tiempo. Este circuito es para días laborables, ya que algunas galerías pueden cerrar en fin de semana.

INICIO	FINAL	DISTANCIA
Palais Royal	Passage des Panoramas	2 km; 1 h

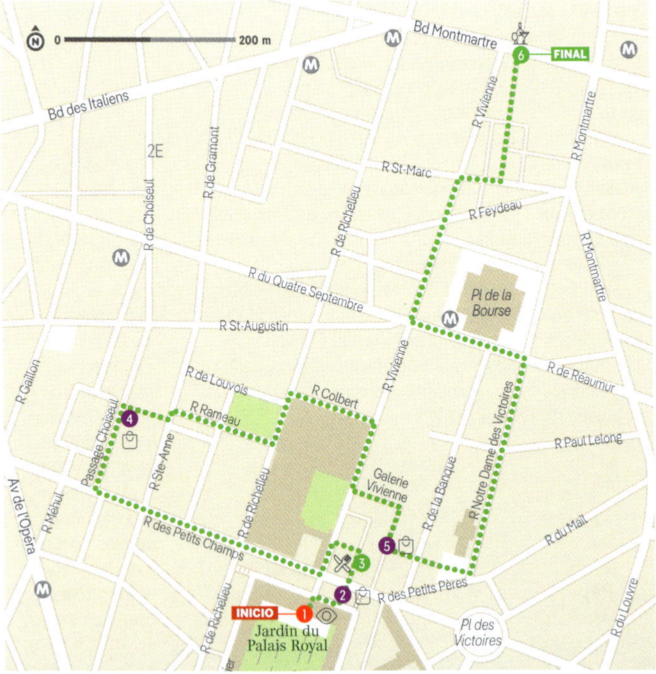

1 Ambiente clásico

La galería norte del Palais Royal, llamada Galerie Beaujolais, alberga unas cuantas tiendas de lujo. Conecta con el **passage du Perron,** antiguo lugar de encuentro de especuladores, debido a su proximidad con la bolsa. Saldremos por el norte, y buscaremos las escaleras a la derecha.

2 Rivalidad histórica

Encontraremos la *boutique* de **Olympia Le-Tan,** famosa por sus bolsos de mano en forma de libro y, al salir del pasaje, tendremos enfrente la Galerie Vivienne. Su dueño compró y reconstruyó el passage des Deux Pavillons, dirigiendo a la gente desde el Palais Royal hacia su galería, para enfado de su rival y vecino, el propietario de la Galerie Colbert. Aun así, daremos unos pasos y entraremos en la Galerie Colbert.

3 Almuerzo 'art nouveau'

En la rotonda central de la Galerie Colbert, una estatua representa a la ninfa Eurídice mordida por una serpiente. Se puede parar a almorzar en **Le Grand Colbert** y admirar su decoración *art nouveau.* Desde allí tomaremos la rue des Petits Champs hacia la izquierda, y luego giraremos a la derecha para entrar en el passage Choiseul.

4 Papelería con encanto

El passage Choiseul, restaurado en 2007, es uno de los más largos de París, y tiene vínculos históricos con la literatura y el teatro, algo que aún es evidente en **Lavrut,** una magnífica papelería. Las antiguas tiendas de lujo coexisten con cafeterías modernas y *concept stores.* Saldremos por el norte del passage Choiseul y pasaremos por el square Louvois, con una fuente ornamental, de camino al 6 de rue Vivienne.

5 Espléndida 'galerie'

La **Galerie Vivienne,** en su día una de las galerías cubiertas más imponentes de la ciudad, nos transporta a otro mundo, con su luz natural, sus suelos de mosaico, sus bonitos escaparates y sus ventanas iluminadas. Podemos concedernos un café con pastel en Le Valentin Vivienne, echar un vistazo a las elegantes telas de Wolff et Descourtis, descubrir postales a la antigua en la Librairie Jousseaume o comprar algún regalo en la bonita juguetería Si tu Veux.

6 Carteles con historia

Saldremos por la rue de la Banque hacia el Palais Brongniart, y nos desviaremos hacia la encantadora place des Petits-Pères para luego seguir hasta el 7 de rue St-Marc. El **passage des Panoramas,** justo enfrente –e interconectado con otras galerías– destila encanto, con sus antiguos carteles y rótulos. Se puede entrar en **Culottées Panoramas** (p. 86) para comprar algo para picar por la calle o tomar asiento en el **Caffè Stern,** en un antiguo taller de grabados.

EXPERIENCIAS

Un paseo por el Palais Royal

JARDÍN

PLANO: 1 P. 70 **E4**

A los parisinos les encanta el **Jardin du Palais Royal** *(domaine-palais-royal.fr)*, encajado entre el Louvre y la bulliciosa av de l'Opéra. Pasear bajo sus cuidados árboles y sus galerías tiene un efecto hipnótico: la profundidad y la simetría crean la ilusión de que no tiene fin. El Palais Royal, construido en 1624 por el cardenal Richelieu, primer ministro de Luis XIII, siempre ha estado en el centro de la vida política y cultural de París. Sus galerías datan de finales del s. XVIII, cuando acogían escuelas, cabarés y viviendas. Y algunos de sus locales han sobrevivido. Bajo la Galerie de Beaujolais, por ejemplo, aún se conserva un restaurante bicentenario emblemático: Le Grand Véfour, que dio de comer a Napoleón Bonaparte y su esposa, Joséphine. Las obras de arte contemporáneo expuestas en la parte sur del jardín son como un museo al aire libre.

Recorrer el Jardin des Tuileries

JARDÍN

PLANO: 2 P. 70 **B4**

Lo que primero llama la atención al pasear por el Jardin des Tuileries es la sensación de perspectiva infinita. El diseño fue obra de André Le Nôtre, jardinero real: de ahí que recuerde a los jardines de Versalles. Tiene una estructura de jardín francés tradicional, con parterres de flores en su primera parte, visibles desde las ventanas del Louvre. En el centro, unas hileras de árboles perfectamente podados ofrecen algo de sombra a los que salen a correr. En los senderos del jardín las estatuas clásicas y contemporáneas juegan al escondite. En verano y durante las vacaciones de Navidad, el parque acoge una de las ferias más populares de París, con decenas de atracciones y puestos de comida, y hasta una noria de 70 m que ofrece la posibilidad de ver París desde lo alto.

EL PEBETERO DE PARÍS 2024

En 2024, el ascenso del pebetero olímpico volante de París fue una imagen espectacular. Ver la llama olímpica en el globo aerostático cada noche se había convertido en un ritual, y buscar los mejores puntos de observación era todo un deporte. El original diseño creaba la ilusión de que el fuego se creaba con la electricidad y el vapor. Para alegría de muchos, el ayuntamiento ha anunciado que la llama regresará cada verano hasta la inauguración de los juegos de 2028 en Los Ángeles. Para verla se puede ir al Jardin du Carrousel o a rue du 29 Juillet, al norte de las Tuileries.

Arte más allá del Louvre

MUSEOS Y GALERÍAS

Los amantes del arte no deberían perderse el Musée de l'Orangerie ni el Jeu de Paume, ambos en el Jardin des Tuileries, como tampoco el Musée des Arts Décoratifs, en el ala norte del Louvre.

El **Musée de l'Orangerie** (PLANO: 3 P. 70 **A4**; *musee-orangerie .fr; adultos/niños 12,50/8,50 €)* ofrece una experiencia inmersiva única en los nenúfares de Monet. Los enormes lienzos, dispuestos en unas salas ovaladas diseñadas al efecto, parecen llamar al espectador. Llegando temprano se podrán contemplar con más calma. El **Jeu de Paume** (PLANO: 4 P. 70 **A3**; *jeudepaume.org; adultos/niños 12 €/gratis)* contrasta con su vecino impresionista, al centrarse sobre todo en la fotografía moderna y los nuevos medios. Por último, el **Musée des Arts Décoratifs** *(madparis.fr; adultos/hasta 26 años 15 €/gratis)* es un rico testimonio del *art de vivre* (arte de vivir) francés y de la historia de las artes decorativas. Sus colecciones rinden tributo a los artesanos que han aportado belleza y funcionalidad a nuestro día a día con muebles, joyas y mucho más. A los amantes del diseño les encantará la tienda del museo.

Los tesoros de la Biblioteca Nacional

MUSEO

PLANO: 5 P. 70 **E2**

El **Musée de la BNF** *(Bibliothèque Nationale de France; bnf.fr/es/el-museo-de-la-bnf; 24 €)*, creado por el cardenal Richelieu, también alberga el Depot Légal (depósito legal), donde se registran todas las obras publicadas en Francia, nada menos que 40 millones de documentos. No son solo libros, sino también manuscritos, fotografías e incluso vestuario de teatro: cada pieza de catálogo debe estar destinada a potenciar el conocimiento humano.

Con el fin de hacer más accesible este enorme archivo, esta sede se transformó en museo. En la **Galerie Mazarin,** un bonito pasillo con el techo pintado al estilo italiano, se exhiben 900 piezas, de la antigüedad a la modernidad, incluidos mapas y manuscritos raros, así como objetos religiosos, y la muestra cambia cada cuatro meses. Las salas de lectura también son imponentes, tanto la **Rotonda** *(bnf .fr/es/richelieu)*, abierta al público, como la bonita **Salle Labrouste,** solo para investigadores, aunque

CENTRE POMPIDOU

Hasta 2030 el Centre Pompidou estará cerrado al público. Las obras de renovación pretenden mejorar la seguridad, la accesibilidad y la sostenibilidad, pero también reorganizar el espacio. A finales de 2026 el museo abrirá una galería dedicada a la creación y a la conservación en Massy, a 40 min en tren desde París.

se puede echar un vistazo sin molestar a los lectores.

Comer y comprar como en Japón

BARRIO JAPONÉS

A tiro de piedra del Palais Royal ha surgido un barrio japonés, en **rue Ste-Anne** y sus alrededores. Nació en la década de 1980, y hoy en día es un animado barrio muy apreciado por los parisinos amantes de la cultura japonesa (y, recientemente, también coreana). Se puede pasear y probar un *matcha melonpan* (bollo de *matcha*) de la **Aki Boulangerie** (PLANO: 6 P. 70 **D3**; *akiparis.fr*), o el *anko dorayaki* (tortita rellena de pasta de judías dulce) de **Tomo** (PLANO: 7 P. 70 **E3**; *patisserietomo.fr*), uno de los primeros salones de té del barrio. Aunque ambos establecimientos tienen mucha historia, hoy en día se encuentra todo tipo de opciones gastronómicas, desde la tradicional torta de marisco japonesa (*okonomiyaki*) a salones de té donde solo se sirve *matcha*.

Quien quiera llevarse un recuerdo puede pasarse por **Nishikidori – Le Comptoir des Poivres** (PLANO: 8 P. 70 **E3**; *nishikidori .com*), elegante tienda de delicatesen especializada en pimientas, o por la contigua **Maison Wa** (*maisonwa .com*), con elegantes piezas decorativas y de cerámica. **Book Off** (PLANO: 9 P. 70 **D2**; *lingonbook.fr*) es una de las mayores librerías dedicadas a Japón, donde seguro que se encuentra ese manga tan buscado.

Llenar la cesta en rue Montorgueil

CALLE DE MERCADO

Los antiguos carteles recuerdan el pasado de rue Montorgueil como parte del mercado de Les Halles. Hoy es una animada calle peatonal, pero sus tiendas tienen mucha historia. No hay que perderse la panadería más antigua de París, **Stohrer** (PLANO: 10 P. 70 **G3**; *stohrer.fr*), abierta desde 1730 y famosa por su *babá* al ron, ni el chocolate de **À La Mère de Famille** (PLANO: 11 P. 70 **H3**; *lameredefamille.com*). Los amantes del queso pueden pasarse por **La Fermette** (*la-fermette-paris.com*), pero los *saucissons* (salchichones) más sabrosos se encuentran algo más allá, en **Cul de Cochon** (*culdecochon.com*).

Au Rocher de Cancale (*instagram.com/aurocherdecancale*) lleva sirviendo ostras desde el s. XIX, y **L'Escargot Montorgueil** (*escargotmontorgueil.com*) está especializado en caracoles a la mantequilla. Si se quiere algo más consistente, se pueden probar los pies de cerdo de la emblemática *brasserie* **Au Pied de Cochon** (PLANO: 12 P. 70 **G4**; *pieddecochon.com*), abierta toda la noche. Cuando Les Halles era el gran mercado de París, servían comida asequible a los que trabajaban de noche, usando los cortes menos nobles –pero igualmente sabrosos– del cerdo. Los jueves y los domingos se puede llenar la despensa en el mercado que rodea la Église St-Eustache.

Arte contemporáneo en la Bourse de Commerce

GALERÍA

PLANO: 13 P. 70 F4

Las paredes circulares, el tejado de cristal y el techo abovedado de la **Bourse de Commerce** *(pinaultcollection.com; adultos/niños 15 €/gratis)* provocan una impresión de vértigo. Cuesta imaginarse que este lugar fuera en su día un animado centro de negocios o incluso un almacén de trigo. Ahora es una galería de arte que exhibe la colección de su dueño, el millonario francés François Pinault, así como obras de artistas contemporáneos establecidos y emergentes. La sala central suele dedicarse a alguna instalación, mientras que las salas de arriba acogen obras más tradicionales.

No hay que dejar de admirar -y examinar con ojo crítico- el gran mural circular que representa el comercio internacional durante el período de expansión colonial. Se ofrecen visitas guiadas en francés e inglés (sin pagar suplemento) que ilustran sobre la historia del lugar.

'Jazz' en rue des Lombards

CLUBS DE 'JAZZ'

Tanto si se tiene pasión por el *jazz* como si simplemente se quiere disfrutar de una velada musical, los bares de *jazz* de rue des Lombards son un destino ideal para una noche inolvidable. El **Sunset/Sunside** (PLANO: 14 P. 70 **H5**; *sunset-sunside.com; 20 €, precios variables)* son dos clubes en uno. El Sunset se centra en el *jazz* acústico y tradicional, mientras que el Sunside presenta un *jazz* más contemporáneo y con más improvisación. Al lado está **Le Baiser Salé** *(lebaisersale.com; precios variables)*, con su *jazz* contemporáneo o de fusión, con influencias afrocaribeñas. Muy diferente es el sofisticado **Duc des Lombards** (PLANO: 15 P. 70 **H6**; *ducdeslombards.com; 29-41 €)*, que ofrece dos conciertos cada noche, de *jazz* clásico, *swing* o incluso *jazz* latino.

LA NUEVA FONDATION CARTIER

En el momento de nuestra visita, la **Fondation Cartier pour l'Art Contemporain** estaba a punto de trasladarse a su nuevo espacio en place du Palais Royal, un lugar haussmaniano emblemático que antes fue el Louvre des Antiquaires, unos grandes almacenes de antigüedades de la década de 1970. Jean Nouvel, que ya había diseñado el edificio anterior, se ha ocupado de las obras de reforma del interior del edificio, con tres plantas que acogerán las exposiciones de arte contemporáneo de la Fondation. Esta nueva incorporación refuerza la vocación artística del barrio, que ya acoge a muchos de los grandes museos y galerías de París.

SUGERENCIAS

Lo mejor para...

€ Económico €€ Medio €€€ Alto

Localizaciones en el plano de la p. 70

Comer

Cerca del Palais Royal

Daroco €€
16 E3
Restaurante italiano bastante chic para combinar una *pizza* napolitana con una copa de vino bajo un techo de espejo. En la romántica Galerie Vivienne. *12.00-15.00 y 19.00-23.30 ma-sa, hasta 23.00 do y lu*

Jantchi €€
17 E3
Los amantes del *bulgogi*, la sopa de *kimchi* y el tradicional *yukkaejang* (sopa de fideo fino) encontrarán sus platos coreanos favoritos en este local, situado en un antiguo edificio clásico. *12.00-14.45 y 18.30-22.15 lu-vi, 11.45-22.30 sa*

Eats Thyme €€
18 F4
Libanés con opciones veganas, vegetarianas y carnívoras, y muchas guarniciones. No hay que dejar de pedir pan *manoush. 11.00-22.30 lu-sa, hasta 16.30 do*

Comme un Bouillon €
19 D2
Pequeño local con platos populares franceses, desde el *steak-frites* a los *oeufs mayonnaise*, escondido en una calle cerca del Palais Garnier. *11.45-22.00 lu-vi, 12.00-22.00 sa*

Cerca del Louvre

Matin des Oliviers €€
20 D4
Para comer un sabroso *brunch* mediterráneo o picar algo cerca del Louvre. Desde huevos a la turca a una original tostada con aguacate. *9.00-18.00 lu-ju, hasta 20.00 vi, 8.00-20.00 sa y do*

Boutique Yam'Tcha €€
21 F5
Sala de té al estilo Hong Kong con tiernos bollitos *bao* de originales sabores (como queso Stilton y jalea de cerezas). *12.00-19.00 ma, ju y sa, hasta 16.00 mi, 12.00-18.00 y 19.00-22.00 vi*

Au Petit Bar €
22 C3
Pintoresco bar con tradicionales bocadillos de *baguette* con jamón: una opción sorprendentemente asequible (y deliciosa) en este barrio elegante. *7.00-21.30 lu-sa*

19 SAINT ROCH €€€
23 C3
Restaurante creativo cerca de las Tuileries, con refinados platos franceses elaborados con productos de temporada por un chef que ha pasado por las cocinas de más renombre. *12.15-14.00 y 19.00-23.00 ma-vi*

Cerca de Montorgueil

La Tour Montlhéry – Chez Denise €€
24 G5
Platos clásicos y regionales en un restaurante tradicional muy popular en el barrio. Se recomienda la carne, el *foie de veau* y la *andouillette*. *12.00-0.30*

Le Petit Bouillon Pharamond €
25 H4
Restaurante a la antigua con todos los clásicos franceses, del *bœuf bourguignon* al confit de pato, y decenas de postres. *11.45-24.00*

Les Dessous de la Robe €€
26 G6
De día se puede probar su asequible menú de tres platos, acompañado de un vino excelente de su propia *cave* (bodega); de noche, una cena de tapeo. *12.00-14.30 y 19.00-22.30 ma-sa, 19.00-22.30 lu*

Postiche Bistrot €€
27 G4
Bistro popular a la hora de la cena. Sirve platos franceses, en ocasiones algo audaces, y tiene una cuidada carta de vinos. *18.30-22.30 lu-vi, 12.00-15.30 y 18.30-22.30 sa*

Los mejores vegetarianos

BrEAThe €€
28 G3
Cocina vegana creativa, con una gran variedad de platos de estilo japones y *sushi*. Se puede probar la *"formule découverte"* para compartir, y completarla con uno de sus *latte* de sésamo. *12.00-14.30 y 18.30-22.00 lu-sa, desde 11.30 do*

Kitchen Izakaya €€
29 H4
Taberna con encanto, escondida detrás de rue Montorgueil, donde se puede comer con tres o cuatro de sus refinadas tapas. *12.00-15.00 y 19.00-23.00 ma-sa, 12.00-14.30 lu*

Maslow €€
30 G6
Gran restaurante vegetariano junto al río, muy acogedor y de cocina saludable. La comida se puede acompañar con un cóctel, con o sin alcohol. *12.00-23.00 lu-sa, 11.15-21.00 do*

Eric & Lydie €-€€
31 H4
Local híbrido en el passage du Grand Cerf. Los que lo conocen optan por la caja *bento* vegetariana (aunque también hay opciones con carne). Sus pasteles pueden ser un estupendo tentempié. *11.30-19.00 mi-vi, 11.30-18.00 sa, desde 13.00 ma*

Comida japonesa

Kodawari Ramen Tsukiji €
32 E4
Uno de los restaurantes de *ramen* más populares del barrio, decorado como si estuviera en un mercado de pescado y con recetas de fusión. *11.45-23.00*

Udon Jubey €
33 D3
Sus fideos *udon*, con un caldo de lo más cremoso, se pueden degustar en el mostrador o en el sótano. También hay platos más refrescantes para días de calor. *11.30-21.45*

Michi €€
34 E2
Para probar un *sushi* delicado, de gran calidad, al estilo de los localitos típicos de Tokio, elaborado por el chef a la vista de los comensales. *12.00-14.00 y 19.00-22.00 ma-sa*

Chez Miki €€
35 E2
Elegante taberna japonesa con platillos para compartir y raciones más consistentes de arroz con pescado fresco o a la parrilla. *12.00-14.30 y 18.00-22.00 ju-lu*

Beber

Bares de hotel

Bar Hemingway
36 C2
Ernest Hemingway frecuentaba este bar

Bar Hemingway (p. 85).

durante el tiempo que vivió en París. Está en el Hotel Ritz, y su decoración refleja el estilo de las décadas de 1920-1930. *17.00-24.00*

Bar 228
37 B3

Bar diseñado por Philippe Starck, conocido sobre todo por su amplia gama de licores *premium*, vinos y cócteles de exquisita preparación. En el hotel Le Meurice. *12.00-1.00*

Bar 8
38 B3

El bar del Mandarin Oriental tiene un ambiente sofisticado y moderno, para disfrutar de originales cócteles en torno a la barra de mármol central. *12.00-24.00 do-mi, hasta 1.00 ju-sa*

ROOF
39 G4

Lo mejor del bar del hotel Madame Rêve, aparte de su gran terraza, es, por supuesto, la magnífica panorámica que ofrece de París, que se disfruta sobre todo en verano. *16.00-1.00*

Coctelerías en Montorgueil

Dernier Bar avant la Fin du Monde
40 G6

Los fans de la fantasía y la ciencia ficción disfrutarán tomando una copa en este bar temático lleno de referencias a la cultura *pop. 15.00-24.00 lu-ju, 15.00-2.00 vi, 11.30-2.00 sa, 11.30-24.00 do*

Le Cœur Fou
41 G3

Pequeño bar con terraza en verano. Es popular entre los parisinos, y su simplicidad lo convierte en el lugar perfecto para un *apéritif. 16.00-2.00*

Experimental Cocktail Club
42 H3

Coctelería clásica que ofrece una experiencia sofisticada para entusiastas y *connoisseurs. 19.00-2.00 lu-ju, 19.00-4.00 vi y sa, 20.00-2.00 do*

Golden Promise Whisky Bar
43 H4

Whiskería especializada en un sótano de piedra con el techo en bóveda, con más de 400 botellas y un personal experto. *18.00-1.00 ma-ju, hasta 2.00 vi y sa*

Cafeterías

Culottées Panoramas
44 F1

Pequeña cafetería en el passage des Panoramas, perfecta para evadirse de todo con un *latte* o un café de filtro. También sirven comida. *9.00-16.00 lu-vi, 10.00-17.00 sa y do*

Café Joyeux Opéra
45 D2

Esta cadena de cafeterías emplea a discapacitados,

ofreciéndoles un empleo de verdad y la posibilidad de conectar. En el passage Choiseul. *9.00-18.00 lu-vi, 11.00-19.00 sa*

Comprar

Curiosidades

Les Drapeaux de France – Noxa
46 E4
Este taller particular, en place Colette, está especializado en el arte de los soldaditos y las figuritas en miniatura desde 1949. *10.00-19.00 lu-sa, 11.00-18.00 do*

Rickshaw
47 H4
Tienda con encanto en el passage du Grand Cerf, con muchos objetos de decoración de estilo indio, artículos para la mesa y curiosidades varias. *11.00-19.00 lu-sa*

Athanase
48 E3
Galería-librería en la Galerie Vivienne, con numerosos grabados y mapas antiguos. Es como entrar en la mente de un explorador de los de antes. *10.30-19.00*

Design et Nature
49 F3
Galería especializada en los animales disecados y la entomología donde descubrir el fascinante arte de la taxidermia. *10.00-19.00 lu-vi, 11.00-19.00 sa*

Locales emblemáticos

La Samaritaine
50 F6
Estos grandes almacenes, inaugurados en 1869, revolucionaron el mundo de las tiendas al ofrecer artículos de diversa índole en un mismo sitio. Ocupa un lugar especial en el corazón de los parisinos, con su emblemática fachada frente al Sena. En 2021 reabrió tras unas grandes obras de restauración. *10.00-20.00*

Merci #2
51 E4
Libros sobre París, velas en forma de fruta, accesorios de diseño y cosas de casa que a lo mejor ni sabíamos que nos hacían falta. *10.30-19.30 lu-mi, 10.00-20.00 ju-do*

'Concept Stores'

Brigitte Tanaka
52 D3
Dos diseñadoras, una francesa y otra japonesa, se han unido para crear una tiendecita –que merece la visita solo para verla– donde venden bolsas de organza con delicados bordados inspiradas en París. *11.00-14.00 y 15.00-19.00 lu-sa*

Au Nain Bleu
53 C4
Juguetería tradicional con una amplia gama de juguetes de calidad, entre ellos una serie de ositos de peluche *made in France*. *11.00-19.00 lu-sa*

Kure Bazaar
54 D4
Pequeño salón de belleza frente a av de l'Opéra para hacerse una manicura francesa y llevarse a casa el esmalte de uñas elegido. *9.30-20.00*

Junku
55 D3
Es algo más que una librería japonesa. Los amantes de esta cultura disfrutarán con sus objetos de papelería o para la casa, sus juguetes y sus accesorios. *10.00-19.00 lu-sa*

Sugerencias de lugares para comer, beber y comprar en **p. 104**

Explora Montmartre y norte de París

Por Rooksana Hossenally

Montmartre, situado en lo alto de una colina, en el *18e arrondissement,* siempre ha mantenido las distancias, primero como pueblo independiente y luego como lugar de encuentro de artistas como Picasso o Toulouse-Lautrec. Sus callejuelas, antaño pobladas de molinos de viento y cabarés, atrajeron a quienes buscaban la inspiración lejos del centro. Mientras tanto, los barrios circundantes evolucionaron como enclaves obreros, moldeados por la inmigración y la fusión cultural. Con el tiempo, el aburguesamiento, el espíritu artístico y la búsqueda de experiencias locales genuinas han transformado la zona, que hoy combina mundanidad y encanto, lo que le da un atractivo inigualable.

Cómo desplazarse

Metro

Lo mejor es tomar la línea 2 (Anvers, Barbès-Rochechouart), la línea 4 (ChâteauwRouge, Porte de Clignancourt) o la línea 12 (Abbesses, Jules Joffrin), que llevan a Montmartre y alrededores.

A pie

Es el único modo de recorrer Montmartre, sus escalinatas y callejuelas adoquinadas. Imprescindible llevar buen calzado e impermeable.

Autobús y tranvía

Para recorrer el barrio despacio y con vistas: los autobuses 85 y 31 van bien para trayectos cortos, y el tranvía T3b llega al mercadillo de St-Ouen y La Villette.

Basilique du Sacré-Cœur (p. 93).
DAN BRECKWOLDT/SHUTTERSTOCK

★

LO MEJOR

PANORÁMICA Basilique du Sacré-Cœur (p. 93)

MERCADO DE ANTIGÜEDADES Marché aux Puces de St-Ouen (p. 94)

TIENDA DE DISCOS Yoyaku (p. 101)

PASEO Canal St-Martin (p. 102)

MUSEO PARA NIÑOS Cité des Sciences et de l'Industrie (p. 103)

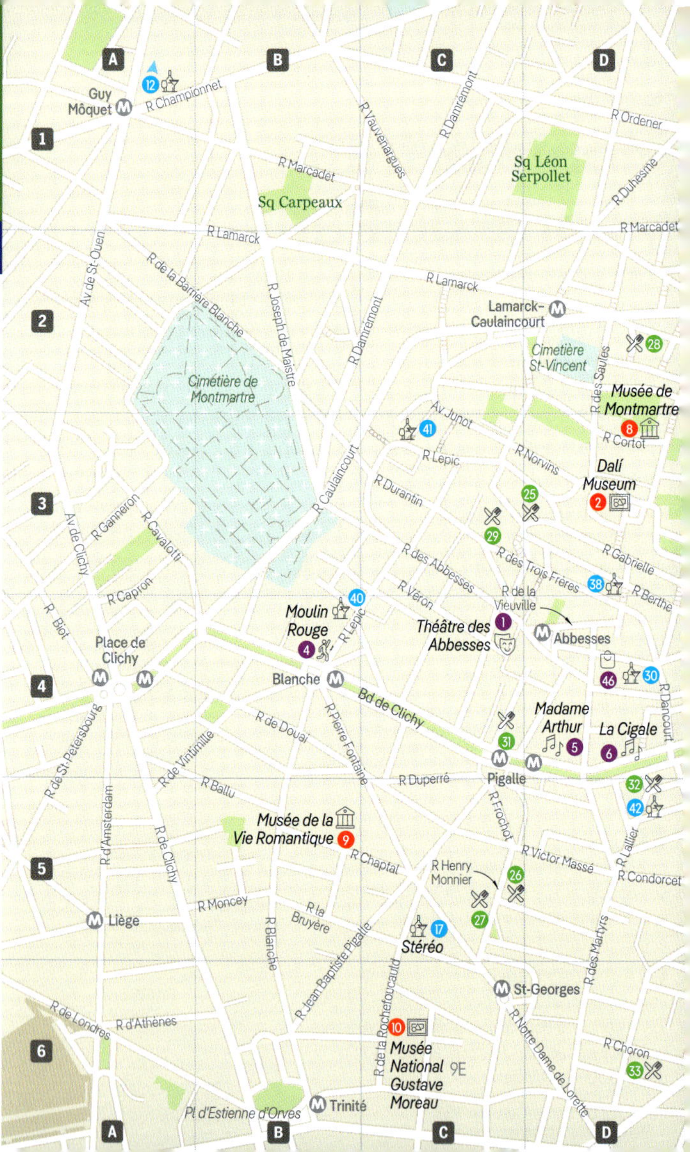
A
B
C
D
1
2
3
4
5
6
Guy Môquet
12
R Championnet
R Vauvenargues
R Damrémont
R Ordener
R Marcadet
Sq Carpeaux
Sq Léon Serpollet
R Duhesme
R Marcadet
R Lamarck
Av de St-Ouen
R de la Barrière Blanche
R Joseph de Maistre
R Damrémont
R Lamarck
Lamarck-Caulaincourt
Cimetière de Montmartre
Cimetière St-Vincent
28
R des Saules
Musée de Montmartre
8
R Cortot
41
Av Junot
R Lepic
R Norvins
R Caulaincourt
R Durantin
Dalí Museum
2
25
29
Av de Clichy
R Ganneron
R Cavalotti
R Capron
R des Abbesses
R des Trois Frères
R Gabrielle
38
R Berthe
R Véron
R de la Vieuville
40
Moulin Rouge
4
R Lepic
Théâtre des Abbesses
1
Abbesses
R Biot
Place de Clichy
46
30
Blanche
Bd de Clichy
R Dancourt
R de St-Petersbourg
R de Douai
R Pierre Fontaine
Madame Arthur
5
La Cigale
6
31
R de Vintimille
R Ballu
R Duperré
Pigalle
32
42
R d'Amsterdam
Musée de la Vie Romantique
9
R de Clichy
R Frochot
R Lallier
R Chaptal
R Henry Monnier
R Victor Massé
R Condorcet
26
27
Liège
R Moncey
R la Bruyère
R Blanche
17
Stéréo
R Jean Baptiste Pigalle
R des Martyrs
St-Georges
R de Londres
R d'Athènes
R de la Rochefoucauld
10
Musée National Gustave Moreau
9E
R Notre Dame de Lorette
R Choron
33
Pl d'Estienne d'Orves
Trinité

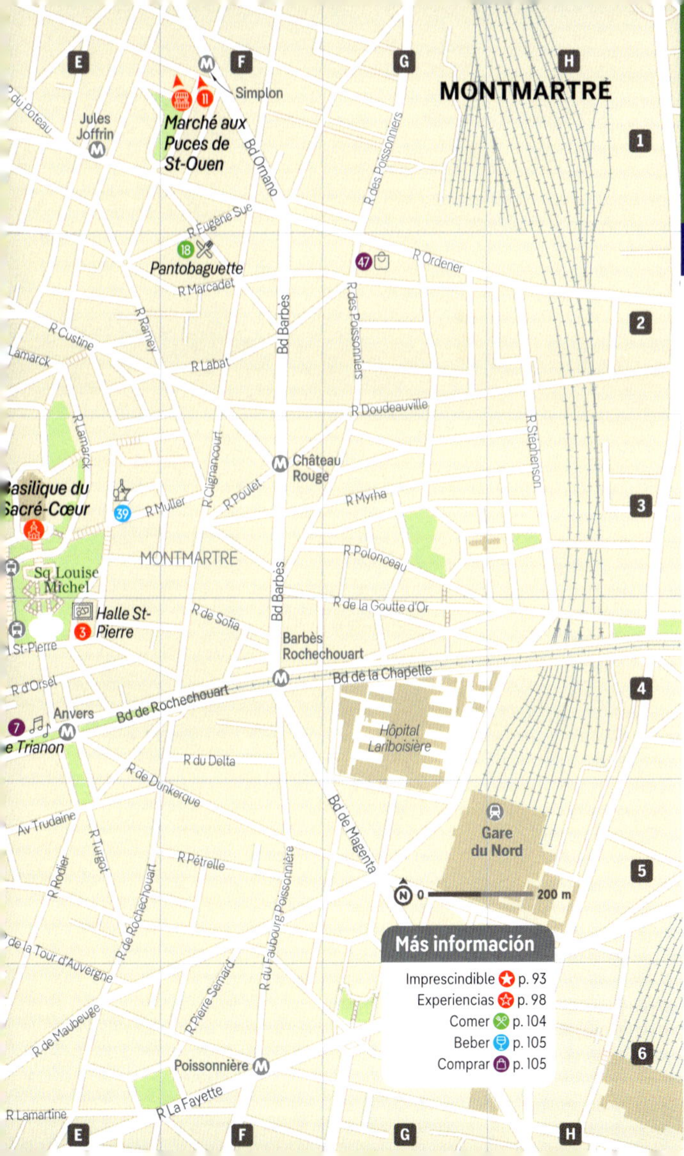
MONTMARTRE
E
F
G
H
1
2
3
4
5
6
Simplon
Jules Joffrin
Marché aux Puces de St-Ouen
11
R du Poteau
Bd Ornano
R des Poissonniers
R Eugène Sue
18
Pantobaguette
47
R Ordener
R Marcadet
R Ramey
Bd Barbès
R Custine
Lamarck
R Labat
R Doudeauville
R Lamarck
R Stephenson
Château Rouge
R Clignancourt
R Poulet
R Myrha
Basilique du Sacré-Cœur
39
R Muller
MONTMARTRE
R Polonceau
Sq Louise Michel
Halle St-Pierre
3
R de Sofia
R de la Goutte d'Or
Barbès Rochechouart
St-Pierre
Bd de la Chapelle
R d'Orsel
Bd de Rochechouart
Hôpital Lariboisière
7
Anvers
Le Trianon
R du Delta
R de Dunkerque
Bd de Magenta
Gare du Nord
Av Trudaine
R Turgot
R Rodier
R Pétrelle
R de Rochechouart
R du Faubourg Poissonnière
0
200 m
R de la Tour d'Auvergne
R Pierre Semard
R de Maubeuge
Poissonnière
R La Fayette
R Lamartine
Más información
Imprescindible p. 93
Experiencias p. 98
Comer p. 104
Beber p. 105
Comprar p. 105

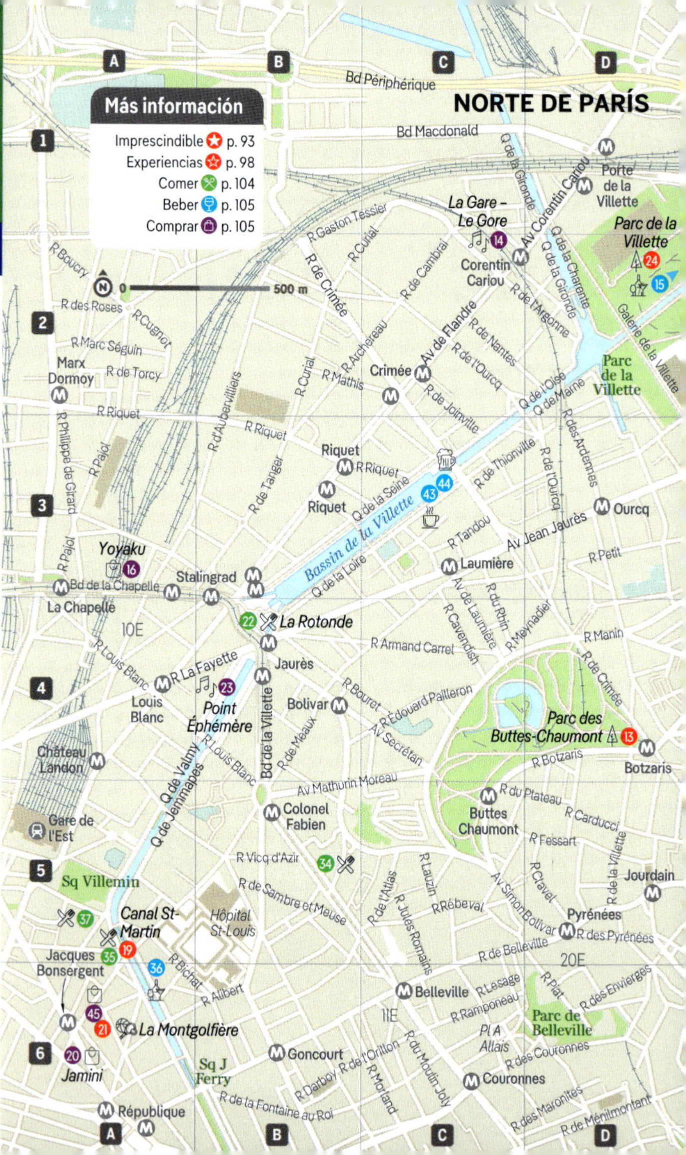
NORTE DE PARÍS
Más información
Imprescindible p. 93
Experiencias p. 98
Comer p. 104
Beber p. 105
Comprar p. 105
0
500 m
A
B
C
D
1
2
3
4
5
6
Bd Périphérique
Bd Macdonald
Porte de la Villette
Parc de la Villette
24
15
La Gare - Le Gore
14
Corentin Cariou
Av Corentin Cariou
Q de la Gironde
Q de la Charente
R de l'Argonne
Galerie de la Villette
R Gaston Tessier
R Curial
R de Crimée
R de Cambrai
R Archereau
Av de Flandre
R de Nantes
R de l'Ourcq
Crimée
R Mathis
R de Joinville
Q de l'Oise
Q de Marne
R des Ardennes
R Boucry
R des Roses
R Cugnot
R Marc Séguin
Marx Dormoy
R de Torcy
R Riquet
R Philippe de Girard
R Pajol
R d'Aubervilliers
Riquet
R de Tanger
Q de la Seine
Bassin de la Villette
43
44
R de Thionville
R de l'Ourcq
Ourcq
Av Jean Jaurès
R Tandou
Laumière
R Petit
Yoyaku
16
Bd de la Chapelle
La Chapelle
Stalingrad
Q de la Loire
10E
22
La Rotonde
R Armand Carrel
Av de Laumière
R du Rhin
R Cavendish
R Meynadier
R Manin
R de Crimée
R Louis Blanc
R La Fayette
Louis Blanc
23
Point Éphémère
Jaurès
Bolivar
R Bouret
R Édouard Pailleron
Av Secrétan
Parc des Buttes-Chaumont
13
Botzaris
R Botzaris
Château Landon
Q de Valmy
Q de Jemmapes
Bd de la Villette
R de Meaux
Av Mathurin Moreau
Colonel Fabien
R du Plateau
Buttes Chaumont
R Carducci
R Fessart
Gare de l'Est
R Vicq d'Azir
34
R Lauzin
R Clavel
Jourdain
Sq Villemin
R de Sambre et Meuse
R de l'Atlas
R Jules Romains
R Rébeval
Av Simon Bolivar
Pyrénées
R des Pyrénées
37
Canal St-Martin
Hôpital St-Louis
19
Jacques Bonsergent
35
36
R Bichat
R de Belleville
20E
R Alibert
Belleville
R Lesage
R Piat
R des Envierges
45
21
La Montgolfière
11E
R Ramponeau
Parc de Belleville
Pl A Allais
20
Jamini
Goncourt
R de l'Orillon
R du Moulin Joly
Sq J Ferry
R Darboy
R Morand
R des Couronnes
Couronnes
R de la Fontaine au Roi
République
R des Maronites
R de Ménilmontant

★ IMPRESCINDIBLE

Basilique du Sacré-Cœur

En lo alto de Montmartre se alza la Basilique du Sacré-Cœur, punto de referencia, santuario, lugar emblemático y una de las atracciones más visitadas de París, que destila grandeza, desde sus brillantes cúpulas a uno de los mayores mosaicos del mundo.

La historia

Montmartre, en la cota más alta de París, pasó a formar parte de la ciudad en 1860. La Basilique du Sacré-Cœur, con sus relucientes cúpulas blancas que parecen una aparición celestial, se construyó más tarde, cerca del cielo, quizá para compensar los pecados de la ciudad, especialmente en tiempos de la Comuna de París, gobierno socialista radical que promovió las sangrientas insurrecciones de 1871, lo que le da a la basílica una carga política.

Un mosaico impresionante

La construcción de la basílica, de estilo romano-bizantino, duró cuatro décadas (1875-1919), y participaron cinco arquitectos. El blanco reluciente de su fachada se debe a la piedra rica en calcita, que se limpia sola con la lluvia. Una vez dentro, en el ábside se puede ver el *Cristo en majestad*, uno de los mosaicos más grandes del mundo, mientras que la custodia con el santo sacramento, sobre el altar mayor, es el objeto de mayor devoción de la basílica.

La gran panorámica

En el campanario que da al norte se encuentra la campana Savoyarde, de 19 t, forjada en Annecy en 1895 para celebrar la unión de Saboya a Francia. Subiendo 300 escalones se puede llegar a la cúpula para disfrutar de las vistas. El ciclo perpetuo de oración de la basílica, iniciado en 1885, se mantiene ininterrumpido.

PLANO P. 90 **E3**

CONSEJO
Para evitar aglomeraciones conviene llegar temprano, y mejor en días laborables; al ser un buen lugar para ver la puesta de sol, a esa hora se llena.

Escanea este QR para consultar información sobre misas y horarios.

★ IMPRESCINDIBLE

Les Puces de St-Ouen

El **Marché aux Puces de St-Ouen,** fundado en 1885, es el mayor mercado de antigüedades del mundo. Se encuentra en el extremo norte de París e incluye 12 mercados diferentes, con antigüedades, muebles antiguos, ropa y objetos de colección. Sus laberínticos callejones son una gran fuente de inspiración para coleccionistas y curiosos.

PLANO P. 90 **F1**

CONSEJO
El mejor momento para la visita es el domingo por la mañana. Todos los puestos están abiertos, se puede circular bien y hay un animado ambiente.

Escanea este QR para consultar horarios e información práctica.

A la caza del tesoro

Les Puces, justo donde acaba París, es como un pueblo dentro de un pueblo, una colección de tesoros y a la vez una cápsula del tiempo. Lo que nació como una concentración de traperos que vendían objetos de segunda mano se ha acabado convirtiendo en el mayor mercado de antigüedades del mundo, un laberíntico conglomerado de 12 mercados que cubren 7 Ha. Los fines de semana, más de 180000 visitantes recorren sus callejones buscando de todo, desde espejos enmarcados y apliques *art déco* a vinilos o muebles viejos. Con su mezcla de galerías, locales, puestos y discretos talleres, es una ventana abierta al alma ecléctica de París.

Un laberinto de mercados

El encanto de Les Puces radica en la diversidad y el ritmo diferenciado de cada mercado. El **Marché Vernaison,** el más antiguo, es un laberinto de callejones con postales antiguas, sábanas bordadas y joyas. El **Marché Paul Bert Serpette,** la joya de la corona, atrae a diseñadores de interiores con sus iconos del s. xx, sus valiosas antigüedades y sus estampas en perfecto estado. Dentro del pabellón acristalado del **Marché Dauphine** el ambiente es más informal, con vinilos, cámaras

GABRIEL12/SHUTTERSTOCK

antiguas, objetos tribales y algún pájaro disecado que otro. **L'Entrepôt** es uno de los mercados más pequeños, pero impresiona, con sus barras de bar cromadas y sus escaleras de caracol procedentes de casas de todo el país. Eso sí, lo que se vea dependerá del momento.

Un ritual de fin de semana: cultura, comida y contacto humano

Independientemente de lo que se pueda encontrar, lo mejor de la visita es el ambiente. El mercado abre de viernes a lunes, y atrae a una combinación de lugareños, diseñadores, turistas y curiosos. Puede que haya música en vivo en alguna terraza, y se verá a los vendedores charlando con los clientes mientras toman café o vino. Más que un destino para las compras, es una experiencia cultural, se vaya en busca de algo o solo a curiosear. Y **La Chope des Puces,** antiguo bistró que organiza conciertos de *jazz*, es un concentrado del ambiente de esta enorme comunidad.

UNA PAUSA
A los lugareños les gusta el cuscús de **Le Coq d'Or,** en rue des Rosiers, pero también se puede comer algo a buen precio en **Le Bouillon du Coq,** bistró de Thierry Marx, chef con estrella Michelin.

CIRCUITO A PIE

Montmartre mítico

Montmartre es como un gran pueblo rebosante de historia. Fue refugio de artistas y bohemios, y aún se nota en el ambiente. Con este circuito a pie descubriremos sus principales atracciones y sus secretos ocultos, sus leyendas y sus mitos.

INICIO	FINAL	DISTANCIA
Pigalle Metro	Halle St-Pierre	2,5 km; 1½ h

1 Amor a raudales

Empezamos en la estación de metro de Pigalle, y tomamos rue Houdon hacia rue des Abbesses, con sus tiendas y cafés. Echaremos un vistazo al minúsculo parque cercado para ver el **Mur des Je t'aime,** mural compuesto de la frase "Te quiero" en 250 idiomas del mundo. Para evitar las escarpadas escaleras se puede tomar rue de la Vieuville, que da paso a rue des Trois Frères.

2 Artistas y músicos

En rue Androuet se verá el **Au Marché de la Butte,** que aparece en la película *Amélie*. Seguimos hasta la place Émile Goudeau y los estudios de **Le Bateau-Lavoir,** donde vivieron artistas como Pablo Picasso. Tomando rue d'Orchampt pasaremos por la casa de Dalida, la glamurosa *chanteuse* que vendió más de 10 millones de álbumes (está enterrada en el cercano Cimetière de Montmartre).

3 Sensación rosa

Luego iremos hasta rue de l'Abreuvoir, una de las calles más pintorescas de la ciudad, pasando junto a casas cubiertas de hiedra y el restaurante **La Maison Rose,** probablemente el que más sale en Instagram de todo París, construido hacia 1880. El color rosa llegó más tarde, y fue obra de Laure Germaine Pichot, amante y musa de Picasso, que se inspiró en un viaje que hizo a Barcelona.

4 Viñedo urbano

El bucólico **Clos Montmartre** es una imagen única en París. Cada mes de octubre, durante la Fête des Vendanges (la fiesta de la vendimia), se desata la fiesta y hay un desfile. El artista Pierre-Auguste Renoir vivió allí al lado, en lo que hoy es el pequeño Musée de Montmartre.

5 Una plaza animada

Seguimos por rue St-Vincent hasta el Parc de la Turlure, desde donde podemos ver el Sacré-Cœur por atrás. Luego daremos un desvío al oeste, hasta la animada **place du Tertre,** para ver a los artistas haciendo retratos y cafés como **Chez la Mère Catherine.** Es una zona con mucho encanto, que recuerda el ambiente bohemio del Montmartre de antaño.

6 Arte y producción textil

Volvemos hacia el Sacré-Cœur y bajamos las escaleras que pasan por la plaza Louise Michel hasta el **Halle St-Pierre,** para ver la basílica desde abajo. Esta galería, en una estructura de hierro y cristal, fue en otro tiempo el mercado del barrio de St-Pierre, famoso por su producción textil.

EXPERIENCIAS

Arte y ambiente bohemio en Montmartre

ARTE

Los visitantes de Montmartre suelen fijarse en las grandes casas y los pintorescos cafés que parecen salidos de otra época, pero mirando más a fondo se verá que el arte también está en las calles: en murales, talleres de artistas y galerías, así como en establecimientos más formales, como el **Théâtre des Abbesses** (PLANO: 1 P. 90 **C4**; *theatredelaville-paris.com/fr/lieux/les-abbesses*), que presenta obras de teatro y *ballets* contemporáneos. También hay un pequeño **Museo de Dalí** (PLANO: 2 P. 90 **D3**; *daliparis.com*) con más de 300 obras. No hay que perderse el **Halle St-Pierre** (PLANO: 3 P. 90 **E4**; *hallesaintpierre.org*), espacio *art nouveau* que acoge muestras de arte contemporáneo, café y librería, rodeado de mercados textiles. En la **Cité des Arts de Montmartre** *(citedesartsparis.net)*, en rue Girardon, se puede ver a los artistas en sus talleres, tras el muro de piedra del jardín, cuando abren sus puertas al público para que descubra su poblado secreto.

Un brindis en un cabaré de Pigalle

OCIO NOCTURNO

Desde la Belle Époque, Pigalle ha sido el centro del ocio nocturno de París. Su reputación nació tras la II Guerra Mundial, con la aparición de cabarés, *sex shops* y bares llenos de humo. Aunque muchos de sus locales más turbios han ido desapareciendo, el espíritu de Pigalle se mantiene en establecimientos legendarios como el **Moulin Rouge** (PLANO: 4 P. 90 **B4**; *moulinrouge.fr; adultos 103 €*), que desde 1889 atrae a un público variopinto con sus espectáculos de cancán, a las 21.00 y a las 23.00. El cabaré **Madame Arthur** (PLANO: 5 P. 90 **D4**; *madamearthur.fr*) es un local divertido que conserva el legado del espectáculo y la seducción de Pigalle, con música en vivo y actuaciones que desafían la definición de género.

Más allá de los grandes locales, Pigalle es un laberinto de localitos que le han dado esa reputación de barrio transgresor, en su día fumaderos de opio, antros de perdición y locales de encuentros susurrados. En su lugar hoy hay coctelerías donde lugareños y visitantes saborean combinados elaborados por manos expertas. Locales como Sister Midnight (p. 105), **Dirty Dick, Minore** o **Classique** sirven creativos cócteles que recuerdan el pasado hedonístico de Pigalle.

De concierto en el norte de París

MÚSICA

Las salas de conciertos de la zona se han convertido en destino predilecto tanto de nuevos talentos como de grandes nombres de la música. **La Cigale** (PLANO: 6 P. 90 **D4**;

lacigale.fr) presenta conciertos *indie* y alternativos, mientras que **La Boule Noire** *(laboule-noire.fr)*, en el mismo complejo, se centra en géneros *underground*. **Le Trianon** (PLANO: 7 P. 90 **E4**; *letrianon.fr*) ofrece una combinación de música étnica y *rock*, y **Elysée Montmartre** *(elyseemontmartre.com/fr)*, algo más abajo, atrae a grandes multitudes con sus conciertos de *rock* y electrónica. Todos ellos presentan a artistas de todo el mundo, ofreciendo una mezcla ecléctica de sonidos, desde el *jazz* y el *blues* a la música electrónica y experimental. También hay un par de discotecas importantes, entre ellas una de las mayores de París, **La Machine du Moulin Rouge** *(lamachinedumoulinrouge .com)*, bajo el Moulin Rouge, y el **Folies Pigalle** *(instagram.com/ foliespigalle)*, así como el **Mikado Dancing** *(orsohotels.com/hotel-rochechouart/mikado-dancing)*, más pequeño y reciente.

LA PETITE CEINTURE
La línea ferroviaria de la Petite Ceinture (Pequeño Cinturón), de 35 km y construido hace unos 150 años para que rodeara la ciudad, dejó de funcionar hace décadas. Se prohibió el acceso y quedó invadido por la vegetación, y poblado por espíritus solitarios y *cataphiles* (de "catacumbas"), exploradores urbanos que emergen de los túneles subterráneos. En los últimos años, el gobierno local ha iniciado la recuperación de la línea, abriendo tramos como senderos y parques. Algunas de las estaciones de tren abandonadas se han convertido en bares, como **La REcyclerie** (PLANO: 11 P. 90 **F1**) o **Le Hasard Ludique** (PLANO: 12 P. 90 **A1**).

Por los talleres de los artistas y los museos del barrio MUSEOS

En Montmartre, el **Musée de Montmartre** (PLANO: 8 P. 90 **D3**; *museedemontmartre.fr; adultos/niños 15 €/gratis*) ocupa un edificio del s. XVII en el que vivió Renoir, y ofrece una inmersión en el vibrante pasado artístico del barrio. Bajando la ladera, en Pigalle, se halla el **Musée de la Vie Romantique** (PLANO: 9 P. 90 **B5**; *museevieromantique.paris.fr*), una ventana abierta a la vida del pintor holandés Ary Scheffer y sus ilustres invitados, desde Dickens a Chopin. Cerca de allí tenemos el **Musée National Gustave Moreau** (PLANO: 10 P. 90 **C6**), en la que fue casa del pintor simbolista, para explorar sus sugerentes obras y su estudio, al que se llega por una vieja escalera de caracol de madera. Otros museos del norte de París, como el **Musée Jacquemart-André** *(musee-jacquemart-andre.com)*, el **Musée Nissim de Camondo** *(madparis.fr/Musee-Nissim-de-Camondo-125)*, el **Musée**

Cernuschi *(cernuschi.paris.fr)* o el **Musée Jean-Jacques Henner** *(musee-henner.fr)* son interesantes para los amantes del arte.

Un pícnic en el Parc des Buttes-Chaumont

PARQUE

PLANO: 13 P. 92 D4

El **Parc des Buttes-Chaumont,** en un terreno ondulado, cuenta con excelentes lugares para el pícnic, muy apreciados por los parisinos, que en verano se pueden pasar la tarde comiendo sándwiches, bebiendo y jugando a cartas sobre la hierba.

Sin embargo, este rincón bucólico tiene una historia más sombría. Primero fue un vertedero, y luego una cantera de yeso, que quedó abandonada en 1860 e invadida por la delincuencia. Fue en tiempos de Napoleón III cuando se transformó en el tranquilo parque que es ahora. Quien tenga energía puede animarse a subir a la colina artificial en medio del lago: descubrirá elementos típicos de los jardines ingleses, entre ellos puentes, grutas y una réplica del Tempo de la Sibila.

Cargarse de energía cultural en las afueras

CENTROS DE CULTURA

PLANO: 14 P. 92 C2

A medida que París se extiende hacia el exterior, también lo hace su creatividad, con la transformación de estaciones abandonadas, fábricas y terrenos baldíos. Edificios de la SNCF como el club de *jazz* **La Gare – Le Gore** *(instagram.com/la_gare_le_gore)*, con su club subterráneo de música experimental **La Station – Gare des Mines,** en Aubervilliers, o el centro eco-cultural **La Cité Fertile** en Pantin han inyectado nueva energía a estos rincones olvidados. Enormes incubadoras de arte como el **POUSH** de Aubervilliers o la **Fiminco Foundation** de Romainville atraen a artistas internacionales. E incluso antiguas universidades y fábricas, como la **Césure** del Barrio Latino o un viejo hangar de aviación en Meudon, se han convertido en espacios culturales para las actuaciones, la creatividad y las iniciativas comunitarias.

Noche de fiesta en el Mia Mao

CLUB NOCTURNO

PLANO: 15 P. 92 D2

Tras un cierto letargo, la vida nocturna de París está despertando, especialmente los espacios de música electrónica, con nuevos locales como el inmenso **Mia Mao** *(miamao.fr)*, de 3000 m^2, en La Villette, o el **Essaim** *(instagram.com/essaimparis)*, que mezcla música de diferentes géneros cerca de la Gare du Nord. En la place de Clichy, **La Fête** *(instagram.com/paris.lafete)* atrae a un público con estilo, mientras que el **Fawa Wafa** *(fawa-wafa.org)*, encajado bajo un paso elevado del *19e arrondissement* (antes Le Péripate), ocupa un local más crudo y descarnado, pero lleno de energía. Las fiestas *underground* y los eventos *pop-up* se multiplican por la ciudad, con sonidos *house*, *techno*, *afrobeat* y de música experimental. Es una buena época para trasnochar en París, si se tiene energía suficiente para mantener el ritmo.

Las mejores tiendas de vinilos COMPRAS

Los vinilos están viviendo un momento de gloria en París, y este *revival* se refleja en sus tiendas de discos. **Yoyaku** (PLANO: 16 P. 92 **A3**), en La Chapelle, es una de las mejores tiendas de discos independientes, conocida por su cuidada selección de vinilos de *house*, *techno*, *minimal*, *electro* y *acid*. También distribuye música de más de 500 sellos y 500 tiendas en todo el mundo. En 2020 este equipo abrió la **Chapelle XIV,** un moderno espacio cultural en el *20e arrondissement* con tienda de discos, café, galería y taller creativo bajo un mismo techo. Abre a diario, y es un lugar estupendo para buscar discos o ver una exposición. **Dizonord,** al norte de Montmartre, es un espacio divertido y ecléctico con vinilos nuevos y de segunda mano, libros, cintas y eventos para todas las edades. **Record Station,** en el Canal St-Martin, es ideal para buscadores de tesoros, con sus grabaciones originales e importadas de música *soul*, *funk*, punk, *jazz* o *reggae*, entre otros estilos. Y hay mucho más: en la cuenta de Instagram @grooovz.paris se encontrará un plano y noticias actualizadas.

LA CONEXIÓN AFRICANA

Los vínculos de París con África son complejos y profundos, y unen la ciudad con excolonias francesas como Senegal, Mali, Costa de Marfil, Argelia o la República Democrática del Congo, especialmente en barrios como Château Rouge o Barbés, en La Goutte d'Or. Estos barrios están llenos de vida; el olor de la carne a la parrilla y del *bissap* flota entre los coloristas puestos del Marché Dejean donde se venden especias, telas y productos de belleza de todo el continente. Instituciones como el Musée Dapper (ahora cerrado) han puesto el foco en el arte y el pensamiento africanos, y locales como **Le 360** o **New Morning** presentan a talentos musicales de toda África.

El arte de escuchar en un 'listening bar' VIDA NOCTURNA

La moda de los *listening bars*, muy populares en Japón, ha introducido el placer de escuchar vinilos en el bar. Atrás quedan los días en que la música no era más que ruido de fondo. Ahora

EL ANTIGUO PUEBLO DE BATIGNOLLES

Batignolles, hoy parte del *17e arrondissement*, es un barrio tranquilo con plazas arboladas como la place Dr Félix Lobligeois, parques como el moderno Parc Clichy-Batignolles-Martin Luther King, con un bar y puestos de comida que en verano se llenan, y un ambiente de pueblo que permite desconectar del bullicio urbano. Al no ser una zona muy turística, atrae a parisinos en busca de un respiro. La Torre Eiffel se ensambló aquí cerca, y el barrio conserva una gran energía creativa, con estudios de cerámica (muchos ofrecen talleres).

la música cobra protagonismo en bares del norte de París como la vinatería **Stéréo** (PLANO: 17 P. 90 **C5**; *stereoparis.com*), cerca de Pigalle, o el bar de tapas **Pantobaguette** (PLANO: 18 P. 90 **F2**; *pantobaguette .fr*), cerca de Montmartre. Pero hay otros por la ciudad, como Le Discobar, Montezuma Café, Bambino, Fréquence o el original Les Disquaires (p. 132).

Descubrir el encanto del Canal St-Martin

CANAL

A un paseo de Gare de l'Est está el **Canal St-Martin** (PLANO: 19 P. 92 **A5**), canal flanqueado de árboles y atravesado por puentes de hierro que en los meses cálidos se llena de vida con pícnics que pueden acabar dando paso a cenas improvisadas en algún restaurante cercano. El barrio, muy popular entre los parisinos, cuenta con originales *boutiques* y bares y restaurantes de moda. Se puede echar un vistazo a los objetos de menaje indios de **Jamini** (PLANO: 20 P. 92 **A6**; *jaminidesign.com*), a las elegantes piezas de decoración de **La Trésorerie** *(latresorerie.fr)*, al otro lado de la calle, o a los tesoros de la tienda de segunda mano **Thanx God I'm a VIP** *(thanxgod .com)*, donde es posible encontrar una chaqueta Dior a precio de ganga. **La Montgolfière** (PLANO: 21 P. 92 **A6**; *lamontgolfiereclub.com*), en el interior de un antiguo taller de globos aerostáticos con techo de cristal, es a la vez un gimnasio y un club social. Y la librería **Artazart** *(artazart.com)* cuenta con fantásticos libros y revistas de diseño de todo el mundo.

Por los canales de París

TRAVESÍA

Además de navegar por el Sena, se puede explorar el norte de París con un crucero por los canales. Habrá que reservar para explorar el Canal St-Martin y el Parc de la Villette, y se verá a los lugareños sentados en la orilla con sus bebidas, cruzando los puentes o paseando frente a las muestras de arte callejero de la orilla. Varias compañías ofrecen cruceros: **Canauxrama** *(canauxrama .com)* está en Jaurès, **Paris Canal Croisières** *(pariscanal.com)* en Porte de Pantin, y **Akwa Experience** *(akwa-experience .com/en)* permite alquilar barcos para quien quiera pilotarlos por el Canal de l'Ourcq, entre Jaurès y La Villette.

De fiesta por el París más creativo

VIDA NOCTURNA

Este último reducto de París, justo antes de que la *périphérique* (circunvalación) de paso a la periferia, es destino predilecto de noctámbulos y amantes de la cultura. Por el canal entre Stalingrad y Jaurès, locales emblemáticos como **La Rotonde** (PLANO: 22 P. 92 **B4**), en una majestuosa rotonda del s. XVIII, o el **Point Ephémère** (PLANO: 23 P. 92 **B4**; *pointephemere.org*), centro de música alternativa y artes visuales, bullen de actividad todo el año. Siguiendo hacia Riquet se encuentra **Le 104** *(104.fr)*, espacio multidisciplinar que es en parte galería, en parte centro comunitario y en parte pista de baile para los jóvenes de la ciudad. De noche arrancan clubes como **Le Zénith** *(le-zenith .com)*, **Le Trabendo** *(letrabendo .net)* o el **Cabaret Sauvage** *(cabaretsauvage.com)*, con actuaciones *indie* o noches de baile. El cine flotante **La Péniche Cinéma** *(penichecinema.com)* y el **Grande Halle de la Villette** *(lavillette.com)*, antiguo matadero convertido en salón de eventos, completan el animado panorama.

Explorar el Parc de la Villette

PARQUE Y MUSEO

PLANO: 24 P. 92 **D2**

Con sus 55 Ha, al noreste de París, el **Parc de la Villette** *(lavillette.com)* es una atrevida combinación de diseño moderno y ambición cultural. Fue obra del arquitecto Bernard Tschumi, y alberga exposiciones, actuaciones y talleres todo el año. Con sus más de 20 jardines temáticos y zonas de hierba, es también un lugar para jugar, hacer deporte y relajarse. Entre sus elementos más destacados están los Jardins Passagers y una pequeña granja urbana para niños. En verano se puede visitar el **Cinéma en Plein air,** festival de cine al aire libre; solo hay que llevarse una manta y algo de picar. El **Festival 100%,** en primavera, presenta actuaciones de vanguardia, instalaciones y obras de arte de talentos emergentes. Su espacio central es la **Cité des Sciences et de l'Industrie** *(cite-sciences.fr)*, uno de los mejores museos de París para un aprendizaje inmersivo, ideal para los niños. No hay que perderse **La Géode** *(lageode.fr)*, enorme cúpula de espejo y cine 3D que ha reabierto sus puertas recientemente tras una reforma.

SUGERENCIAS

Lo mejor para...

€ Económico €€ Medio €€€ Alto

Localizaciones en los planos de las pp. 90 y 92

Comer

Ambiente de bistró

Le Bon, La Butte €€
PLANO P. 90 (25) D3
Acogedor bistró con el típico menú que incluye un tierno bistec con patatas nuevas, pero con un toque moderno, en un entorno tranquilo. *Cena ma-ju, almuerzo y cena vi-do*

Buvette Gastrothèque €€
PLANO P. 90 (26) C5
Un lugar estupendo, dentro de un antiguo bistró, con bocados apetitosos como su *croque monsieur* o una *shepherd's pie* hecha con ingredientes frescos. *Horario variable*

Magnolia €€
PLANO P. 90 (27) C5
Luminoso bistró francés que hace un guiño a la década de 1970. Sirve platos típicos franceses con un toque personal, siempre con productos de temporada. *Almuerzo y cena ju y vi, cena ma, mi y sa*

Los favoritos de Montmartre

Aléa €€
PLANO P. 90 (28) D2
Una cocina de mercado sencilla pero estupenda, en un local luminoso y muy popular. En días laborables sirven un almuerzo de tres platos por menos de 30 €. *Almuerzo y cena mi-sa, almuerzo do*

La Part des Anges €€
PLANO P. 90 (29) C3
Un local genuino, muy relajado, con paredes de piedra y grandes clásicos como el *magret de canard. Cena ma-vi, almuerzo y cena sa*

Le Progrès €€
PLANO P. 90 (30) D4
Típico café parisino abierto todo el día. Tiene sus platos del día, pero también carta, con caracoles o *steak tartare. 9.00-2.00*

Opciones en Pigalle

Bouillon Pigalle €
PLANO P. 90 (31) C4
Este *bouillon* tradicional sale muy a precio, y es ideal tanto para comer escargots como para un *steak-frites. 12.00-24.00 do-ju, 11.30-24.00 vi y sa*

Maggie €€
PLANO P. 90 (32) D5
Comedor *vintage* con vestigios de sus años de gloria como salón de baile, en la década de 1920. Sirve comida tradicional francesa, y tiene un bar en la azotea. *19.00-22.00 ma-sa*

Caillebotte €€€
PLANO P. 90 (33) D6
Neobistrot con una decoración contemporánea y un insuperable menú de mediodía en días laborables. *12.30-15.00 y 19.30-23.30 lu-sa*

De moda en el canal

Le Canon d'Achille €€
PLANO P. 92 (34) B5
Vinos naturales y platillos mediterráneos en un local íntimo con un relajado ambiente de barrio. *12.00-14.00 y 17.00-23.00 lu-vi, 17.00-24.00 sa*

Early June €€
PLANO P. 92 (35) A5
Restaurante con una visión global y una carta variada para disfrutar de una experiencia diferente a cada visita en un espacio

acogedor y minimalista. *18.00-24.00 mi-do*

Comptoir Général €€

PLANO P. 92 36 A6

Cócteles tropicales, tentempiés afrocaribeños y una decoración ecléctica que hace que este bar junto al canal recuerde una jungla urbana. *Horario variable*

Les Enfants Perdus €€

PLANO P. 92 37 A5

Romántico *neobistrot* con un aire *vintage*, refinados platos de cocina francesa y uno de los mejores *brunches* de la zona. *12.00-14.30 y 19.00-22.30*

Beber

Cae la noche en Montmartre

Le Tagada

PLANO P. 90 38 D3

Este bar familiar lleva el nombre de una golosina de fresa roja de la década de 1970 y es una buena opción para tomar una copa antes de cenar en un ambiente tranquilo. *17.00-2.00 ma-sa*

Au Soleil de la Butte

PLANO P. 90 39 E3

El lugar perfecto para alargar la noche. Tiene un pequeño bar en la planta baja, pero donde está la acción es en la pista de baile del sótano. *8.00-2.00*

Le Café des Deux Moulins

PLANO P. 90 40 B4

Aparecía en la película *Amélie*, y es el típico café parisino al que ir al menos una vez a tomarse un vinito en un ambiente retro. *9.00-2.00*

Cócteles creativos

Le Très Particulier

PLANO P. 90 41 C3

Este bar, conocido por sus cócteles, está escondido en el jardín de un bonito hotel de Montmartre. Muy pintoresco. *18.00-2.00 lu-sa, 16.00-24.00 do*

Sister Midnight

PLANO P. 90 42 D5

Cócteles elaborados a la perfección con ingredientes de temporada, y espectáculos de *drags* y *burlesque* en un local muy inclusivo de Pigalle. *18.00-1.00 ma-ju, hasta 2.00 vi y sa*

Junto al agua

Le Pavillon des Canaux

PLANO P. 92 43 C3

Extravagante café-bar con un ambiente que imita un acogedor hogar, junto a la Bassin de la Villette, para tomarse un café en la "bañera" o trabajar desde el "dormitorio". *Horario variable*

Paname Brewing Company

PLANO P. 92 44 C3

Esta cervecería junto al canal atrae a un público animado con sus cervezas de producción propia y su gran terraza sobre el agua. *11.00-1.00*

De compras

Hallazgos únicos

Macon & Lesquoy

PLANO P. 92 45 A6

El arte del bordado aplicado a broches, prendedores y otras creaciones originales, en una *boutique* cerca del Canal St-Martin. *Horario variable*

Flash Vintage

PLANO P. 90 46 D4

Divertida tienda de ropa y accesorios *vintage* de las décadas de 1970 y 1980. *11.00-20.00*

La Laiterie de Paris

PLANO P. 90 47 G2

Pierre Coulon, el primer fabricante de quesos de París, usa leche de pequeñas granjas de Normandía y Bretaña para sus deliciosas creaciones. *Horario variable*

Sugerencias de lugares para comer, beber y comprar en **p. 120**

Explora Le Marais

Por Rowan Twine

El *4e arrondissement* es el único distrito de París que escapó de los planes de rediseño urbano de Haussmann, y casi todas sus callejuelas y viejos edificios prerrevolucionarios siguen intactos. Pero Le Marais cuenta con una gran oferta de actividades: muchos de sus imponentes *hôtels particuliers* (mansiones) de los ss. XVII y XVIII albergan museos; se puede tomar un falafel en un barrio judío histórico, para luego gastarse el dinero en las *boutiques* de moda, en tiendas de diseño o en galerías de arte. Y también concentra numerosos bares y clubes LGTBIQ+. Las viejas calles de Le Marais invitan a la exploración, y siempre tienen algo que ofrecer.

Cómo desplazarse

A pie

Es lo mejor, para moverse entre la gente, curiosear en las *boutiques* y admirar los edificios.

Bicicleta

Recorrer rue Rivoli en bici es un modo estupendo para llegar al barrio, pero el fin de semana las aglomeraciones pueden suponer un engorro, así que es mejor limitar el uso de la bici a las calles más grandes.

Metro

Para la parte baja de Le Marais, la mejor parada es St-Paul, pero los fines de semana suele llenarse de gente. Filles du Calvaire y Arts et Métiers son dos buenas alternativas.

Legay Choc (p. 118).
ELENA DIJOUR/SHUTTERSTOCK

★

LO MEJOR

PLAZA CON HISTORIA
Place des Vosges (p. 114)

GALERÍA DE ARTE
Galerie Emmanuel Perrotin (p. 119)

MERCADO 'GOURMET'
Le Marché des Enfants Rouges (p. 117)

UN MUSEO LLENO DE SORPRESAS
Musée Carnavalet (p. 114)

ARTE CALLEJERO
Invader (p. 116)

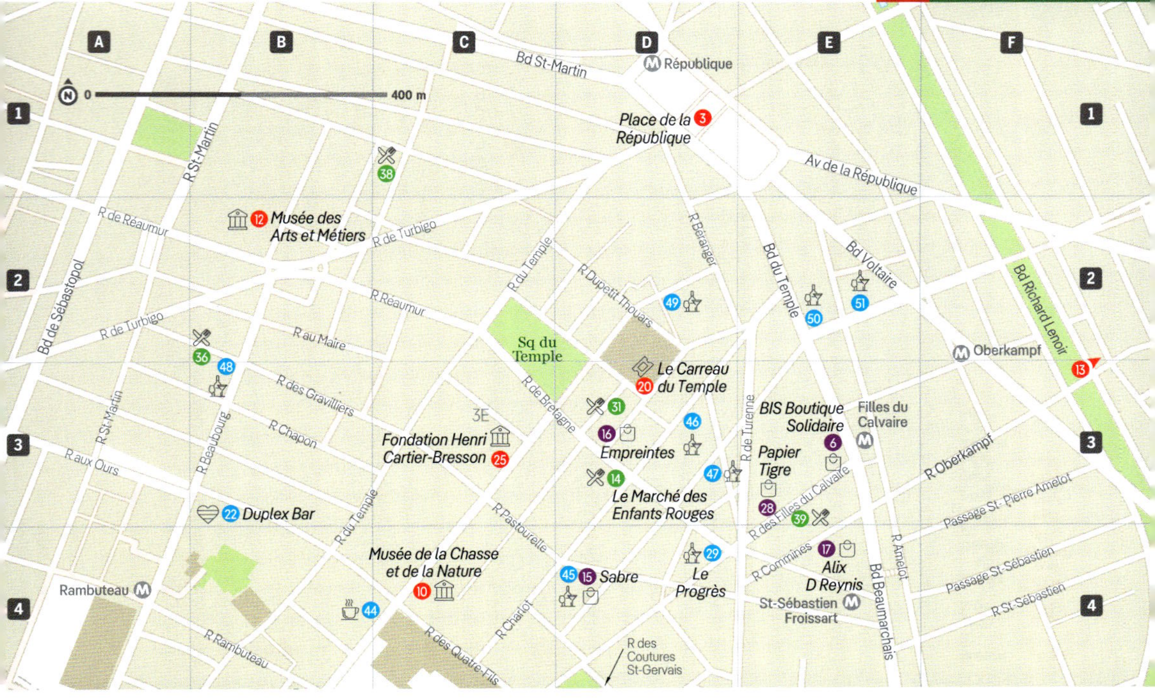
A
B
C
D
E
F
1
2
3
4
0
400 m
République
Place de la République 3
Musée des Arts et Métiers 12
Le Carreau du Temple 20
Fondation Henri Cartier-Bresson 25
Musée de la Chasse et de la Nature 10
Oberkampf 13
Empreintes 16
Le Marché des Enfants Rouges 14
BIS Boutique Solidaire 6
Papier Tigre 28
Alix D Reynis 17
Sabre 15
Le Progrès 29
Duplex Bar 22
31
36
38
39
44
45
46
47
48
49
50
51
3E
Sq du Temple
Filles du Calvaire
Oberkampf
St-Sébastien Froissart
Rambuteau
Bd St-Martin
Av de la République
Bd Voltaire
Bd du Temple
Bd Richard Lenoir
Bd Beaumarchais
Bd de Sébastopol
R St-Martin
R de Réaumur
R Réaumur
R de Turbigo
R au Maire
R des Gravilliers
R Chapon
R aux Ours
R Beaubourg
R du Temple
R de Bretagne
R Dupetit Thouars
R Béranger
R de Turenne
R Oberkampf
R des Filles du Calvaire
R Commines
R Amelot
Passage St-Pierre Amelot
Passage St-Sébastien
R St-Sébastien
R Pastourelle
R Charlot
R des Quatre-Fils
R Rambuteau
R des Coutures St-Gervais

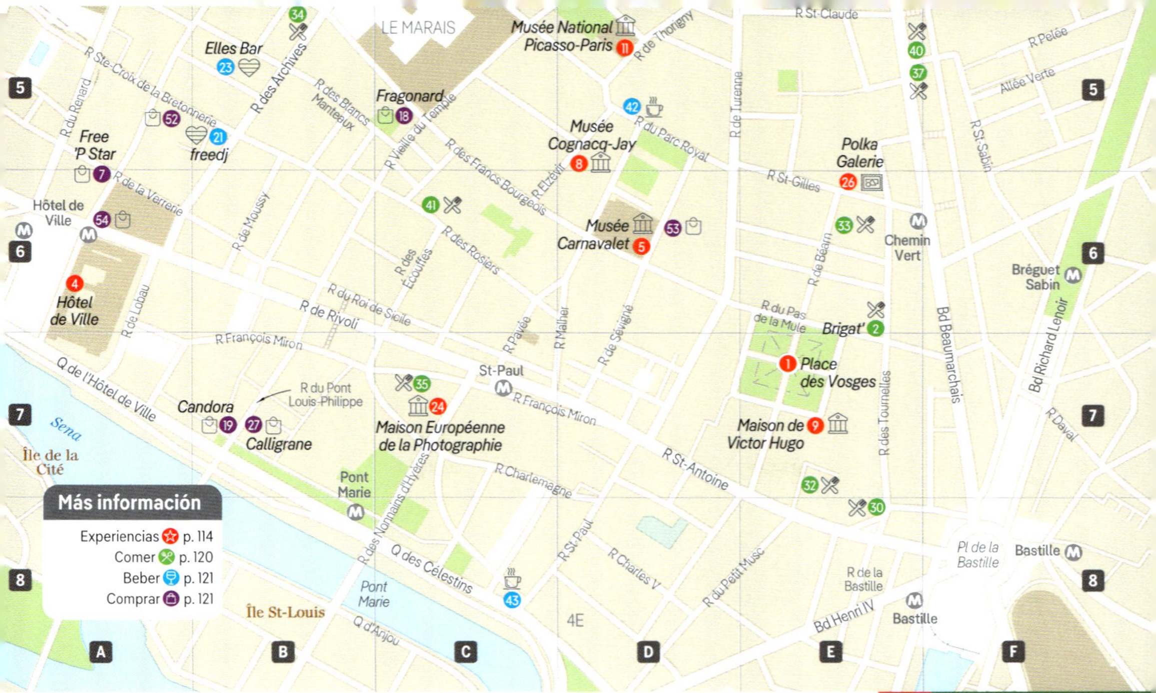
LE MARAIS
Musée National Picasso-Paris 11
Elles Bar 23
34
R des Archives
R Ste-Croix de la Bretonnerie
52
21 freedj
R du Renard
Free 'P Star 7
R de la Verrerie
Hôtel de Ville
54
4 Hôtel de Ville
R de Lobau
R des Blancs Manteaux
Fragonard 18
R Vieille du Temple
R de Moussy
41
R des Francs Bourgeois
R des Rosiers
R des Écouffes
R du Roi de Sicile
R de Rivoli
R François Miron
Q de l'Hôtel de Ville
Sena
Île de la Cité
Candora 19
27 Calligrane
R du Pont Louis-Philippe
35
24
Maison Européenne de la Photographie
Pont Marie
R des Nonnains d'Hyères
Q des Célestins
Pont Marie
Île St-Louis
Q d'Anjou
St-Paul
R François Miron
R Charlemagne
R St-Paul
43
4E
R Pavée
R Malher
R de Sévigné
R Elzévir
Musée Cognacq-Jay 8
42
R du Parc Royal
R de Thorigny
Musée Carnavalet 5
53
R de Turenne
R St-Gilles
R St-Claude
Polka Galerie 26
33
R de Béarn
R du Pas de la Mule
Brigat' 2
1 Place des Vosges
Maison de Victor Hugo 9
R St-Antoine
R des Tournelles
32
30
R Charles V
R du Petit Musc
R de la Bastille
Bd Henri IV
Bastille
Pl de la Bastille
Bastille
Bd Beaumarchais
Chemin Vert
40
37
R St-Sabin
R Pelée
Allée Verte
Bréguet Sabin
Bd Richard Lenoir
R Daval
A B C D E F
5 6 7 8
Más información
Experiencias p. 114
Comer p. 120
Beber p. 121
Comprar p. 121

CIRCUITO A PIE

Un paseo por el tiempo en Le Marais

Le Marais es una de las pocas zonas que no se vieron afectadas por los planes de reurbanización del barón Haussmann, y conserva mucha historia medieval. Pasó de ser un pantano a un barrio aristocrático, y luego un foco de insalubridad, y todo ello ha dejado su rastro. Paseando por sus animadas calles se descubrirán rincones tranquilos con mansiones del s. XVII y patios ocultos.

INICIO	FINAL	DISTANCIA
Rue François Miron	Casa de Nicolas Flamel	3 km; 3 h

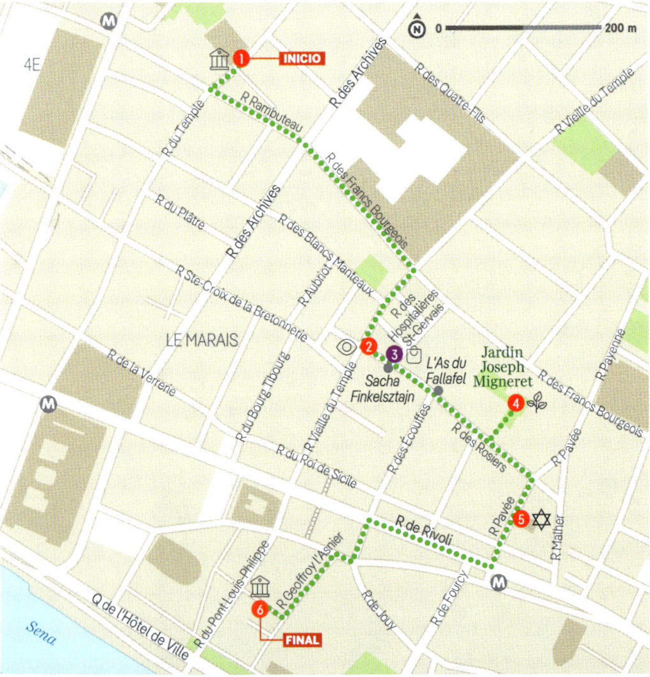

1 Magia medieval

En rue François Miron se encontrarán dos de las casas más antiguas de la ciudad, en los números 11 y 13. Datan del s. XIV, aunque se verán añadidos del s. XVI. El nº 46 es la **Association pour la Sauvegarde et la Mise en Valeur du Paris Historique:** si se visita se verá su bodega medieval.

2 Esplendor gótico

Seguiremos hacia el este por rue de Jouy, y luego hacia el sur por rue des Nonnains-d'Hyères, para luego ir al este por rue de l'Hôtel de Ville hasta llegar al **Hôtel de Sens.** Esta curiosa mansión gótica del s. XV fue en su día residencia de los arzobispos de la comuna de Sens. La historia recuerda la ejecución de uno de los pretendientes de la reina Margarita, que ella supuestamente presenció desde una ventana de la mansión.

3 Patios adoquinados

Tomando rue de l'Ave Maria se llegará a la entrada de los **patios del Village St-Paul.** Este concurrido barrio fue en su día lugar de residencia de los criados de las familias ricas de la zona. Viendo los patios de lo que hoy son *boutiques* de moda y restaurantes aún podemos imaginarnos a las mujeres lavando ropa mientras las gallinas picotean el suelo.

4 Vestigios medievales ocultos

Saldremos por rue des Jardins St-Paul y nos encontraremos frente a los restos de la **Enceinte de Philippe Auguste** (muralla del rey Felipe Augusto), fortificación construida a finales del s. XII para proteger la ciudad. Seguiremos al norte hacia rue St-Antoine y entraremos en el patio del Hôtel de Sully.

5 El clásico 'hôtel particulier'

El magnífico **Hôtel de Sully,** construido in 1624, representa el típico *hôtel particulier* de la época, y cuenta con un pasaje que lleva a place des Vosges. Iremos hacia el norte siguiendo su fachada oeste y, en la esquina, giraremos al oeste hacia rue Francs-Bourgeois, hasta llegar a la entrada del patio del Hôtel de Lamoignon.

6 La primera biblioteca pública de París

En 1759 el último residente del **Hôtel de Lamoignon** legó 14 000 libros a la ciudad de París tras su muerte. Cuatro años más tarde, este *hôtel particulier* se convirtió en la primera biblioteca pública de París. Actualmente alberga la Biblioteca Histórica de París.

7 Mitos y leyendas

Seguiremos por rue Francs-Bourgeois hacia la estación de metro Rambuteau, giraremos a la derecha por rue Beaubourg y buscaremos rue de Montmorency. La **Maison de Nicolas Flamel,** con sus elaboradas tallas, es considerada la casa más antigua de la ciudad (1407), residencia de este legendario escribano (y supuesto alquimista al que se asocia con la piedra filosofal).

CIRCUITO A PIE

Tradiciones judías

Le Marais ha sido el hogar de una gran comunidad judía desde la Edad Media. Este circuito guiado recorre lugares significativos donde aún es visible su legado en Le Marais, así como lugares de recuerdo del Holocausto, inseparables de la historia del barrio.

INICIO	FINAL	DISTANCIA
Musée d'Art et d'Histoire du Judaïsme	Mémorial de la Shoah	1,4 km; 2½ h

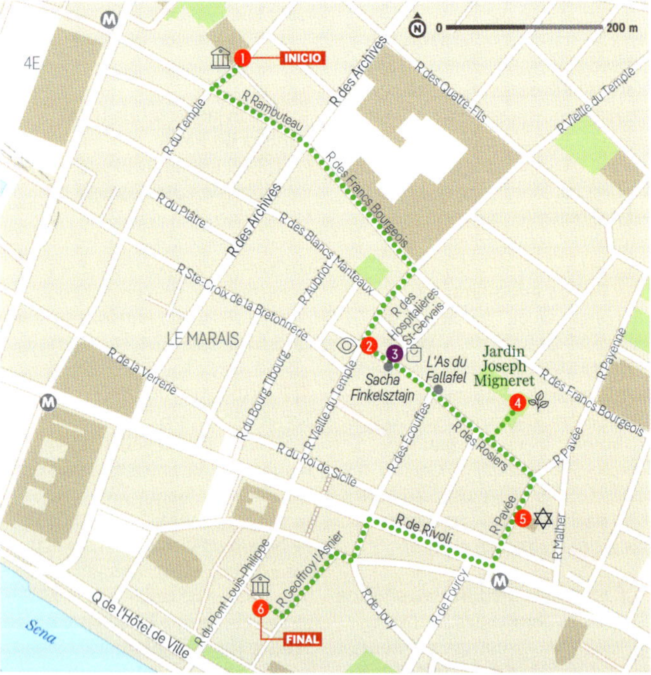

1 Historia y tradición judía

El circuito empieza en el **Musée d'Art et d'Histoire du Judaïsme,** en el antiguo Hôtel de St-Aignan, uno de los *hôtels particuliers* más impresionantes de Le Marais. La institución, creada en 1948 por los supervivientes del Holocausto, presenta una variada colección de obras de arte procedentes de comunidades europeas y magrebíes. En la sala lateral se presentan los diversos estilos de *menorahs* repartidos por los diferentes continentes.

2 Calle 'gourmet'

Cruzando rue des Archives llegamos a **rue des Rosiers,** famosa por sus delicias culinarias y su importancia cultural. Podemos parar en la pequeña panadería amarilla de **Sacha Finkelsztajn** para probar sus deliciosos *strudels* de manzana, su pastel de queso polaco o sus trenzas. Algo más allá se ve el cartel de los baños públicos de St-Paul, todo lo que queda de los *schvitz* (baños) del barrio.

3 Libros y cultura

En el 52 de rue des Rosiers encontramos la **Librairie du Temple,** librería dedicada a los libros y la cultura judíos. También se encontrarán postales artísticas y objetos decorativos y religiosos. Si se quiere picar algo, los falafels de **L'As du Fallafel** son toda una institución, tiernos pero crujientes.

4 Jardín secreto

El **Jardín Joseph Migneret,** un remanso de paz, se llama así en recuerdo de un profesor que jugó un papel crucial en el rescate de niños judíos durante la II Guerra Mundial.

5 Sinagoga 'art nouveau'

Avanzamos hasta rue Pavée, donde encontramos una imponente **sinagoga** diseñada por Hector Guimard, famoso por sus bocas de metro *art nouveau*. La creó como tributo a su esposa, que era judía, en el lugar que ocupaba la Pletzel ("placita" en hebreo). Tras disfrutar de esta combinación de arte y fe, seguimos hasta la allée des Justes de France, callejuela que acoge exposiciones al aire libre sobre diferentes aspectos de la historia judía.

6 Memorial del Holocausto

El circuito acaba en el **Mémorial de la Shoah,** que comprende un museo y centro de documentación dedicado a la Shoah, palabra hebrea que significa "catástrofe" y que en Francia es sinónimo del Holocausto. Es un lugar solemne, para la contemplación, con su **Mur des Noms,** muro que recoge los nombres de 76 000 judíos deportados, y la tumba del mártir judío desconocido en la cripta.

EXPERIENCIAS

Relajarse en la regia place des Vosges PLAZA

Place des Vosges (PLANO: 1 P. 108 **E7**) lleva muy bien el paso del tiempo. Esta emblemática plaza, ideada por el rey Enrique IV, que quería una plaza regia en París, se construyó en 1605 y tras tantos siglos sigue siendo una referencia y una de las plazas más elegantes de la ciudad.

Hoy en día, visitantes y lugareños acuden a sus amplias zonas verdes para hacer el pícnic, así que se podría comprar un tiramisú en **Brigat'** (PLANO: 2 P. 108 **E6**; *brigat.paris*) para comérselo sentados en el césped. Luego se puede pasear por los pórticos para ver sus galerías y *hôtels particuliers,* entre ellos la antigua residencia del escritor Victor Hugo, o tomar café en uno de los restaurantes tradicionales ocultos bajo los arcos.

Admirar la animada place de la République PLAZA

PLANO: 3 P. 108 **D1**

Place de la République se ha convertido en una de las plazas más famosas de París, sobre todo debido a los disturbios de las últimas décadas. Es el símbolo de la democracia y de la acción popular, y lugar de encuentro de manifestaciones y protestas en torno a la estatua de Marianne, en el centro. Entre semana es lugar de paso de trabajadores, pero el fin de semana se llena de patinadores, gente de fiesta, artistas callejeros y parisinos que acuden a socializar y participar en actividades cívicas.

Visita al Hôtel de Ville AYUNTAMIENTO

PLANO: 4 P. 108 **A6**

La elaborada fachada neoclásica del ayuntamiento de París es imponente. El **Hôtel de Ville** está decorado con numerosas estatuas de personajes notables de la historia de París (políticos, científicos, artistas y pioneros de la industria), así como de alegorías de las artes.

La explanada, hoy conocida como place de la Libération, se llamaba place de Grève hasta que el presidente Charles de Gaulle lanzó su discurso sobre la liberación de París desde el Hôtel de Ville, en 1944. Hoy acoge eventos culturales y actuaciones callejeras, en el lugar donde hace cinco siglos se ejecutaba a los condenados.

Un viaje por la historia de París en el Musée Carnavalet MUSEO

PLANO: 5 P. 108 **D6**

En el **Musée Carnavalet** (*carnavalet.paris.fr; gratis*), lo primero que se ve es una gran sala decorada con antiguos rótulos de tiendas, un recordatorio de la animada vida comercial de París a lo largo de los siglos. Por el resto de las salas se encontrarán obras de arte, artefactos y hallazgos históricos que cuentan la variopinta historia de París.

La ciudad aparece representada en todas sus formas y épocas a través de numerosas maquetas, vestigios arquitectónicos y obras de arte modernas. Murales, tiendas enteras y hasta el salón de baile de un hotel se trasladaron al Hôtel Carnavalet para que pudieran ser admirados. A nosotros nos encanta la planta dedicada a la Revolución francesa, donde se pueden ver un par de pendientes en forma de guillotina, con sus cabezas colgando y todo.

De compras 'vintage' en la capital de la moda COMPRAS

Cada año la Semana de la Moda de París atrae a un estiloso público a Le Marais, pero el precio de cambiar el vestuario en París puede ser muy alto. Afortunadamente, Le Marais cuenta con una amplia oferta de *boutiques* de segunda mano y *vintage* para todos los presupuestos y estilos. Se puede echar un vistazo por rue Turenne, u optar directamente por estas:

No serán tan elegantes, pero sí más asequibles, la **BIS Boutique Solidaire** (PLANO: 6 P. 108 **E3**; *bisboutiquesolidaire.fr*) y las tiendas **Free 'P Star** (PLANO: 7 P. 108 **A6**; *instagram.com/freepstar_officiel*) en rue Verrière; **Bobby** *(bobbyparis.com)* tiene ropa más moderna; **Système Solaire** *(systeme-solere.com)* y **Room** *(theroom.fr)* venden artículos de lujo, a precios acordes; y **BRUT** *(brut-clothing.com)* tiene prendas de remanentes militares y originales prendas adaptadas.

LOS MEJORES MUSEOS EN MANSIONES

Magníficos *hôtels particuliers* convertidos en estupendos museos.

Musée Cognacq-Jay

PLANO: 8 P. 108 **D5**

En el Hôtel Donon. Presenta las colecciones de Ernest Cognacq y Marie-Louise Jay, fundadores de los grandes almacenes La Samaritaine.

Maison de Victor Hugo

PLANO: 9 P. 108 **E7**

La casa donde vivió el gran literato de 1832 a 1848 conserva sus pertenencias personales, manuscritos y recuerdos.

Musée de la Chasse et de la Nature

PLANO: 10 P. 108 **C4**

Curioso museo que explora la relación entre humanos y animales, centrándose en la caza.

Musée National Picasso-Paris

PLANO: 11 P. 108 **D5**

La arquitectura clásica del Hôtel Salé, del s. XVII, contrasta con las 5000 obras de Pablo Picasso que contiene.

Repasar los inventos humanos en el Musée des Arts et Métiers

MUSEO

PLANO: 12 P. 108 **B2**

La muestra inmersiva del **Musée des Arts et Métiers** *(arts-et-metiers.net; adultos/niños 12 €/gratis)* presenta instrumentos científicos, aparatos mecánicos, vehículos, equipos de comunicaciones y muchas cosas más, desde la Pascaline de Blaise Pascal (una calculadora mecánica antigua) a la maqueta original de la Estatua de la Libertad diseñada por Frédéric Auguste Bartholdi, el péndulo de Foucault (con demostraciones diarias a las 12.00 y a las 17.00), e incluso una reconstrucción del laboratorio del químico Antoine Lavoisier. También hay una desconcertante sala oscura dedicada a juguetes y muñecos mecánicos con movimiento, acompañados de una proyección, con una música discordante de fondo. Los niños pueden participar en diferentes talleres para familiarizarse con el espíritu de la innovación humana. Si la visita es en una mañana laborable se podrá disfrutar del museo casi a solas.

'Invasión' de arte urbano en Le Marais

ARTE CALLEJERO

PLANO: 13 P. 108 **F3**

Invader es un artista callejero francés conocido internacionalmente por sus mosaicos pixelados, de los que hay una gran concentración en Le Marais. Para llevar la cuenta de cuáles se han visto se puede descargar la *app* gratuita **Flash Invaders,** y hacer una foto o un "flash" de cada uno que se descubra por las fachadas de los edificios. Se puede empezar la colección con su *Gato de Cheshire*, e inmortalizar la experiencia creándose una camiseta inspirada en los *Invaders* en **Les Imprimeuses** *(lesimprimeuses .com; 50 € por persona)*: su taller apto para niños es divertido, y una actividad memorable para hacer en familia.

MERCADOS CALLEJEROS

Los mercados de alimentación, *brocantes* (mercadillos) y *vide-greniers* (rastros) de París ofrecen una amplia gama de productos, desde verduras a espejos antiguos. Los *brocantes* suelen tener objetos de más calidad, mientras que los *vide-greniers* pueden ofrecer más variedad. En muchos casos reflejan el gusto de cada *arrondissement*, así que en Le Marais se pueden encontrar piezas de más calidad, especialmente por rue de Bretagne. En bd Beaumarchais y place Baudoyer suelen instalarse mercados de alimentación. Las fechas y ubicaciones de todos se indican por internet, pero la mayoría tienen lugar en fin de semana. Conviene llegar pronto y llevar efectivo, y dedicar un tiempo a pasear por entre los puestos para admirar la oferta.

Un 'brunch' en los puestos del Marché des Enfants Rouges

MERCADO

PLANO: 14 P. 108 **D3**

El **Marché des Enfants Rouges** *(cerrado lu)*, que data del s. XVII, sigue destilando encanto tras las renovaciones realizadas en la década de 1990, y se ha convertido en un animado lugar de encuentro tanto para lugareños como para visitantes. Contiene una gran variedad de puestos de alimentos y lugares donde comer. Vale la pena sumergirse en el ambiente y explorar los puestos de alimentos frescos, fruta, flores, queso y charcutería. Dado que el mercado abre también los domingos, es ideal para tomarse el *brunch* en uno de los puestos de comida local o internacional que lo rodean. Se puede escoger entre las delicias vegetarianas de **Au Coin Bio** *(aucoinbio-restaurant.fr)*, un *bento* japonés en **Chez Taeko** o las pitas de Oriente próximo en **Chez Jeanphi** *(instagram .com/chez_jeanphi)*. ¡Un recorrido gastronómico por todo el mundo!

Los mejores productos 'Made in France'

COMPRAS

La gastronomía siempre ha sido un elemento importante en la cultura francesa, así que hacerse con un juego de cubiertos en **Sabre** (PLANO: 15 P. 108 **D4**; *sabre.fr*) puede ser la forma perfecta de llevarse algo de París a la mesa de casa. **Empreintes** (PLANO: 16 P. 108 **D3**; *empreintes-paris.com*) presenta la obra de algunos de los mejores diseñadores franceses, desde objetos de decoración a joyas o cosas de casa. **Alix D Reynis** (PLANO: 17 P. 108 **E4**; *alixdreynis.com*) diseña elegantes piezas de porcelana hecha a mano en Limoges. Para comprar el tradicional jabón verde de Marsella se puede ir a **Marius Fabre** *(marius-fabre.com)*. Y si al final no tenemos donde meterlo todo, podemos escoger un bolso de piel hecho a mano en **RSVP** *(rsvp-paris.com)* o un bolso de **Praline** *(pralineparis.com)*, hecho en París con tejidos de sofá de Estrasburgo.

Descubrir el arte de la perfumería

COMPRAS

Le Marais está lleno de perfumerías: solo con pasear por rue de Francs Bourgeois desde rue Turenne es fácil oler las fragancias que salen de las tiendas. Hay marcas de fama internacional como **Fragonard** (PLANO: 18 P. 108 **C5**; *_ragonard.com*), marcas para conocedores como **Frederic Malle** *(fredericmalle.fr)* y *concept stores* como **Liquides Bar à Parfums** *(liquides-parfums.com)*, pero si se quiere tener una experiencia inmersiva y personalizada se puede participar en un taller en **Candora** (PLANO: 19 P. 108 **B7**; *candora-fragrance. com; desde 98 €*) para aprender sobre la historia de la perfumería y crear una fragancia personal.

SIGUIENDO LOS PASOS DE LOS TEMPLARIOS

Nombres de calle como rue du Temple, rue Vieille-du-Temple o rue du Trésor reflejan el paso de los templarios por Le Marais. Aunque su tesoro sigue siendo un misterio, la influencia histórica de los templarios es innegable. En el s. XII el rey les concedió tierras, y transformaron esta zona de marismas en lo que es hoy. Su fortaleza y sus mazmorras ya hace tiempo que desaparecieron, dejando solo una marca azul en el suelo que indica su ubicación, cerca de las dependencias del ayuntamiento en el 3e *arrondissement*. **Le Carreau du Temple** (PLANO: 20 P. 108 **D3**), en su día un mercado de artículos para la casa, acoge hoy eventos culturales y deportivos.

De fiesta con todas las comunidades y orientaciones

UN MARAIS ORGULLOSO

Le Marais siempre ha sido el bastión de la comunidad LGTBIQ+ en París, aunque el aumento de los alquileres en la última década ha provocado el traslado de locales emblemáticos. Aun así, el barrio conserva su identidad inclusiva y celebra el Orgullo todo el año.

El ambiente gay se concentra en torno a rue Ste-Croix de la Bretonnerie, hacia el final de rue du Temple, y por place des Émeutes de Stonewall. De día o de noche, se puede tomar una hamburguesa sugerente en **Tata Burger** *(instagram.com/tataburger_restaurant)* o provocadores dulces fálicos en **Legay Choc** *(instagram.com/legaychoc)*.

La fiesta empieza cuando cae la noche; **freedj** (PLANO: 21 P. 108 **B5**; *freedj.fr*), **Cox** *(cox.fr)*, a la vuelta de la esquina, o **Les Souffleurs** *(instagram.com/lessouffleuses)* y **Duplex Bar** (PLANO: 22 P. 108 **B3**; *instagram.com/duplex_bar_paris*), allí cerca, son bares animados con un público diverso. **Elles Bar** (PLANO: 23 P. 108 **B5**; *instagram.com/elles_bar_paris*) tiene un público lésbico. Y algo más allá, en rue St-Martin, están **La Mutinerie** *(lamutinerie.eu)* y **Les Aimant·e·s** *(instagram.com/barlesaimantes)*, también para chicas. Ambos abren todos los días.

Galerías de arte en Le Marais

GALERÍAS

La **Maison Européenne de la Photographie** (PLANO: 24 P. 108 **C7**; *MEP; mep-fr.org; adultos/niños 13 €/gratis*) presenta fotografía contemporánea, con exposiciones temporales de fotógrafos internacionales de vanguardia. En cambio, la **Fondation Henri Cartier-Bresson** (PLANO: 25 P. 108 **C3**; *henricartierbresson.org; adultos/niños 10/6 €*) conserva la obra del famoso fotógrafo francés, considerado un pionero del fotoperiodismo moderno, así como los archivos y las obras de otros fotógrafos contemporáneos. Por último, la **Polka Galerie** (PLANO: 26 P. 108 **E6**; *polkagalerie.com*) exhibe y vende fotografía artística, tanto de artistas reconocidos como fotógrafos emergentes.

También hay numerosas galerías de arte, como **Lafayette Anticipations** (*lafayetteanticipations.com*), que ofrece una experiencia híbrida, con eventos culturales, exposiciones temporales de diseñadores contemporáneos, una moderna librería y cafetería. En el gran local de la **Galerie Emmanuel Perrotin** (*perrotin.com*) se presenta la obra de artistas internacionales, se organizan eventos culturales y se venden piezas artísticas. El barrio también da apoyo a la comunidad de artistas: el **MAIF Social Club** (*maifsocialclub.fr; gratis*), por ejemplo, organiza exposiciones, talleres, y tiene cafetería y tienda de comercio ético.

Material de papelería de lujo

COMPRAS

La escritura ha ocupado un papel importante en la historia de Francia; desde sus novelistas a las cartas en código de María Antonieta, hoy en el **Musée des Archives Nationales** (*archives-nationales.culture.gouv.fr*). Quien quiera material de escritura con el que inspirarse puede visitar **Calligrane** (PLANO: 27 P. 108 **B7**; *calligrane.fr*), elegante papelería con preciosos objetos de escritorio, algunos ocultos en cajones que se pueden abrir. En **Mélodies Graphique** (*melodies-graphiques.com*) se encontrarán colecciones de tarjetas, libros y sellos de inspiración barroca. **Papier Tigre** (PLANO: 28 P. 108 **E3**; *papiertigre.fr*) es una marca francesa que diseña productos llenos de color justo al otro lado de la calle.

Impregnarse del ambiente parisino en Le Marais

VIDA DE CALLE

Le Marais es el lugar ideal para ver y dejarse ver: solo hay que sentarse a tomar una copa de vino o un café. En los locales tradicionales hay que asegurarse de llevar efectivo, ya que solo aceptan tarjetas con un gasto mínimo. Quizá no sea fácil encontrar mesa bajo los toldos a rayas de **Le Progrès** (PLANO: 29 P. 108 **D4**; *leprogresmarais.fr*), así que conviene llegar pronto. **Le Saint-Gervais** (*lesaintgervais.fr*) es ideal para disfrutar del sol de la tarde, y tiene una práctica ubicación, a la vuelta de la esquina del **Musée National Picasso-Paris** (*museepicassoparis.fr*). Al caer la noche, el **Café La Perle** (*cafelaperle.com*) es un lugar bohemio y de moda desde el que se pueden ver los murales de Le Mur, que cambian periódicamente.

SUGERENCIAS

Lo mejor para...

€ Económico €€ Medio €€€ Alto

Localizaciones en el plano de la **p. 108**

Comer

Cocina francesa moderna

Brutus €€
30 E8
Galettes (crepes de trigo sarraceno) acompañadas de sidra artesanal en una terraza soleada. Habrá que dejarse un hueco para la *galette* de chocolate con avellanas. *Horario variable*

Bistrot Instinct €€€
31 D3
Creativos menús de temporada del chef Maximilian Wollek. Su *œuf mayonnaise* no falla nunca. *12.00-14.00 y 18.30-21.30 lu-sa*

Capitaine €€€
32 E7
Acogedora *brasserie* moderna con una carta que cambia periódicamente, basada en pescado y marisco. *12.00-14.00 y 19.30-22.30 mi-sa, 19.30-22.30 ma*

Un tentempié

Notre Café Marais €
33 E6
Luminoso café con terraza donde probar platos clásicos y sencillos servidos por camareros con síndrome de Down. *8.30-15.00 ma-vi*

Carré Pain de Mie €€
34 B5
Sus tiernos sándwiches combinan lo mejor de Japón y Francia, como el sándwich de *tonkatsu* o el *croque monsieur. 10.00-20.00*

La Collective Parisienne €
35 C7
Café-cooperativa con almuerzos consistentes y de temporada. Hay cuatro platos a escoger, más postre. *12.00-15.00 lu-vi*

Vegetarianos

Kitchen €€
36 B2
Cafetería estilo *cantine* con una barra de zumos. Sirve platos consistentes y ecológicos como sus cuencos de arroz con verduras asadas. *8.00-14.30 lu-vi, 8.00-15.30 sa y do*

Land&Monkeys €
37 E5
En esta *boulangerie* los veganos ya pueden disfrutar de clásicos franceses como la *quiche lorraine* o las *baguettes jambon-beurre. 7.30-19.30*

Chez Eating €€
38 C1
Yi Ting, la propietaria, es la artífice de estos platos del Lejano Oriente rebosantes de sabor. *12.00-15.00 lu, ma y ju-sa*

Caprichos dulces

Petite Île Boulangerie €
39 E3
Boulangerie con una excelente oferta de dulces con sésamo negro. *8.00-18.00 ma-sa, 9.00-14.30 do*

Moon Croissant €€
40 E5
Son especialistas en cruasanes elaborados con los mejores ingredientes, suaves y con sabrosos rellenos. *7.30-17.00 mi-do*

Yann Couvreur €€
41 C6
La tienda de este famoso chef pastelero en Le

Marais presenta sus mejores creaciones, como los *millefeuilles* de vainilla. *10.00-20.00*

Beber

Café de autor

Causeries

42 D5

Café danés y vino natural en un local tranquilo con una suave banda sonora de vinilos. *Horario variable*

Artesano

43 C8

Arturo Valentino tuesta su café mexicano cada semana y lo sirve en esta cafetería llena de sol, música, fotografías y buen café. *9.00-13.30 y 14.30-17.30*

Ha Noi 1988 Flowers & Archives

44 B4

Cafetería y floristería vietnamita donde disfrutar de un café con crema salada o yema de huevo. *10.00-19.00*

Localitos ocultos

Sotto

45 D4

Este sótano, bajo el restaurante italiano Carboni's, es ideal para disfrutar de un cóctel afrutado y un tiramisú. *19.00-2.00*

Little Red Door

46 D3

Coctelería oculta tras una entrada pequeña y discreta. Suele haber cola. *17.00-1.30*

Candelaria

47 D3

Esta coctelería parece un local clandestino: se entra pasando a través de un restaurante de tacos. *16.00-2.00*

Spootnik Bar

48 B3

Si un cosmonauta futurista se encontrara con un audiófilo en Berlín, juntos abrirían una deliciosa coctelería como esta. *19.00-2.00 ma-sa*

Vinaterías

Le Barav

49 D2

El bar de barrio perfecto, con buenos precios y una música excelente. Si la terraza está llena, hay una lista de espera a la que apuntarse. *17.00-24.00 ma-sa*

Martin

50 E2

En su terraza siempre hay gente charlando y fumando; sirven platillos y tienen una amplia carta de vinos naturales. *16.00-2.00 ma-sa*

Terra Bar à Vins

Véase 48 B3

Moderna vinatería donde se puede picar algo. El público va arreglado y la decoración es minimalista. *19.00-1.00 ma-sa*

Delicatessen Place

51 E2

Acogedora vinatería decorada con muebles sacados de algún mercado *vintage*. *17.00-22.00*

Comprar

'Concept stores'

Fleux

52 A5

Tienen varias tiendas en rue des Francs-Bourgeois, con una amplia gama de objetos de decoración y de moda. *10.45-20.30 lu-sa, 10.30-20.45 do*

L'Éclaireur Sévigné

53 D6

Tienda discreta pero amplia, con una decoración moderna de inspiración tecnológica donde presentan sus creaciones las grandes casas de *haute couture*. *11.00-19.00 lu-sa*

Le BHV Marais

54 A6

Grandes almacenes de larga historia en París, con una amplia oferta de productos, desde moda a herramientas de bricolaje. *10.00-20.00 lu-sa, 11.00-19.00 do*

Sugerencias de lugares para comer, beber y comprar en **p. 136**

Explora

Por Peter Yeung y Fabienne Fong Yan

Bastille y este de París

Esta zona menos conocida y turística, que cubre los *11e, 12e* y *20e arrondissements,* contiene lugares de interés histórico y cuenta con un importante legado industrial, además de un ambiente cada vez más moderno y divertido. Los talleres de artesanía que aparecieron cerca de Bastille en los ss. XIX y XX se han convertido en animados centros artísticos, cafés hípster, tiendas independientes y restaurantes creativos. Hacia el este aparece el Bois de Vincennes (p. 138), uno de los pulmones verdes de París. Estos distritos conservan cierto ambiente de pueblo gracias a su historia como *faubourgs* (pequeños barrios), y representan un París diferente, más relajado y residencial.

Cómo desplazarse

A pie

Es el mejor modo de explorar la zona, y muy factible, gracias a la densidad de estos barrios y la presencia de vías verdes.

Bicicleta

Hay estaciones de bicicletas Vélib' por todas partes, y muchos carriles-bici, aunque puede ser algo difícil moverse por las calles más concurridas cerca de Bastille.

Metro

Probablemente las líneas 1 y 8 sean las más útiles para ahorrar tiempo y energías (o si no hace buen tiempo).

Coulée Verte René-Dumont (p. 130).
PICSART_AH/SHUTTERSTOCK

LO MEJOR

ZONA VERDE
Cimetière du Père Lachaise (p. 126)

MERCADO
Marché d'Aligre (p. 132)

PASEO
Coulée Verte René-Dumont (p. 130)

PLAZA HISTÓRICA
Place de la Bastille (p. 130)

PARA NADAR
El Sena (p. 134)

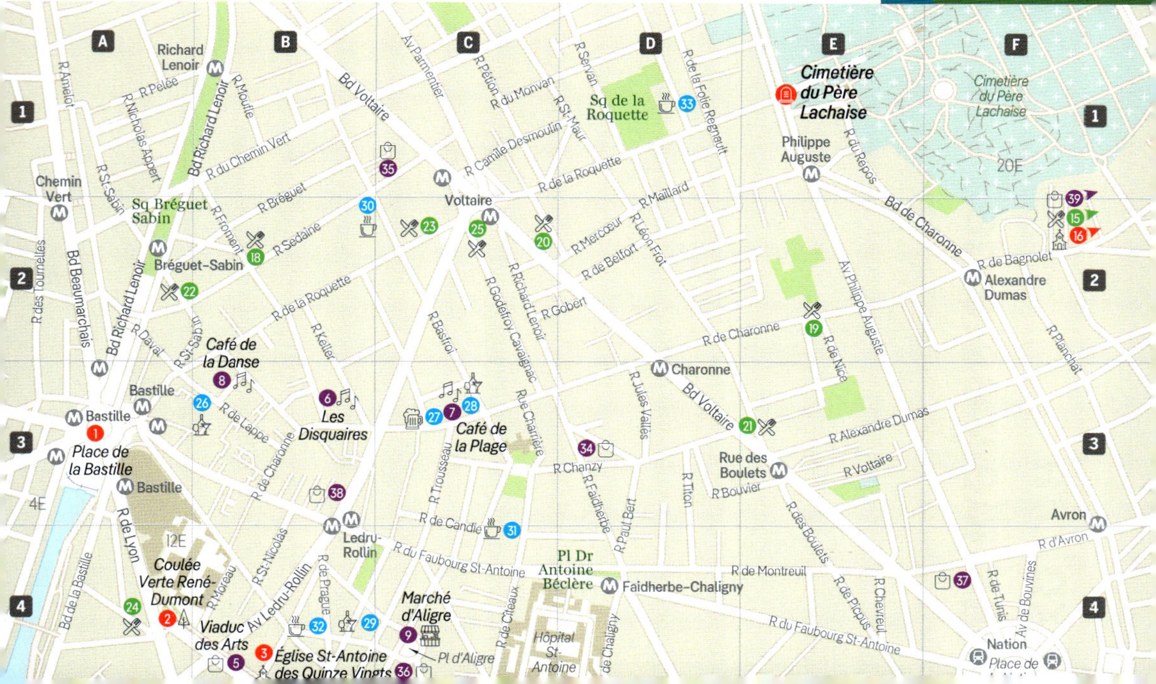
A
B
C
D
E
F
1
2
3
4
Cimetière du Père Lachaise
Cimetière du Père Lachaise
20E
Philippe Auguste
R du Repos
Bd de Charonne
R de Bagnolet
Alexandre Dumas
R Planchat
Av Philippe Auguste
R de Nice
R de Charonne
Charonne
Bd Voltaire
R Alexandre Dumas
R Voltaire
Rue des Boulets
R Bouvier
R des Boulets
Avron
R d'Avron
R de Tunis
Av de Bouvines
Nation
Place de
R Chevreul
R de Picpus
R du Faubourg St-Antoine
R de Montreuil
Faidherbe-Chaligny
Pl Dr Antoine Béclère
Hôpital St-Antoine
de Chaligny
R de Cîteaux
R Paul Bert
R Faidherbe
R Chanzy
R Titon
R Jules Vallès
Rue Charrière
R Léon Frot
R Maillard
R Mercœur
R de Belfort
R Gobert
R Richard Lenoir
R Godefroy Cavaignac
R Basfroi
Café de la Plage
R Trousseau
R de Candie
R du Faubourg St-Antoine
Ledru-Rollin
Marché d'Aligre
Pl d'Aligre
Église St-Antoine des Quinze Vingts
R de Prague
Av Ledru-Rollin
R St-Nicolas
Viaduc des Arts
Coulée Verte René-Dumont
R Moreau
12E
R de Lyon
Bd de la Bastille
4E
Place de la Bastille
Bastille
Bastille
Bastille
R de Charonne
R de Lappe
Les Disquaires
R Keller
R de la Roquette
Café de la Danse
R St-Sabin
R Daval
Bd Richard Lenoir
Bréguet-Sabin
Sq Bréguet Sabin
R Froment
R Sedaine
R Bréguet
R du Chemin Vert
Bd Beaumarchais
R des Tournelles
Chemin Vert
R St-Sabin
R Nicholas Appert
R Amelot
R Pelée
Richard Lenoir
Bd Richard Lenoir
R Moufle
Bd Voltaire
Av Parmentier
Voltaire
R Pétion
R du Morvan
R Camille Desmoulin
R St-Maur
R Servan
R de la Roquette
Sq de la Roquette
R de la Folie Regnault
1
2
3
5
6
7
8
9
15
16
18
19
20
21
22
23
24
25
26
27
28
29
30
31
32
33
34
35
36
37
38
39

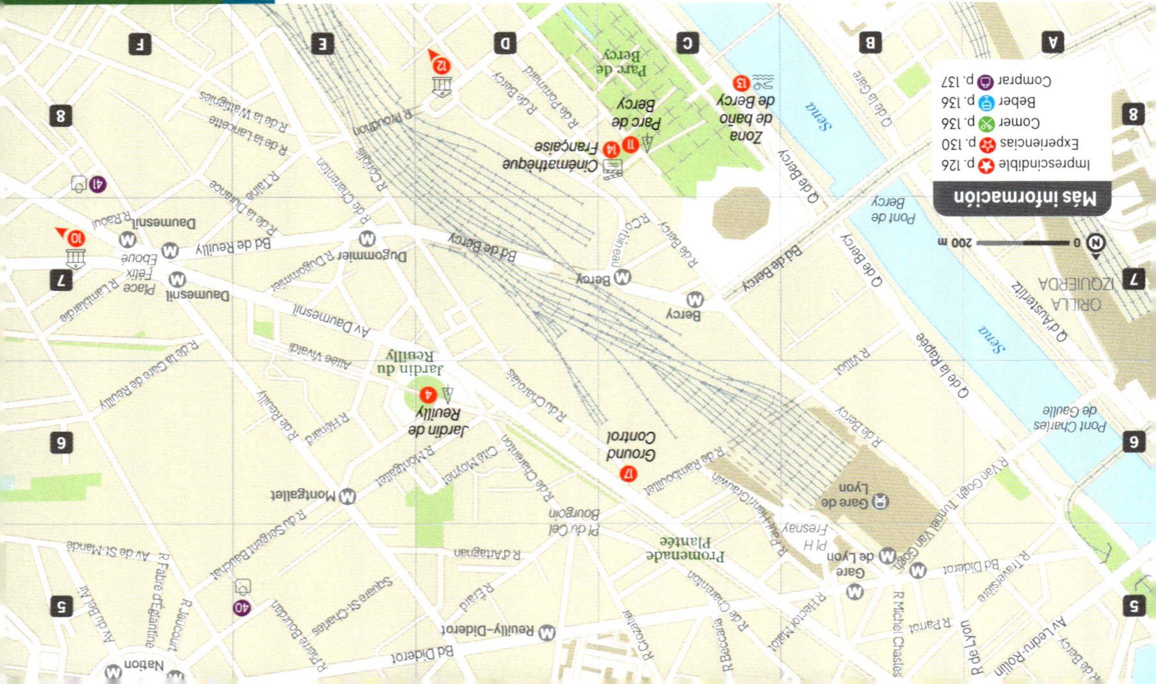
Más información
Imprescindible p. 126
Experiencias p. 130
Comer p. 136
Beber p. 136
Comprar p. 137
0 200 m
A
B
C
D
E
F
5
6
7
8
Sena
ORILLA IZQUIERDA
Q d'Austerlitz
Q de la Rapée
Q de Bercy
Q de la Gare
Pont Charles de Gaulle
Pont de Bercy
Gare de Lyon
Gare de Lyon
Pl H Fresnay
R Van Gogh
Tunnel Van Gogh
R de Lyon
Av Ledru-Rollin
R de Bercy
R Traversière
Bd Diderot
R Parrot
R Michel Chasles
R Hector Malot
R de Charenton
R Beccaria
R Crozatier
Promenade Plantée
R Paul-Henri Grauwin
R de Rambouillet
R de Bercy
R Villiot
Bd de Bercy
Zona de baño de Bercy
13
Parc de Bercy
Parc de Bercy
11
14
Cinémathèque Française
R de Pommard
R de Bercy
12
R Proudhon
R Coriolis
R de Charenton
Bercy
Bercy
R Corbineau
R de Bercy
Bd de Bercy
Ground Control
17
R du Charolais
R de Charenton
Pl du Cel Bourgoin
R d'Artagnan
Cité Moynet
R Montgallet
Montgallet
Jardin de Reuilly
4
Jardin du Reuilly
Allée Vivaldi
Av Daumesnil
Dugommier
R Dugommier
R de Charenton
Bd de Reuilly
R de la Durance
R Taine
R de la Lancette
R de la Wattignies
Daumesnil
R Raoul
41
10
Place Félix Éboué
Daumesnil
R Lamblardie
R de la Gare de Reuilly
R de Reuilly
R Hénard
R Érard
Reuilly-Diderot
Bd Diderot
Square St-Charles
R Pierre Bourdan
40
R du Sergent Bauchat
R Jaucourt
R Fabre d'Églantine
Av de St-Mandé
Av du Bel Air
Nation

★ IMPRESCINDIBLE

Cimetière du Père Lachaise

El cementerio más visitado del mundo, inaugurado en 1804, es el lugar de descanso de los famosos. Sus 43 Ha contienen más de 70 000 elegantes tumbas. Dar un paseo por aquí es como explorar un jardín escultórico en uno de los mayores espacios verdes de París, un bastión de biodiversidad.

PLANO P. 124 **E1**

CONSEJO
Conviene llevar calzado cómodo e hidratarse: el cementerio es enorme, tiene escalones y terreno irregular. Se caminará mucho.

Escanea este QR para consultar los horarios y un plano.

Un jardín inglés eterno

Cuando se construyó, el Père Lachaise era la respuesta al colapso de los pequeños cementerios de barrio (en esa época era raro que los parisinos fueran enterrados fuera del propio *quartier*). Para su diseño, el arquitecto Alexandre-Théodore Brongniart se inspiró en los jardines ingleses, con senderos y una zona verde muy significativa.

La creación de una leyenda

El cementerio no arrancó con fuerza debido a su ubicación, lejos de la ciudad. Para hacerlo más atractivo, el ayuntamiento trasladó allí las tumbas de personajes famosos como Molière o La Fontaine (sector 25), e hizo que se construyera un impresionante sepulcro para los míticos amantes Héloïse y Abélard (sector 7). Con el tiempo les siguieron políticos, científicos, artistas y escritores, lo que afianzó la reputación del Père Lachaise.

Arte funerario para la posteridad

El cementerio en conjunto es reconocido por su legado histórico: todas sus lápidas anteriores a 1900 están clasificadas como Monumentos Históricos, al igual que el Muro de los Federados; la capilla de Godde sobre lo que fue una sede de la Compañía de Jesús; la puerta monumental del bd Ménilmontant; el Monumento a los Muertos y 10 sepulcros,

PASCALE GUERET/SHUTTERSTOCK

entre ellos los de Héloïse y Abélard, Molière y La Fontaine, y el de Oscar Wilde (sector 89).

Rituales y supersticiones

Las tumbas más emblemáticas del Père Lachaise tienen muchas supersticiones asociadas. Las parejas acuden a renovar sus votos ante la tumba de Héloïse y Abélard, buscando el amor eterno. La tumba de Oscar Wilde es escenario de besos apasionados, al suponerse que da suerte en el amor. Junto a la efigie del periodista Victor Noir (sector 92) se efectúan macabros rituales de fertilidad. Se dice que apoyando las manos en el dolmen del médium Allan Kardec (sector 44) se puede obtener un deseo. Y las ofrendas rituales que se hacen frente a la tumba de Jim Morrison (sector 6) perpetúan un culto basado sobre todo en el alcohol.

UNA PAUSA

Por la rue St-Maur, cerca de allí, hay estupendos restaurantes, entre ellos estos, de moda y con un toque asiático: **Le Servan** (gestionado por dos hermanas filipinas), **SENsation** y **Double Dragon**.

CIRCUITO A PIE

Por los patios de los artesanos

Desde el s. xv la artesanía es una orgullosa tradición entre los habitantes del Faubourg St-Antoine, donde se trabaja la madera y se hacen muebles y cerámica en talleres repartidos por los pintorescos patios y callejones. Dando un paseo por aquí se disfrutará del ambiente del pasado, aunque el barrio se está modernizando a gran velocidad.

INICIO	FINAL	DISTANCIA
Cour Damoye	Passage du Chantier	1,5 km; 1 h

1 Pasaje secreto

Empezamos en el **Cour Damoye,** lugar creado por un herrero, aunque antes fue territorio de traperos y chatarreros. Hoy en día es un patio rodeado de casas con encanto con grandes fachadas de cristal por las que se puede mirar dentro. Dedicaremos un rato a ver los negocios modernos que se han instalado aquí, entre ellos un divertido tostadero de café.

2 Un lugar para la nostalgia

Saldremos por rue Daval y seguiremos la bulliciosa rue de Lappe, conocida por el ambiente de sus bares y su vida nocturna. Esta calle, creada en el s. XVII, fue en su tiempo la calle de los ebanistas y metalistas. Giraremos a la izquierda por rue de Charonne y luego entraremos en el **passage L'homme,** flanqueado por viejos escaparates, una curiosa tienda de juegos antiguos y una tienda de muebles con el cartel en forma de silla colgando en el exterior.

3 Arte callejero y joyas

La calle traza una curva y desemboca en el **passage Josset.** Pasaremos junto a unos coloristas murales, y luego quizá podamos pararnos a contemplar las espléndidas joyas de Les Fleurs. En el Passager podemos tomar un café, aunque también sirven desayunos y tentempiés para almorzar. Después giraremos a la izquierda y tomaremos la concurrida rue de Charonne.

4 Una escultura escondida

Seguimos hacia el adoquinado **passage de la Main d'Or,** estrecho callejón tranquilo donde se pueden ver grabados y esculturas (como la de la hornacina sobre la puerta del nº 18), y saldremos por su extremo sur.

5 Historia de la industria

Giraremos a la izquierda y llegaremos al **74 de rue du Faubourg St-Antoine,** que en el s. XIX fue una fábrica de muebles. Aún se puede ver la chimenea de 32 m que se eleva sobre el barrio. Es un vestigio increíble de historia, que ilustra cómo se mezclaban la artesanía y la industria en el París de antaño.

6 Los muebles de Marie Antoinette

Por último podemos atravesar el **passage du Chantier,** una especie de galería donde aún hay artesanos. María Antonieta solía comprarle muebles a Adam Weisweiler, cuyo famoso taller estaba aquí. Todavía se conservan los antiguos carteles de las tiendas, que dan aún más encanto a la estampa.

EXPERIENCIAS

Visita a un icono de la libertad en Bastille
MONUMENTO Y PLAZA

PLANO: 1 P. 124 A3

El 14 de julio de 1789, los habitantes del Faubourg St-Antoine, hartos de las constantes carencias de alimentos debido a un prolongado estado de sitio, tomaron la prisión de la Bastilla en busca de armas. Pero cuando los guardias se negaron a rendirse, la situación fue a más. Los rebeldes se hicieron con 250 barriles de pólvora, liberaron a los prisioneros y clavaron la cabeza del gobernador militar Bernard-René Jordan de Launay en lo alto de una lanza. Este evento fue el primer episodio de la Revolución francesa.

Hoy en día la **place de la Bastille** es un símbolo de la libertad del pueblo francés. En el centro de la plaza se alza la **Colonne de Juillet,** columna de 52 m hecha de bronce verdoso y coronada por una Libertad alada dorada. Los revolucionarios del alzamiento de 1830 están enterrados debajo.

Como símbolo de la historia política, la plaza es escenario habitual de protestas, así que si se tiene ganas de marchar en defensa de algo, igual se encuentra una manifestación a la que unirse. Cuando no la hay, el ambiente suele ser más relajado, ideal para sentarse en alguno de los cafés-terraza y contemplar este símbolo.

La relajante Coulée Verte René-Dumont
PASEO

Uno de los senderos verdes más característicos de París es el que ocupa el antiguo viaducto ferroviario de Vincennes, del s. XIX, recuperado en 1993 como primer parque elevado del mundo. Los 4,5 km de la **Coulée Verte René-Dumont** (o “Promenade Plantée”; PLANO: 2 P. 124 A4), entre Vincennes y Bastille, sirvió de inspiración para la High Line de Nueva York. Es un lugar sorprendentemente tranquilo, con cerezos, arces, rosales, galerías de bambú y lavanda, ideal para escapar del bullicio urbano. Para acceder al primer tramo, cerca de Bastille, hay que subir unas escaleras (los ascensores nunca

LA ANTIGUA FORTALEZA DE LA BASTILLA

Nada queda de la fortaleza original de la Bastilla, construida en el s. XIV para defender el flanco este de París de los ataques de los ingleses durante la guerra de los Cien Años. En 1417 el castillo real se convirtió en prisión del Estado, y así siguió hasta su destrucción, durante la revolución de 1789. Hoy en día solo hay una pequeña placa en un edificio cerca del bd Henri IV indicando el límite del antiguo bastión, que en su tiempo tenía ocho torres y un foso de 24 m de anchura. A lo largo de los siglos place de la Bastille se ha modernizado sucesivamente: Napoleón incluso quiso erigir una fuente en forma de elefante que no se llegó a construir.

Colonne de Juillet.

funcionan). Siguiendo las vías hacia Vincennes, se podrán ver diversos puntos de interés: el puntiagudo chapitel de la **Église St-Antoine des Quinze Vingts** (PLANO: 3 P. 124 **B4**), los edificios haussmannianos con sus típicos tejados de zinc y sus fachadas *art nouveau*, el bonito **Jardin de Reuilly** (PLANO: 4 P. 124 **D6**), estupendo para un pícnic, y con una fuente de agua con gas, y, al llegar al Bois de Vincennes, los murales en recuerdo de la legendaria exploradora francesa Alexandra David-Néel.

Comprar a los artesanos del Viaduc des Arts

COMPRAS

PLANO: 5 P. 124 **B4**

Bajo los grandes arcos del viaducto de Bastille, construido en el s. XIX para el tren elevado, se encuentran hoy los talleres de diversos artistas y artesanos. Unos 40 artesanos -desde diseñadores de moda a vidrieros, chocolateros, zapateros o lutieres- se reparten el **Viaduc des Arts** *(leviaducdesarts.com)*, de 1,5 km, a lo largo de av Daumesnil. Se puede mirar por los escaparates, pero en la mayoría también se puede entrar y comprar, por ejemplo deliciosas mermeladas artesanas en **Confiture Parisienne,** o bonitas joyas en **La Fabrique Nomade,** que da empleo a refugiados.

Música en directo en Bastille

CONCIERTO

Bastille es un lugar estupendo para asistir a un concierto en un ambiente íntimo y recogido. **Les**

Disquaires (PLANO: 6 P. 124 **B3**; *lesdisquaires.com*) es un café-concierto con un programa ecléctico centrado sobre todo en *rock* y pop, aunque los fines de semana se convierte en discoteca (hasta las 5.00). Los viernes, las noches de samba del **Café de la Plage** (PLANO: 7 P. 124 **C3**; *lecafedelaplage-paris.com*), que también ofrece clases para aprender a bailar el *forró*, son una maravilla. Por su parte, el **Café de la Danse** (PLANO: 8 P. 124 **B3**; *cafedeladanse.com*) tiene 500 localidades para asistir a espectáculos de todo el mundo. La noche del martes es noche de *jazz* en **Le POPUP du Label** *(popup .paris),* que el resto de la semana presenta a todo tipo de artistas emergentes, igual que **Supersonic** *(supersonic-club.fr),* otra plataforma para los jóvenes talentos, con espectáculos a diario, en muchos casos con entrada gratis.

Día de mercado en el Marché d'Aligre

MERCADO

PLANO: 9 P. 124 **C4**

De los más de 70 mercados de alimentación al aire libre que hay en la ciudad, el animado **Marché d'Aligre** es, sin duda, uno de los mejores. Se creó en 1843 y posteriormente adoptó el nombre de Étienne François d'Aligre, vecino del lugar y primer presidente del Parlamento de París. Se divide en tres secciones: el **Halle Beauvau** es un espacio cubierto con puestos permanentes de queso, vino, aceitunas y otros productos. Por su parte, el **mercado al aire libre,** que ocupa rue d'Aligre, cuenta con decenas de puestos de carne y pescado, fruta fresca, verduras y flores, y a primera hora se llena de gente que viene a hacer la compra. Por último, hay un estupendo **rastro** que nació con un edicto real que permitía que cualquiera vendiera lo que quisiera en place d'Aligre. Pero Aligre es una comunidad que va más allá del mercado, con muchas tiendas de larga tradición que se han resistido al aburguesamiento. El barrio cuenta incluso con su propia emisora de radio, Aligre FM.

FÊTE DE LA MUSIQUE

El 21 de junio, el día más largo del año, se celebra en París la Fête de la Musique, animada fiesta creada en 1982 por el Gobierno francés para fomentar la música *amateur* en la que las calles se llenan de día y de noche con todo tipo de sonidos imaginables, de grandes músicos y eventos hasta en el Louvre, aunque el mejor modo de disfrutar del festival es pasear a pie por barrios como Bastille e ir encontrándose con conciertos al azar.

Una lección sobre colonialismo e inmigración en el Palais de la Porte Dorée MUSEO

PLANO: 10 P. 124 **F7**

El **Palais de la Porte Dorée** (Palacio de la Puerta Dorada) es un grandioso edificio *art déco* algo infravalorado a las afueras de París. Se construyó para la Exposición Colonial de 1931, un oscuro capítulo en la historia de Francia, en una época en que se perpetuaban los estereotipos racistas con la celebración del Imperio francés. Aun así, el edificio tiene un gran interés arquitectónico, con sus enormes columnas, sus grandes murales y sus espléndidos mosaicos. Desde 2007 alberga el **Musée de l'Histoire de l'Immigration** *(histoire-immigration.fr; adultos/niños 12 €/gratis),* fascinante museo sobre la historia de la inmigración en Francia, un tema no siempre fácil al que no se suele dar demasiado espacio, aunque con el auge de la extrema derecha hoy es más relevante que nunca. El palacio también contiene el **Aquarium Tropical** *(entrada combinada con el museo 15 €),* con 400 especies de animales, entre ellos pequeños cocodrilos, caballitos de mar y rayas. Si las piernas piden una pausa, se puede visitar el café-terraza.

Por las rosaledas y viñedos del Parc de Bercy PARQUE

PLANO: 11 P. 124 **C8**

Posiblemente el parque más infravalorado de París sea el **Parc de Bercy,** con una curiosa mezcla de estilos. En la zona oeste hay grandes extensiones verdes estupendas para un pícnic. En el centro, el **Jardin Yitzhak Rabin** incluye un bonito jardín de rosas, y entre numerosos recovecos íntimos está la **Maison du Jardinage,** una casa llena de plantas donde aprender de los expertos en jardinería, y la recién inaugurada **Maison de l'Animal,** espacio dedicado a la biodiversidad urbana. Hacia el este, cruzando unos puentes peatonales, se encuentra el **jardín romántico,** con sus estanques llenos de peces.

La historia del parque está relacionada con el vino: durante el s. XIX albergó enormes bodegas, cuando París era la principal referencia en el comercio mundial del vino. Esta tradición, que data de la Edad Media, se mantuvo hasta la década de 1950, cuando empezó a preferirse el embotellado en los viñedos. Actualmente quedan 400 vides en el parque, y aún se vendimia. Las vías del tren que se usaba para el transporte del vino siguen ahí.

Subirse al tiovivo en el Musée des Arts Forains MUSEO

PLANO: 12 P. 124 **D8**

En el interior de los antiguos almacenes del vino de Bercy se encuentra el **Musée des Arts Forains** *(arts-forains.com; adultos/niños 18/12 €),* entretenido espacio de 11400 m² dedicado a las atracciones de feria de todo el mundo. Las visitas guiadas de 1½ h, que hay que reservar con antelación, atraviesan salas llenas de cantantes de ópera mecánicos, espejos distorsionadores y un tiovivo a pedales. Las piezas, en su mayoría de finales del s. XIX y principios del s. XX, proceden de la colección privada de Jean-Paul Favant, actor y marchante de antigüedades. Las visitas son en francés (en verano también en inglés), y los grupos grandes pueden solicitar una visita privada. Aun así, no hace falta entender el idioma para disfrutar de la experiencia visual. En diciembre, el museo acoge el **Festival du Merveilleux,** con 10 días de danza, ópera e hipnosis, entre otras cosas.

Un chapuzón en el Sena

NATACIÓN

PLANO: 13 P. 124 C8

En 1900, durante los primeros Juegos Olímpicos de París, se celebraron competiciones de natación en el Sena. Tras décadas de industrialización, la contaminación alcanzó su máximo en la década de 1970. Tras una operación de limpieza profunda, que ha incluido la construcción de plantas de tratamiento del agua y de depósitos de agua de lluvia, en los Juegos de 2024 se pudo nadar de nuevo en el río. Y desde el verano de 2025 también lo puede hacer el público general, por ejemplo en la **zona de baño de Bercy,** junto al puente peatonal Simone de Beauvoir, con socorristas, boyas, duchas y taquillas.

Todo sobre el cine en la Cinémathèque Française

MUSEO

PLANO: 14 P. 124 C8

En Francia tienen pasión por el séptimo arte, y muchos directores franceses han dejado una huella indeleble en la historia del cine: Agnès Varda, Jean-Luc Godard, Jacques Audiard, Alice Guy... En París hay más de 70 cines, muchos de ellos independientes, con casi 400 pantallas –más que cualquier otra ciudad–, por lo que no es de extrañar que haya todo un complejo dedicado a la cultura

LOS PECES DEL SENA

Hace miles de años, y hasta la Edad Media, el Sena, que tiene más de 14 000 años de vida, estaba lleno de anguilas y salmones. Pero hacia 1970 solo quedaban tres especies de peces en los 777 km del río, que atraviesa el norte de Francia y cruza la capital, puesto que la industrialización y la contaminación diezmaron la biodiversidad. No obstante, tras décadas de esfuerzos por limpiar el agua, la cosa ha mejorado: hoy hay casi 40 especies registradas oficialmente, y van en aumento.

GROUND CONTROL

En lo que era un centro de distribución de correo está hoy **Ground Control** (PLANO: 17 P. 124 **C6**) *(groundcontrolparis.com)*, un enorme centro cultural y de eventos de 6000 m². No es un lugar con un encanto a la antigua, pero sí animado, con murales de vivos colores y una decoración que recuerda una estación de tren. Su agenda de eventos incluye clases de baile y de yoga, retransmisión de partidos, sesiones de DJ e incluso un taller de concienciación agrícola gestionado por una asociación sin ánimo de lucro (de las muchas que tienen aquí su sede). Es un lugar estupendo para beber o picar algo de uno de sus puestos, especialmente en verano, en la gran terraza.

del cine. En el Parc de Bercy, la **Cinémathèque Française** –fundada en 1936 y trasladada aquí en 2005– ofrece un completo programa de cine internacional, con proyecciones en ocasiones presentadas por expertos o por los propios directores, así como debates y talleres. El **museo** *(cinematheque.fr; adultos/niños 10/5 €)*, inaugurado en 2021, ocupa 800 m². Cuenta el nacimiento de la cinematografía, en 1895, y ofrece un interesante viaje por décadas de cine, mostrando la antigua maquinaria y la tecnología asociada de un modo accesible tanto para grandes cinéfilos como para niños.

Vida de pueblo en la rue St-Blaise

CALLE

Si se quiere escapar del bullicio urbano por un rato, **rue St-Blaise** es la solución, con sus adoquines, sus viejas farolas, sus tranquilos cafés-terraza y sus pintorescas iglesias, todo más propio de un pueblecito de la Provenza. Eso es porque Charonne, el barrio que la rodea, fue un municipio independiente –donde se fabricaban cuero, cerillas, velas y sombreros– hasta que Napoleón III lo unió a la capital. Hoy en día, la zona peatonal al oeste de rue Vitruve es ideal para pasar unas horas viendo gente desde una de sus terrazas, como la de **Les Rêveuses** (PLANO: 15 P. 124 **F2**), disfrutando de un *café allongé*. Por la calle se verán talleres de artistas, desde ceramistas a talladores. Y al noroeste se abre una panorámica de postal de la **Église St-Germain de Charonne** (PLANO: 16 P. 124 **F2**), que data al menos del s. XII, donde se grabó una escena de la película de culto francesa *Les Tontons Flingueurs* (1963).

SUGERENCIAS

Lo mejor para...

€ Económico €€ Medio €€€ Alto

Localizaciones en el plano de la **p. 124**

Comer

Panaderías en Bastille

Boulangerie MieMie €
18 B2
Entre sus delicias se cuentan unos hojaldres de crema ligeros como el aire y un megadulce "antidesperdicios" hecho con restos de cruasanes. *8.00-20.00 ma-sa, 8.00-13.00 do*

Boulangerie Manobaké €
19 E2
Una estrella emergente en el sector de las panaderías, con un bonito interior de mosaico y deliciosos bollos de canela, tartas de manzana y pastel de zanahoria. *Horario variable*

VG Pâtisserie €
20 C2
Deliciosos cruasanes veganos y *pains au chocolat* para los que usan un trigo ecológico cultivado a 80 km de París. También hay opciones sin gluten. *13.00-19.00 ma, 9.00-19.00 mi-sa, 9.00-18.00 do*

Pépite €
21 E3
Los *TikTokers* acuden atraídos por sus cruasanes de sésamo negro, pero el resto de la oferta es igual de deliciosa. *7.00-20.00 ma-do*

Restaurantes en Bastille

Café de l'Industrie €
22 A2
Cabezas de rinoceronte falsas, flamencos de plástico y retratos de estrellas del cine decoran este divertido bistró retro con platos clásicos a un precio asequible. *8.30-2.00*

Chez Aline €
23 C2
Antigua carnicería con buenas opciones para almorzar en la pizarra, desde *baguettes jambon beurre* a *oeufs mimosa* (huevos rellenos). *11.30-15.30 lu-vi*

Amarante €€
24 A4
El paraíso de los carnívoros, con platos de cerdo y ternera, así como clásicos de bistró. Un lugar sobrio, pero con un servicio impecable. *12.30-13.30 y 19.30-21.30 ju-ma*

Aux Bons Crus €€
25 C2
Local al estilo de un *relais routier* (restaurante de camioneros), con manteles a cuadros rojos; para *gourmets*. *12.00-14.30 y 19.30-22.30*

Beber

Cócteles y cerveza artesana

Bar des Ferrailleurs
26 B3
Bar con un ambiente acogedor y cócteles creativos, en la animada rue de la Lappe. *18.00-2.00, desde 17.00 en verano*

Les Cuves de Fauve
27 C3
Uno de los mejores lugares de la ciudad para beber cerveza artesana, desde *IPAs* a *stouts*, elaboradas allí mismo; hay 16 variedades de grifo. *Horario variable*

Septime La Cave
28 C3
Este bar-vinatería es el hermano pequeño del

famoso restaurante, y está especializado en vino natural, con tapas para acompañar. *16.00-23.00*

Le Baron Rouge

29 B4

Para pasar una velada estupenda junto a las barricas, tomando queso, embutidos, pan y vino. *Horario variable*

Cafeterías

Le Sedaine Bar

30 B2

Este bar de barrio, gestionado por una pareja anciana, tiene el encanto de lo tradicional. El marido, Marc, hace un *cappuccino* estupendo. *6.30-20.00 lu-sa*

Mokochaya

31 C4

Probablemente sea el café de moda de París, un original espacio con influencias japonesas donde se puede beber algo caliente y probar sus famosas galletitas. *8.30-18.00 ma-vi, 11.00-15.30 sa*

La Tropicale Glacier

32 B4

Local diáfano conocido sobre todo por sus helados de sabores originales, aunque también sirve todo tipo de cafés. *10.00-18.00 ma-vi, 10.00-19.00 sa y do*

Klover Coffee Showroom

33 D1

Espacio minimalista conocido por los fanáticos del café. El dueño, coreano, tuesta sus propios granos. *Horario variable*

Comprar

Productos 'gourmet'

Le Parti du Thé

34 D3

Magnífica tienda de tés con más de dos décadas de historia. Trabaja directamente con pequeños productores de todo el mundo. *Horario variable*

Ursa Major Chocolats

35 C1

Exquisita bombonería gestionada por tres hermanas. Sus bombones son de inspiración "planetaria". *10.00-13.30 y 14.30-19.30 ma-vi, 10.00-19.30 sa*

Graineterie du Marché

36 C4

Esta tienda única vende todo tipo de semillas, hierbas y especias cerca del Marché d'Aligre, y posiblemente sea una de las pocas de este tipo que quedan en París. *Horario variable*

L'Auguste Cave

37 F4

Bodega con una excelente oferta en vinos naturales. Dan buenos consejos si no se tiene claro qué escoger. *Horario variable*

Piezas únicas

Plastic Soul Records

38 B3

Es la tienda de discos más antigua de París, en av. Ledru-Rollin, y quizá la que tiene más encanto, con un personal experto que puede hacer recomendaciones. *Horario variable*

Chapellerie De Punta en Blanco

39 F2

Sombrerería con una amplia oferta de piezas hechas a mano, sobre todo sombreros panamá. *12.00-19.00 ma-sa*

Un Jour, une Vieillerie

40 E5

Objetos de colección a montones para los nostálgicos, procedentes de Francia y de antiguas tiendas de EE UU, cerca de Nation. *12.30-18.30 mi-sa*

Tucked Friperie

41 F8

Tienda de beneficencia cuya misión es hacer accesible el lujo. Tiene una cuidada selección de ropa de moda y prendas únicas. *13.00-20.00 mi-do*

★ MERECE LA PENA

Bois de Vincennes

El magnífico Bois de Vincennes es uno de los dos “pulmones verdes” de la capital, con el Bois de Boulogne. Los parisinos acuden a este bosque de 995 Ha para respirar aire puro, pero también por el montón de cosas que se pueden ver y hacer, desde el hipódromo a sus senderos en plena naturaleza.

CONSEJO
La cobertura de móvil no siempre es buena. Habrá que tenerlo en cuenta si se queda con amigos: mejor descargarse un mapa en el teléfono. El bosque es tan enorme que quizá valga la pena recorrerlo en bici: hay estaciones de Vélib' por los alrededores.

Escanea este QR para consultar horarios e información.

Remando en los lagos

Alquilar un bote de remos en un día de sol es un clásico, sea en el **Lac Daumesnil** *(foto; 15 €/h)* o en el extremo norte del **Lac des Minimes** *(12 €/h)*. Cada bote tiene capacidad para cuatro. A las islas en el centro del lago, Île de Reuilly e Île de Bercy, se puede acceder por un puente. No hay que perderse el Templo Romántico, de inspiración griega, ni la gruta con las cascadas. Justo al sur está el **templo budista Kagyu-Dzong** y la **Gran Pagoda,** abierta los fines de semana.

Diversión en el parque floral

Las 28 Ha del **Parc Floral de Paris,** inaugurado en 1969, están llenas de plantas, desde jardines de bonsáis a invernaderos tropicales *(adultos/niños 2,70/1,55 €)*, y hay actividades para toda la familia: un minigolf de 18 hoyos, tirolinas, un juego de escapismo, un teatro infantil y un mariposario.

Château de Vincennes

El Château de Vincennes, hacia el norte, nació en el s. XII como refugio de caza antes de convertirse en fortaleza, residencia real y prisión. Ver el patio es gratis, pero hay que pagar una **entrada** *(adultos/niños 13 €/gratis)* para pasar a la mazmorra, una de las más altas de Europa, y a la Sainte-Chapelle, una versión en pequeño de su homónima en el centro de París.

PETR KOVALENKOV/SHUTTERSTOCK

El zoológico de París

El **Parc Zoologique de Paris** *(parczoologiquedeparis.fr; adultos/niños 22/17 €)* es de lo más divertido. Está dividido en zonas geográficas, desde la Patagonia a Madagascar, y cuenta con más de 3000 animales de 250 especies. Se organizan sesiones diarias para dar de comer a los animales, desde jirafas a leones marinos, avestruces y babuinos.

Jardin d'Agronomie Tropicale y École du Breuil

El Jardin d'Agronomie Tropicale, menos conocido, está lleno de una vegetación frondosa y restos de la Exposición Colonial de 1931, entre ellos una estupa camboyana. La École du Breuil, escuela de horticultura, es otro espacio verde delicioso, con un jardín de nenúfares y bancos tallados en troncos de árboles.

UNA PAUSA

En el Jardin d'Agronomie Tropicale hay una *cantine* estupenda. Se puede picar algo junto al Lac des Minimes, en la Confiserie du Lac o el Rosa Bonheur à l'Est; los viernes y sábados por la noche hay música en directo hasta la 1.00.

Sugerencias de lugares para comer, beber y comprar en **p. 155**

Explora
Las islas

Por Alexis Averbuck

Un día los romanos se asentaron en estas dos islas y desde allí fue creciendo la ciudad. La mayor de las islas, la Île de la Cité, alberga la majestuosa Notre Dame, de nuevo resplandeciente tras el devastador incendio de 2019, y la Sainte-Chapelle, una sinfonía de vitrales caleidoscópicos del s. XIII. Se encuentra a unos pasos del Palais de Justice y de las mazmorras usadas durante la Revolución francesa, la Conciergerie. Cruzando el Pont St-Louis llegamos a la Île St-Louis, con encantadoras *boutiques* y embarcaderos al sol. Al caer la noche, desde el Pont Neuf, decorado con bustos de ogros y reyes, se pueden ver los reflejos de las luces en las aguas del Sena.

Cómo desplazarse

A pie
Las islas se recorren fácilmente a pie, y a los embarcaderos se accede por unas escaleras o rampas.

Metro y autobús
La única estación de metro en la Île de la Cité es Cité (línea 4). St-Michel (línea 4 y RER B y C) queda en la orilla izquierda, cerca de Notre Dame, y Pont Marie (línea 7), en la orilla derecha, es la estación más próxima a Île St-Louis. También hay autobuses.

Barco
El Batobus, que permite subir y bajar sin límite, tiene parada junto a Notre Dame, en la orilla izquierda.

★ LO MEJOR

VITRALES
Sainte-Chapelle (p. 150)

CATEDRAL
Notre Dame (p. 144)

MAZMORRAS DE PALACIO
Conciergerie (p. 151)

PARA EL PÍCNIC
Muelles del Sena (p. 154)

RUINAS ANTIGUAS
Crypte Archéologique (p. 147)

Île de la Cité.
NICOELNINO/SHUTTERSTOCK

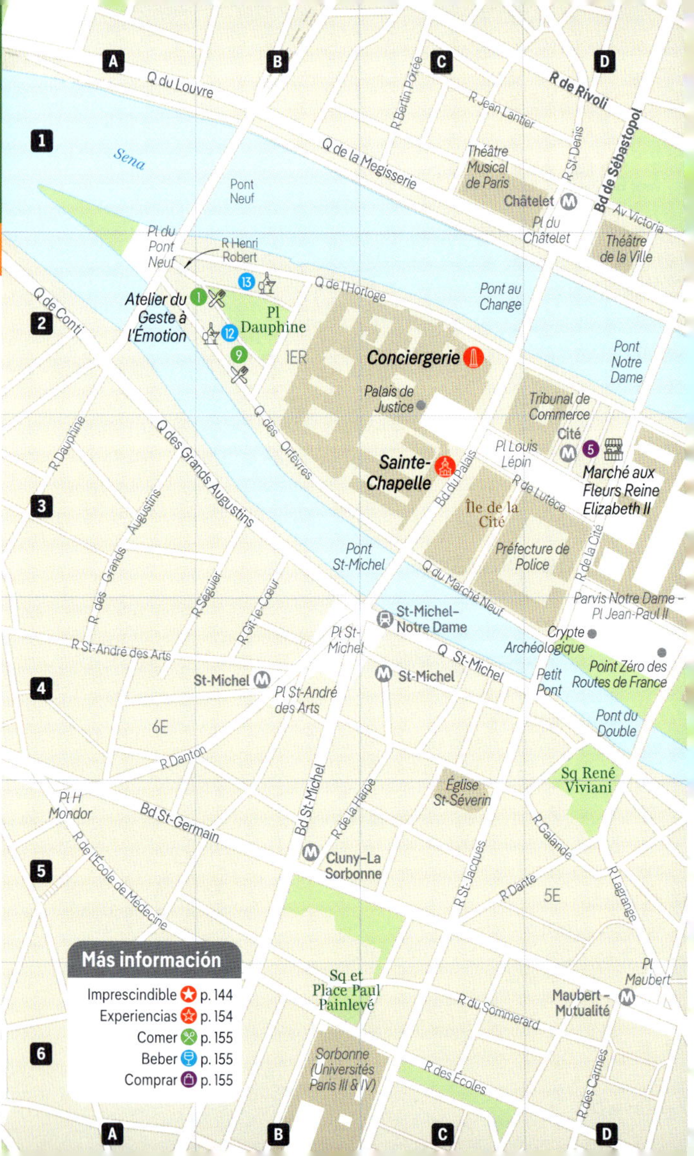
A
B
C
D
1
2
3
4
5
6
Q du Louvre
R Bertin Poirée
R Jean Lantier
R de Rivoli
Sena
Q de la Megisserie
Théâtre Musical de Paris
R St-Denis
Bd de Sébastopol
Pont Neuf
Châtelet
Av Victoria
Pl du Châtelet
Théâtre de la Ville
Pl du Pont Neuf
R Henri Robert
Q de Conti
13
Q de l'Horloge
Pont au Change
Atelier du Geste à l'Émotion
1
Pl Dauphine
12
9
1ER
Conciergerie
Pont Notre Dame
Palais de Justice
Tribunal de Commerce
Cité
R Dauphine
Q des Grands Augustins
Q des Orfèvres
Pl Louis Lépin
5
Sainte-Chapelle
Bd du Palais
R de Lutèce
Marché aux Fleurs Reine Elizabeth II
Île de la Cité
R des Grands Augustins
Pont St-Michel
Préfecture de Police
R de la Cité
R Séguier
R Gît-le-Cœur
Q du Marché Neuf
Parvis Notre Dame – Pl Jean-Paul II
St-Michel–Notre Dame
R St-André des Arts
Pl St-Michel
Crypte Archéologique
Q St-Michel
St-Michel
St-Michel
Pl St-André des Arts
Petit Pont
Point Zéro des Routes de France
6E
Pont du Double
R Danton
Église St-Séverin
Sq René Viviani
Pl H Mondor
Bd St-Germain
Bd St-Michel
R de la Harpe
R Galande
R de l'École de Médecine
Cluny–La Sorbonne
R St-Jacques
R Dante
5E
R Lagrange
Más información
Imprescindible p. 144
Experiencias p. 154
Comer p. 155
Beber p. 155
Comprar p. 155
Sq et Place Paul Painlevé
Pl Maubert
R du Sommerard
Maubert – Mutualité
Sorbonne (Universités Paris III & IV)
R des Écoles
R des Carmes

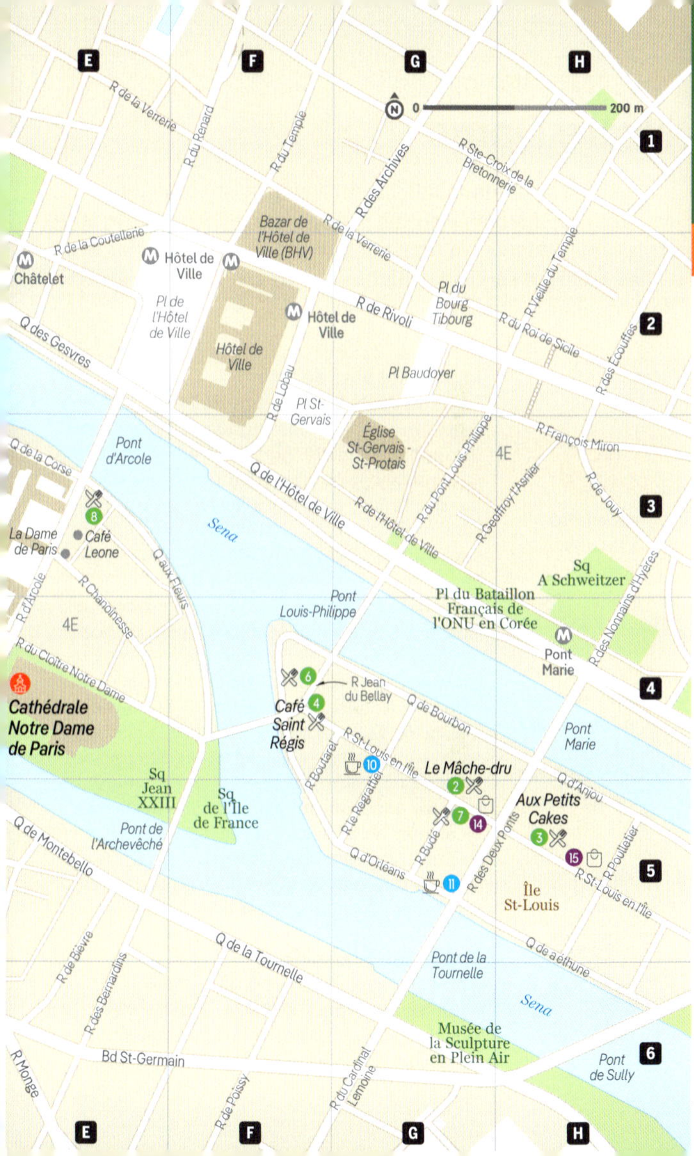
E
F
G
H
0
200 m
1
2
3
4
5
6
R de la Verrerie
R du Renard
R du Temple
R des Archives
R Ste-Croix de la Bretonnerie
Bazar de l'Hôtel de Ville (BHV)
R de la Verrerie
R de la Coutellerie
Châtelet
Hôtel de Ville
Pl de l'Hôtel de Ville
Hôtel de Ville
Hôtel de Ville
R de Rivoli
Pl du Bourg Tibourg
R Vieille du Temple
R du Roi de Sicile
R des Écouffes
Q des Gesvres
Pl Baudoyer
R de Lobau
Pl St-Gervais
Église St-Gervais-St-Protais
R du Pont Louis-Philippe
4E
R François Miron
R de Jouy
R Geoffroy l'Asnier
Pont d'Arcole
Q de la Corse
Q de l'Hôtel de Ville
R de l'Hôtel de Ville
Sena
La Dame de Paris
Café Leone
Q aux Fleurs
R Chanoinesse
R d'Arcole
4E
Pont Louis-Philippe
Pl du Bataillon Français de l'ONU en Corée
Sq A Schweitzer
Pont Marie
R des Nonnains d'Hyères
R du Cloître Notre Dame
Cathédrale Notre Dame de Paris
R Jean du Bellay
Café Saint Régis
Q de Bourbon
Pont Marie
R St-Louis en l'Île
R Boutarel
Le Mâche-dru
Q d'Anjou
R le Regrattier
Aux Petits Cakes
Sq Jean XXIII
Sq de l'Île de France
Pont de l'Archevêché
R Budé
R des Deux Ponts
R Poulletier
Q d'Orléans
R St-Louis en l'Île
Île St-Louis
Q de Montebello
Q de Béthune
Q de la Tournelle
Pont de la Tournelle
Sena
R de Bièvre
R des Bernardins
Musée de la Sculpture en Plein Air
Bd St-Germain
Pont de Sully
R Monge
R de Poissy
R du Cardinal Lemoine
8
6
4
10
2
7
14
3
15
11

★ IMPRESCINDIBLE

Notre Dame

Majestuosa y monumental, la emblemática catedral gótica de París, que ha reabierto sus puertas tras el incendio de 2019, ha recuperado todo su esplendor, desde los campanarios a los vitrales. Ofrece servicios religiosos, pero a la vez es la atracción gratuita más visitada de la ciudad.

PLANO P. 142 **E4**

CONSEJO
Las colas se vuelven más largas a medida que avanza el día: lo mejor es llegar temprano, o el jueves a última hora. Las entradas se reservan por internet o a través de la *app* Notre Dame, entre tres días y 2 h antes de la visita.

Escanea este QR para reservar entradas.

Imponente obra de arte

La **Cathédrale Notre Dame de Paris** tiene una larga historia de reconstrucciones, mucho antes del incendio de 2019. Aquí hubo antes un templo galorromano, y posteriormente otras iglesias. La obra de arte que vemos hoy en día empezó a construirse en 1163 y se culminó a principios del s. XIV. Sufrió graves daños durante la Revolución, lo que llevó a una extensa labor de restauración supervisada por el arquitecto Eugène-Emmanuel Viollet-le-Duc entre 1845 y 1864, época en la que se añadieron muchos de los imponentes arbotantes que rodean el presbiterio. Con el devastador incendio de 2019, esta catedral gótica, considerada el corazón geográfico y espiritual de la ciudad, tuvo que someterse a una enorme restauración, y consiguió reabrir sus puertas en diciembre de 2024. Dado que limpiaron *todo* —incluso los elementos no dañados—, la catedral parece nueva, con piedras de un blanco crema, frescos que parecen recién pintados y vitrales que proyectan reflejos de vivos colores sobre los muros.

Estructura y fachada

Notre Dame es conocida por su exquisito equilibrio, aunque si se observa bien se verá todo tipo de elementos asimétricos introducidos para evitar la monotonía, tal como era habitual en

MISTERVLAD/SHUTTERSTOCK

el gótico. Un ejemplo de ello es la forma algo diferente de los tres portales principales, cuyas estatuas en origen estaban pintadas para hacerlas más efectivas como *Biblia pauperum*, una "Biblia de los pobres" para enseñar a los analfabetos las historias del Antiguo Testamento, la Pasión de Cristo y las vidas de los santos.

Momentos históricos

Notre Dame ha sido escenario de numerosos eventos históricos. Aquí fue coronado Enrique VI de Inglaterra en 1431 como rey de Francia. En 1558 María I de Escocia se casó con el delfín Francisco (más tarde Francisco II de Francia). En el original matrimonio de 1600 entre María de Médicis y Enrique de Navarra, él, que era protestante, no pudo entrar en la iglesia, por lo que se quedó fuera. En 1804 Napoleón fue

UNA PAUSA

A unos minutos de la catedral se encontrarán unos cuantos locales, entre ellos Les Deux Colombes (p. 155; platos consistentes), el **Café Leone** (*pizza* y pasta) o **La Dame de Paris** (sándwiches y pastas de primera).

MÚSICA EN LA CATEDRAL
La música y Notre Dame van de la mano. Se puede asistir a un recital gregoriano dominical, a una misa polifónica o a un recital de órgano. O comprar una entrada para uno de sus **conciertos nocturnos** *(musique-sacree-notredamedeparis.fr)*.

coronado por el papa Pío VII. Y Juana de Arco fue beatificada en 1909 y canonizada en 1920.

Las torres

Para entrar en las **Tours de Notre Dame** *(tours-notre-dame-de-paris.fr),* los campanarios de la catedral, siempre hay cola. Los 422 escalones de la **Torre Sur** (foto abajo; la de la derecha según se mira la catedral de frente) llevan a 69 m de altura, pasando por una sala con una exposición sobre la historia de la catedral y la **Galerie des Chimères,** donde se pueden ver de cerca las muecas de las gárgolas, que desaguan la lluvia del tejado para evitar daños, haciéndola salir por sus bocas abiertas (ahuyentando también a los malos espíritus). Aunque pueden parecer medievales, las instaló Viollet-le-Duc en el s. XIX.

La escalera también lleva hasta Emmanuel, la campana mayor original, de 13 t (todas las

JEROME LABOUYRIE/SHUTTERSTOCK

campanas de la catedral tienen nombre propio). La noche del 24 de agosto de 1944, cuando las tropas aliadas y la Resistencia recuperaron la Île de la Cité, el tañido de Emmanuel anunció la liberación de París. Se dice que la pureza del sonido de Emmanuel se debe a los metales preciosos que arrojaron las mujeres de París cuando se forjó, con cobre y bronce, en 1631.

Desde lo alto hay unas vistas espectaculares de París. También se podrá acceder a la terraza entre ambas torres, desde donde se puede ver el tejado y el chapitel. Se acepta un máximo de 1000 visitantes al día, así que habrá que reservar la entrada, que tiene hora asignada.

Rosetones y órgano

Una vez dentro, se verán los tres imponentes rosetones (foto en p. 149) que proyectan sus colores sobre la enorme nave, de 127 m de longitud y 48 m de anchura. El rosetón del lado sur es el mayor, con 13 m de anchura, y representa el Juicio Final. El del lado norte del transepto prácticamente no ha cambiado desde el s. XIII. En la fachada oeste se abre otro de 10 m de anchura, con la Virgen María en el centro, sobre el órgano.

El órgano es uno de los más grandes del mundo, con 8000 tubos (900 de los cuales están catalogados), 115 registros, cinco teclados de 56 teclas y un pedalero de 32 pedales.

Hay cierta polémica sobre la sustitución de algunos de los vitrales de las capillas sur de Notre Dame, encargada a la artista francesa Claire Tabouret. Deberían instalarse en 2026, y los originales, creados por Viollet-le-Duc, se expondrán en un museo.

Sillería del coro y obras de arte

No hay que perderse la imponente sillería del coro, con sus sitiales en madera tallada y sus estatuas

ANTIGUAS RUINAS SUBTERRÁNEAS

Bajo la plaza frente a Notre Dame se encuentra la fascinante **Crypte Archéologique,** una cavidad de 117 m de longitud y 28 m de anchura que presenta unas ruinas galorromanas del s. IV y otras muestras de la historia de la Île de la Cité. Unas simulaciones por ordenador muestran cómo era el lugar en tiempos de los romanos, con sus termas y otras piezas del pasado.

SALVADA POR EL JOROBADO
Durante la Revolución francesa, Notre Dame sufrió muchos daños y acabó destinada a la demolición. Pero su salvación llegó con la gran popularidad de la novela de Victor Hugo *El jorobado de Notre Dame,* en 1831, que provocó una petición popular para salvarla. Gran parte de la acción -como cuando Quasimodo se descuelga por la cuerda de una campana para salvar a Esmeralda de las mazmorras- se desarrolla aquí.

que representan la Pasión de Cristo. El exterior está decorado con escenas de los Evangelios.

También se verán 13 impresionantes pinturas, conocidas como **Mayos**, en las capillas de la nave -de 1630 a 1707, los orfebres de la ciudad entregaron 76 de ellos como ofrenda-, y una colección de **tapices** y pinturas modernas, entre ellas un Matisse, actualmente en el lugar que ocupará una nueva colección de tapices aún en preparación.

Gran parte de las obras de arte (pinturas, esculturas o frescos) tienen explicaciones en francés, inglés y español.

El tesoro

Vale la pena pagar la entrada al *trésor (adultos/ niños 12/6 €)*, que presenta las joyas sagradas y las reliquias de Notre Dame en el transepto sureste de la catedral. Destacan los magníficos **Camées des Papes** (camafeos papales), esculpidos con un detalle increíble en conchas marinas y enmarcados en plata. Las 268 miniaturas representan a todos los papas, desde san Pedro a Benedicto XVI.

Corona de espinas

La **Ste-Couronne** (Santa Corona), corona de espinas que se supone que llevó Jesús antes de la crucifixión, fue un regalo que le hizo a Notre Dame en 1239 el rey San Luis, que la adquirió del emperador de Constantinopla. Durante la restauración tras el incendio se hizo un enorme relicario de oro en la capilla axial, donde se conserva la corona, un fragmento de la cruz y un clavo de la crucifixión. Se puede ver de 15.00 a 17.00 el primer viernes del mes y los viernes de Cuaresma, así como el Viernes Santo, de las 10.00 a las 17.00.

AMITH NAG/SHUTTERSTOCK

La reconstrucción de Notre Dame

La tarde del 15 de abril de 2019 se declaró un incendio bajo el tejado de la catedral. Los bomberos consiguieron controlar el fuego y salvar la iglesia, pero los daños fueron catastróficos. En la restauración participaron 1000 artistas y artesanos, y no solo se repararon los elementos dañados por el fuego, sino que se limpió y se restauró todo —el órgano, 3000 m^2 de vitrales, pinturas, esculturas de cobre—, recuperando el esplendor de la época de Viollet-le-Duc. Hasta las vigas de roble (obtenidas de más de 2000 árboles) se cortaron a mano, con hachas tradicionales. El coste total fue de unos 900 millones de euros (recaudados de donaciones).

EL CENTRO DE FRANCIA

Notre Dame siempre ha sido considerada el centro de París. De hecho, las distancias de París al resto del país se miden desde una estrella de bronce incrustada en la plaza frente a la catedral.

★ IMPRESCINDIBLE

Sainte-Chapelle

Nada resplandece como esta joya oculta en el edificio original del Palais de Justice, del s. XIII, y el Palais de la Cité, antigua residencia real. Los mejores vitrales de París proyectan sus brillos de color en el sublime interior gótico de la capilla, especialmente en días de sol.

PLANO P. 142 **C3**

CONSEJO
Las entradas deben reservarse para una hora determinada. Se ofrecen también conciertos de música clásica por la tarde (entradas en fnac.com), y hay descuentos los miércoles de abril a septiembre.

Escanea este QR para consultar horarios y reservar.

Ste-Couronne

La Sainte-Chapelle se construyó en solo seis años y se consagró en 1248. Fue idea del rey Luis IX, que la quería para guardar su colección de reliquias sagradas, entre ellas la famosa **corona de espinas,** que adquirió en 1239 del emperador de Constantinopla por una suma sin duda superior a lo que costó construir la capilla.

Se entra por la cámara inferior de la capilla y se sube por una escalera de caracol con la indicación "Chapelle Haute", la espléndida capilla superior donde rezaba la realeza. La cámara baja, de techos bajos, sirve de apoyo para la delicada estructura superior, haciendo posible esa profusión de ventanales aparentemente imposible.

"Leer" los ventanales

Los 15 altos ventanales -de 15 m de altura en la nave y 13 m en el ábside- y el monumental rosetón, de 9 m de anchura, representan 1113 escenas bíblicas, desde el Génesis a la llegada de la corona de espinas a París. Deberían leerse de izquierda a derecha y de arriba abajo. La *app* Vitraux Sainte-Chapelle explica las escenas con todo detalle, pero también hay visitas guiadas de 1 h en cinco idiomas (habrá que comprar una entrada para media hora antes) y otros recorridos específicos, además de audioguías (3 €).

★ IMPRESCINDIBLE

Conciergerie

La Conciergerie, una torreta a orillas del Sena, es un vestigio del Palais de la Cité, la residencia de la realeza francesa en la Edad Media. Más tarde se convirtió en prisión y última morada de María Antonieta y otros miles de personas.

PLANO P. 142 **C2**

A la espera de la guillotina

Durante el período del Terror (1793-1794), los enemigos de la Revolución eran encarcelados aquí a la espera de pasar por el Tribunal Revolucionario, en el **Palais de Justice** (que aún funciona como palacio de justicia; la entrada es gratis).

Mientras se recorren sus pasillos y celdas, hay que recordar que de los casi 2800 prisioneros que dieron con sus huesos en las mazmorras de la Conciergerie (en varias "clases" de celdas, nada menos) antes de ser enviados a la guillotina, la gran estrella fue la reina María Antonieta (aún se pueden ver sus efectos personales, como una camisola y una cruz). Cuando la Revolución dio un giro, los radicales Danton y Robespierre también acabaron encerrados en la Conciergerie, y al final hasta los jueces del propio tribunal.

A la caza del tesoro

Se puede alquilar un HistoPad (tableta-guía, 5 €) para explorar el lugar con realidad aumentada y tomar parte en una caza del tesoro interactiva en 3D. Y al llegar conviene preguntar, porque a veces hay visitas guiadas gratuitas a las 11.00 y a las 15.00.

También hay exposiciones temporales (sobre temas como la historia culinaria de París, la literatura de viajes o la publicidad) en la bonita **Salle des Gens d'Armes,** la mayor sala medieval que sobrevive en Europa, de estilo gótico radiante.

CONSEJO

Se puede comprar un *billet jumelé* (entrada combinada) en internet para ver la Conciergerie y la Sainte-Chapelle. Las colas para el control de seguridad son más largas en la Chapelle, así que conviene empezar por ahí.

Escanea este QR para consultar horarios y datos prácticos y comprar entradas.

CIRCUITO A PIE

Recorrido por las islas

El corazón geográfico, histórico y espiritual de París está aquí, en el Sena. En la mayor de las dos islas, Île de la Cité, está Notre Dame. Este recorrido huye del ajetreo de las grandes atracciones para explorar un lado inesperado de las islas.

INICIO	FINAL	DISTANCIA
Pont Neuf	Hôtel Lambert	2 km; 2 h

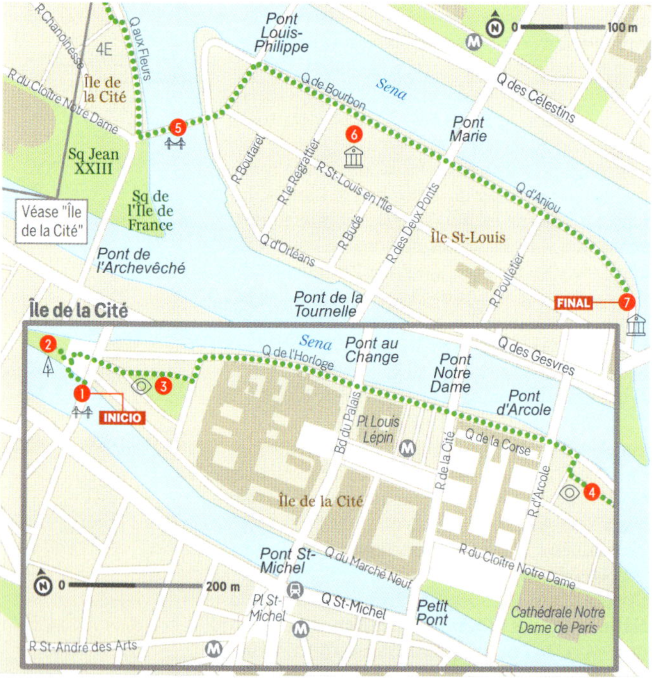

1 **El puente más antiguo**

Pont Neuf, el puente más antiguo de la ciudad, da acceso a la Île de la Cité. Se inauguró en 1607, cuando el rey Enrique IV lo cruzó sobre un caballo blanco, ocasión que conmemora una estatua ecuestre del rey, conocida como **Vert Galant.** No hay que pasar por alto los *mascarons*, unos rostros grotescos que decoran los siete arcos del puente.

2 **Junto al agua**

Bajando las escaleras se llega a la **place du Vert-Galant,** en la punta de la isla, como la proa de un barco. Es un buen lugar para respirar aire fresco, con unas vistas estupendas, en el lugar donde iban a pescar Ernest Hemingway y sus colegas.

3 **Una plaza oculta**

Luego llegaremos a la **place Dauphine,** construida en lo que era una marisma. Esta plaza sin tráfico es una de las más bonitas de París, escondida y flanqueada por elegantes edificios. Con suerte quizá se asista a una animada partida de petanca bajo los árboles.

4 **Bastiones romanos**

De allí iremos a la encantadora **rue des Ursins,** que fue el primer embarcadero de París, donde veremos los restos de los bastiones romanos (en el cruce con rue de Colombe), para luego pasar al pequeño parque con una fuente en forma de cabeza de león. La mansión en el 1 de rue de Ursins parece medieval, pero en realidad fue construida por el arquitecto Fernand Pouillon en 1958.

5 **Música en la calle**

Pont St-Louis es el puente que une ambas islas. (La Île St-Louis toma su nombre del único rey francés canonizado, Luis IX). Es fácil encontrar a algún músico callejero que ponga música de *jazz* a la escena, mientras admiramos la ciudad.

6 **Mansiones famosas**

Quizá se quiera buscar un rincón a la sombra en un embarcadero, o sumergirse en la historia y contemplar las casas del **quai de Bourbon,** leyendo las placas que explican dónde vivieron sus residentes más famosos: en el nº 19 tenía su estudio la artista Camille Claudel; y en el 29 de quai d'Anjou Ford Madox Ford fundó la influyente *Transatlantic Review* en 1924, con John Quinn, James Joyce y Ezra Pound.

7 **La conexión versallesca**

La ruta por los *hôtels particuliers* (mansiones) culmina a lo grande en el **Hôtel Lambert** (1 quai d'Anjou), obra de Louis Le Vau, arquitecto de Luis XIV y creador del palacio de Versalles. Actualmente es propiedad del magnate de las telecomunicaciones Xavier Niel, que piensa convertirlo en una fundación cultural. Muy cerca está la Église St-Louis en l'Île, iglesia barroca que ofrece un refugio para la contemplación.

EXPERIENCIAS

Pícnic a la orilla del Sena

PÍCNIC

Seguro que se verá a los parisinos descansando en los muelles, leyendo, disfrutando de la compañía y, por supuesto, de pícnic. Se pueden comprar provisiones en las tiendas de la isla: sándwiches de lujo en el **Atelier du Geste à l'Émotion** (PLANO: 1 P. 142 **B2**) o en **Le Mâche-dru** (PLANO: 2 P. 142 **G5**) y excelentes panes en **Aux Petits Cakes** (PLANO: 3 P. 142 **H5**). En rue St-Louis en l'Île se encontrará *fromage* en **La Ferme Saint-Aubin,** embutidos en **La Boucherie Gardil** y un poco de todo en el pequeño colmado o en la deliciosa **Fleuryan.** Se puede comprar vino en **L'Etiquette.** ¿Y de postre? ¡Chocolate de Hadrien o helado de Berthillon, *bien sûr*!

Pasando las horas en un café

CAFÉS

PLANO: 4 P. 142 **F4**

Cuando los parisinos se relajan, se relajan. El café de la mañana, el almuerzo o la copa antes de la cena pueden alargarse, y las islas de París ofrecen estupendas oportunidades para ello. Para ver pasar a la gente, se puede cruzar el Pont St-Louis hasta la isla homónima. Allí está el **Café Saint Régis** (*lesaintregis-paris.com*). Camareros con largos mandiles blancos, una decoración con azulejos y elementos *vintage* crean el ambiente ideal para tomar algo en cualquier momento del día: una pasta para desayunar, una tortilla ecológica o un *croque monsieur* a media mañana, o algún plato típico parisino -caracoles con ajo, sopa de cebolla, *tartare*- e incluso cócteles por la noche. Justo enfrente está la **Brasserie de l'Îsle Saint-Louis** (*labrasserie-isl.fr*), con un gran patio y estupendas vistas, para tomar un café, una copa de Chablis o un buen plato de *choucroute* con salchichas y jamón, combustible para una noche de diversión.

El olor de las rosas en el Marché aux Fleurs

MERCADO

PLANO: 5 P. 142 **D3**

Cuando se pasee por la Île de la Cité, no hay que perderse el **Marché aux Fleurs Reine Elizabeth II,** en pleno centro de la isla. En este pintoresco mercado cubierto se venden flores desde 1808, lo que lo convierte en el mercado más antiguo de París. Orquídeas, estatuas para el jardín, bolsitas de lavanda... hay de todo. Está en proceso de reforma, por fases, hasta 2028.

SUGERENCIAS

Lo mejor para...

€ Económico €€ Medio €€€ Alto

Localizaciones en el plano de la **p. 142**

Comer

Un día es un día

Poget & De Witte €€
6 F4
¡Ostras! Con un Chablis fresquito o una copa de champán. *11.45-17.00 ma-do*

Le Sergent Recruteur €€€
7 G5
El restaurante con estrella Michelin de la isla, donde los platos son arte y el servicio es impecable. *12.30-14.30 mi-sa, 19.30-22.30 ma-sa*

El encanto de la zona

Les Deux Colombes €€
8 E3
En un rincón tranquilo de la Île de la Cité, con un servicio atento y platos clásicos consistentes. *12.00-15.00 y 17.30-22.00 ma-do*

Restaurant Paul €€
9 B2
El mejor de los encantadores locales de place Dauphine, con un buen menú-almuerzo a precio fijo. *12.00-14.30 y 19.00-22.00*

Beber

Cafeterías

Noir
10 G4
Elegante cafetería con deliciosas pastas en rue St-Louis en l'Île. *8.00-18.00 lu-vi, 9.00-18.00 sa y do*

Minicafé
11 G5
Minúscula cafetería con café, té y *matcha*, acompañados de unas galletas deliciosas. *10.00-19.00 mi-do*

Enotecas y bodegas

Le Bar du Caveau
12 B2
Es la vinatería del restaurante vecino, un lugar encantador para tomarse un vino de las mejores denominaciones francesas acompañado de algún plato ligero. *12.00-22.00*

Napa
13 B2
Bodega siempre atestada de gente, con unas mesas en la place Dauphine, para tomarse un vinito con algo de embutido. Dan estupendos consejos. *10.00-20.00*

Comprar

Tiendas eclécticas

Clair de Rêve
14 G5
Esta juguetería es un viaje al pasado, con marionetas de papel maché, cuero y porcelana colgadas del techo. También venden juguetes a cuerda y cajas de música. *11.00-13.00 y 14.00-19.00 ma-sa*

Librairie Ulysse
15 H5
Está llena hasta los topes de guías de viaje nuevas y de colección, antiguas ediciones de *National Geographic* y mapas. En 1971, cuando la abrió la intrépida Catherine Domaine, fue la primera librería de viajes del mundo. *Horario variable (hay que llamar al timbre)*

Sugerencias de lugares para comer, beber y comprar en **p. 172**

Explora

Por Rooksana Hossenally

Barrio Latino

El Barrio Latino, uno de los barrios más antiguos y con más tradición de París, creció en torno a la Universidad de la Sorbona en la Edad Media, y se convirtió en centro de actividad académica, debate e ideas revolucionarias. Se llama así por el latín que solía usarse en las escuelas medievales, cuna del alma intelectual del barrio. Se extiende por el *5e* y el *6e arrondissements,* entre el Jardin du Luxembourg y el Jardin des Plantes, y alberga el Panthéon, edificio neoclásico donde descansan los restos de algunas de las grandes mentes del país. Ruinas romanas, bares de estudiantes y locales bohemios coexisten con cines de arte y ensayo, museos y grandes atracciones como la Grande Mosquée de Paris.

Cómo desplazarse

Metro y RER

Por el Barrio Latino pasan las líneas de metro 10 (Cluny–La Sorbonne) y 4 (St-Michel), y el RER B (Luxembourg).

Autobús

Subirse a un autobús (como el 38 o el 47) permite disfrutar de las vistas de la ciudad y moverse a un ritmo más tranquilo.

Bicicleta

Es una opción agradable, puesto que cada vez hay más carriles-bici. Para trayectos cortos o para dar un paseo improvisado, se puede alquilar una bici Vélib' en cualquiera de las numerosas estaciones cercanas.

Panorámica del Barrio Latino.
DALIU/SHUTTERSTOCK

★ LO MEJOR

RUINAS ROMANAS
Arènes de Lutèce (p. 166)

JARDÍN
Jardin des Plantes (p. 161)

MONUMENTO
Panthéon (p. 160)

CALLE COMERCIAL
Rue Mouffetard (p. 167)

MUSEO ÍNTIMO
Musée de Cluny (p. 166)

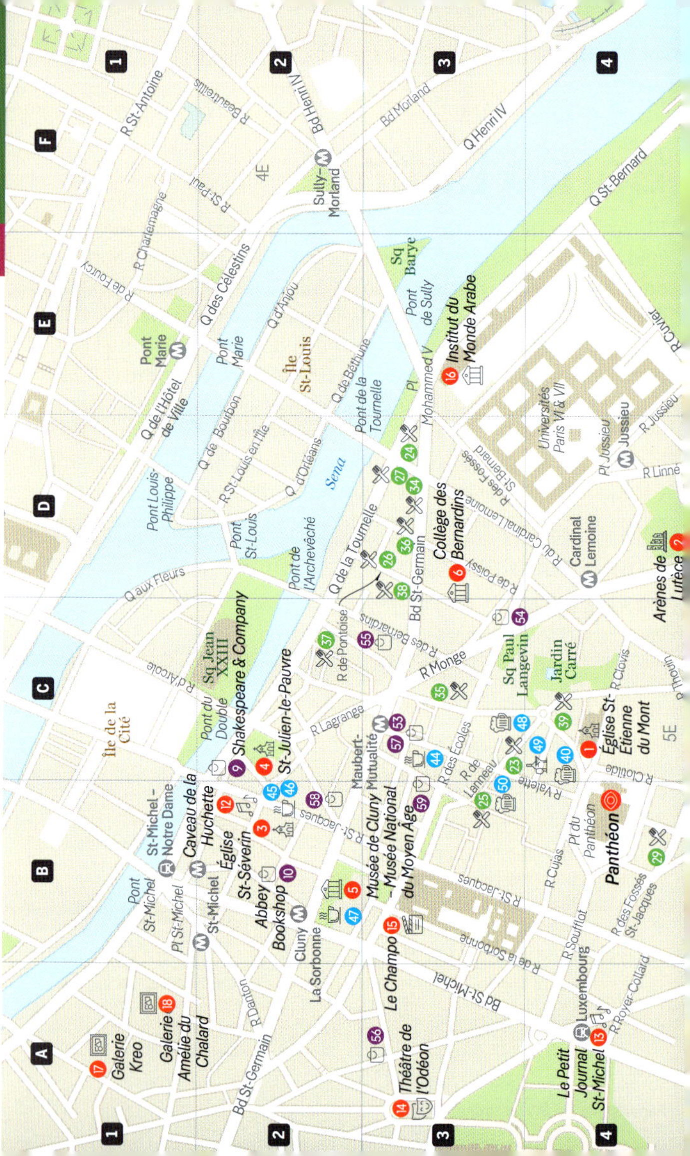
A
B
C
D
E
F
1
2
3
4
17 Galerie Kreo
18 Galerie Amélie du Chalard
14 Théâtre de l'Odéon
56
Bd St-Germain
R Danton
Pl St-Michel
St-Michel
Pont St-Michel
St-Michel - Notre Dame
Caveau de la Huchette
12
Église St-Séverin
3
Abbey Bookshop
10
Cluny La Sorbonne
5
47
Musée de Cluny - Musée National du Moyen Âge
15 Le Champo
Bd St-Michel
R de la Sorbonne
R St-Jacques
R Cujas
Pl du Panthéon
Panthéon
R Soufflot
Luxembourg
Le Petit Journal St-Michel
13
R Royer-Collard
R des Fossés St-Jacques
29
Île de la Cité
Pont du Double
R d'Arcole
Sq Jean XXIII
9 Shakespeare & Company
4 St-Julien-le-Pauvre
45
46
58
R St-Jacques
R Lagrange
Maubert-Mutualité
57
53
44
59
R des Écoles
R de Lanneau
25
50
23
49
R Valette
40
48
39
1 Église St-Étienne du Mont
R Clotilde
5E
R Clovis
Jardin Carré
Sq Paul Langevin
35
R Monge
R Thouin
R de Pontoise
37
55
R des Bernardins
54
Q aux Fleurs
Pont de l'Archevêché
Q de la Tournelle
26
38
36
Bd St-Germain
6 Collège des Bernardins
R de Poissy
R du Cardinal Lemoine
Cardinal Lemoine
Arènes de Lutèce
2
Pont St-Louis
Pont Louis-Philippe
Q d'Orléans
Sena
R St-Louis en l'Île
Q de Bourbon
Q de l'Hôtel de Ville
27
34
24
R des Fossés St-Bernard
Universités Paris VI & VII
Pl Jussieu
Jussieu
R Linné
R Jussieu
R Cuvier
Pont de la Tournelle
Pl Mohammed V
16 Institut du Monde Arabe
Q de Béthune
Île St-Louis
Pont Marie
Q d'Anjou
Pont de Sully
Sq Barye
Q des Célestins
R de Fourcy
R Charlemagne
R St-Paul
4E
Sully-Morland
Bd Henri IV
Bd Morland
Q Henri IV
Q St-Bernard
R Beautreillis
R St-Antoine

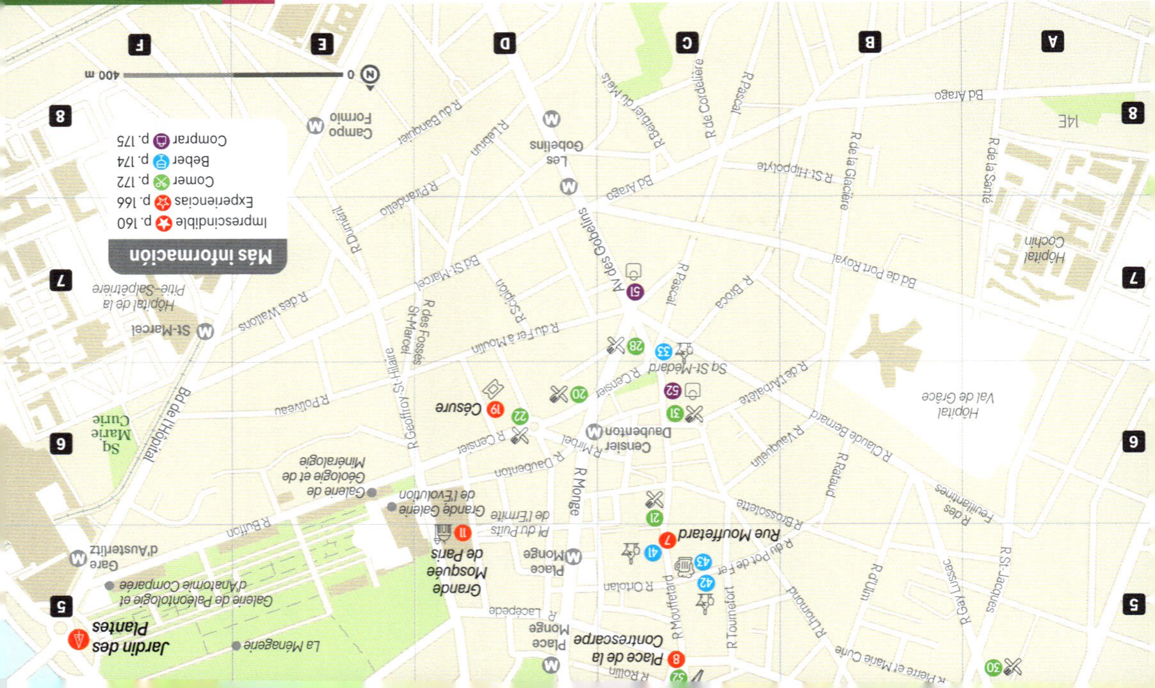
Jardin des Plantes
La Ménagerie
Galerie de Paléontologie et d'Anatomie Comparée
Gare d'Austerlitz
R Buffon
Galerie de Géologie et de Minéralogie
Grande Galerie de l'Évolution
Grande Mosquée de Paris
Pl du Puits de l'Ermite
Place Monge
Monge
R Lacépède
Place de la Contrescarpe
R Rollin
R Mouffetard
Rue Mouffetard
R Ortolan
R Tournefort
R du Pot de Fer
R Lhomond
R Brossolette
R Monge
R Daubenton
R Censier
Censier Daubenton
R Mirbel
Césure
R Geoffroy-St-Hilaire
R Poliveau
Sq Marie Curie
Bd de l'Hôpital
St-Marcel
Hôpital de la Pitié-Salpêtrière
R des Wallons
R Duméril
R des Fossés St-Marcel
Bd St-Marcel
R du Fer à Moulin
R Scipion
Sq St-Médard
R Pascal
R Broca
R de l'Arbalète
R Vauquelin
R Rataud
R Claude Bernard
R d'Ulm
R Pierre et Marie Curie
R Gay Lussac
R des Feuillantines
R St-Jacques
Hôpital Val de Grâce
Bd de Port Royal
R de la Glacière
R St-Hippolyte
R de Cordelière
R Berbier du Mets
Av des Gobelins
Les Gobelins
Bd Arago
R Le Brun
R Pirandello
R du Banquier
Campo Formio
R de la Santé
Hôpital Cochin
14E
Más información
Imprescindible p. 160
Experiencias p. 166
Comer p. 172
Beber p. 174
Comprar p. 175
0
400 m
A
B
C
D
E
F
5
6
7
8
7
30
8
52
42
43
41
7
21
11
31
52
20
22
19
33
28
51

★ IMPRESCINDIBLE

Panthéon

Esta maravilla neoclásica, símbolo del orgullo nacional, fue en su día el edificio más alto de París. Hoy sigue destacando en el perfil urbano, y ofrece unas vistas impresionantes desde la cúpula, a la que se llega subiendo 203 escalones. Por dentro es un mausoleo en recuerdo de personajes ilustres del país.

PLANO P. 158 **B4**

CONSEJO
Es un lugar muy visitado, especialmente en verano (jul y ago), así que conviene reservar en línea con la máxima antelación. No hay servicio de consigna.

Un poco de historia

La construcción del edificio fue encargada por Luis XV hacia 1750. Debía ser una abadía dedicada a santa Genoveva, patrona de París, en agradecimiento por su curación de una enfermedad. Pero no se inauguró hasta 1790, un año después de la Revolución, convertido en templo secular y mausoleo para grandes personajes. No obstante, recuperó su uso religioso en varias ocasiones.

Lugar de reposo de ciudadanos insignes

Marie Curie, ganadora de dos premios Nobel, fue la primera mujer enterrada aquí en reconocimiento por sus logros. En 2018, Simone Veil, superviviente de Auschwitz, icono feminista y activista pro-derechos humanos se convirtió en la quinta. Entre los personajes ilustres aquí enterrados están también Victor Hugo y Voltaire.

El péndulo de Foucault

El péndulo creado por el físico francés Léon Foucault ocupa un lugar destacado. En 1851 fue el primero en demostrar la rotación de la Tierra usando equipo de laboratorio en lugar de observaciones astronómicas, suspendiendo su revolucionario artefacto del techo del Panthéon. El péndulo original se encuentra actualmente en el Musée des Arts et Métiers (p. 116), pero desde 1995 en el Panthéon se puede ver otro en funcionamiento.

Escanea este QR para consultar horarios y reservar.

★ IMPRESCINDIBLE

Jardin des Plantes

Este jardín botánico de 24 Ha es un oasis verde que alberga museos e incluso un puñado de dinosaurios. Se creó como jardín de hierbas medicinales en 1626, pero hoy hay mucho que ver, empezando por las plantas exóticas de sus cuatro elegantes invernaderos.

PLANO P. 158, **F5**

Jardines e invernaderos

Paseando por el **Jardin des Plantes** se observará que, más que un jardín botánico, es un museo vivo, con senderos en torno a árboles centenarios, flores de temporada y jardines temáticos (desde plantas medicinales al plácido Jardín Alpino). Sus enormes invernaderos *art déco* (las *Grandes Serres*) proponen un viaje sensorial a través de la pluviselva tropical y los áridos desiertos. En su interior, la humedad se pega a las verdes hojas, las orquídeas cuelgan como joyas y se respira vida. Los jardines están abiertos todo el año y la entrada es gratuita; para los invernaderos hay que comprar entrada. Se puede llegar pronto para dar un paseo tranquilo o quedarse hasta el atardecer, cuando la luz crea un efecto de cine.

CONSEJO

Para entrar en los museos y en el zoo se requiere entrada. Para disfrutar de la calma de los jardines (gratis) conviene llegar temprano, y mejor aún en primavera (fin mar-med abr), cuando florecen los cerezos.

Dinosaurios y fósiles

El espectáculo es impresionante, con una imponente manada de grandes vertebrados terrestres y acuáticos que pasa ante nuestros ojos. La **Galerie de Paléontologie et d'Anatomie Comparée** (foto en p. 162) propone un viaje a través de 460 millones de años de evolución, con más de 2000 fósiles –entre ellos 316 esqueletos completos– expuestos. Se puede ver un diplodocus de 25 m de longitud, una reproducción del cráneo de un *Tyrannosaurus rex*, un *Cynthiacetus*, el ancestro de la ballena, e incluso un *Sacabambaspis*

Escanea este QR para consultar horarios y datos prácticos.

DELPIXEL/SHUTTERSTOCK

LA MAGIA DE LA MONTAÑA
No hay que perderse el **Jardín Alpino.** Se accede por un túnel (de hecho está a un nivel más bajo) y presenta 2000 especies de plantas de montaña aclimatadas al centro de París.

janvieri, uno de los vertebrados más antiguos que se conocen. En la planta superior hay más de 5000 fósiles antiguos, desde alas de insectos a los pétalos de las primeras flores. Vale la pena dedicarle tiempo, ya que hay mucho que ver.

Galería de la Evolución

No hablan, pero cuentan la historia de la vida. En la **Grande Galerie de l'Évolution,** más de 7000 especímenes trazan la evolución natural. Se inauguró en 1994, en un enorme pabellón del s. XIX diseñado por Jules André, y combina historia y ciencia bajo un luminoso techo de cristal de 1000 m². En la planta baja, los esqueletos de enormes animales marinos –la ballena franca austral, la ballena azul y el cachalote– reciben a los visitantes. Arriba se pueden ver mamíferos terrestres y aves, y amplias galerías que ofrecen vistas del gran "desfile de la vida" de la planta baja. Es una espectacular celebración de la biodiversidad y la evolución en la Tierra.

Gemas y minerales

La **Galerie de Géologie et de Minéralogie** resplandece con una de las colecciones más antiguas y prestigiosas del mundo, en un elegante pabellón neoclásico de 187 m de longitud flanqueado por pórticos. Los visitantes entran a la espectacular sala de "Tesoros de la Tierra", con meteoritos marcianos, cristales colosales, rocas raras y minerales luminosos que revelan la extraordinaria historia de nuestro planeta y del sistema solar. La galería, que lleva el nombre de René Just Haüy, pionero de la mineralogía, es una maravilla tanto científica como visual, donde descubrir que la misma composición química puede crear dos minerales diferentes, dependiendo de la estructura de sus cristales: el carbono, por ejemplo, aparece tanto en forma de mina de lápiz como de diamante.

Zoo del Jardin des Plantes

La Ménagerie, en el Jardin des Plantes, es un lugar tranquilo donde viven 500 animales de 150 especies, muchas de ellas en peligro de extinción. Es uno de los zoos más antiguos del mundo, y tiene sobre todo especies de tamaño pequeño y medio en recintos que recrean diversos hábitats, desde los árboles de los pandas rojos al entorno de montaña al que están acostumbrados los leopardos de las nieves. La dedicación del zoo a la conservación y a la biodiversidad es patente. Su *app*, pensada para niños de 4 a 12 años, permite descubrir 15 especies, entre ellas los pandas rojos y los caballos de Przewalski, a través de divertidos cuestionarios y desafíos.

EN EL LABERINTO

En lo alto de una loma hay un laberinto coronado por una pérgola, construido en 1786. Por debajo se verá un enorme cedro del Líbano clasificado como "árbol notable".

UNA PAUSA

En el jardín hay tres quioscos **Louise** que sirven helado artesanal, crepes y otros tentempiés. Se encontrará menos cola en **Glaces Glazed,** tienda de esta marca de helados de sabores creativos, en la cercana rue Geoffroy-St-Hilaire.

CIRCUITO A PIE

Lo imprescindible del Barrio Latino

Un anfiteatro romano, una calle comercial medieval... En París no hay mejor barrio para viajar en el tiempo que el Barrio Latino. Este breve recorrido da una idea de su increíble historia y pasa por los lugares más destacados. Si se tiene tiempo, estaría bien visitar los museos de camino.

INICIO	FINAL	DISTANCIA
Place St-Michel	Grande Mosquée	4 km; 2-3 h

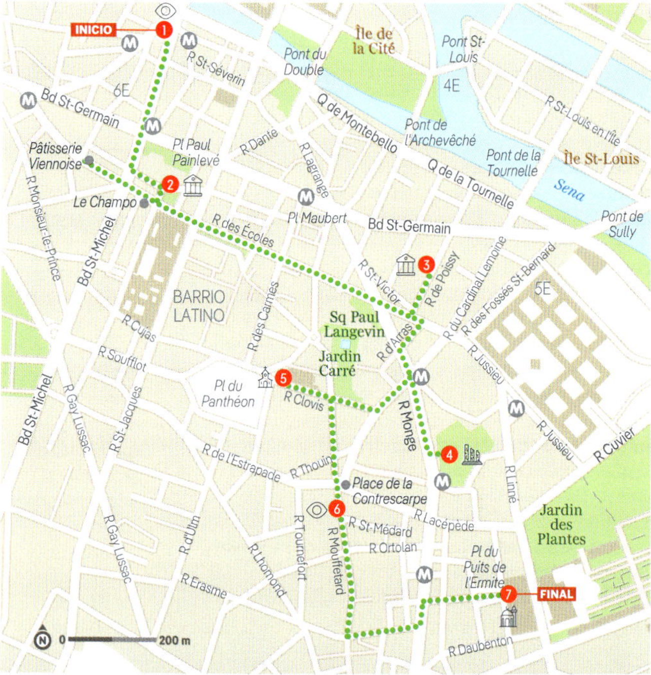

1 Una fuente emblemática

Empezamos en **place St-Michel,** abriéndonos paso entre la multitud para ver Notre Dame al otro lado del río. St-Michel es un punto de entrada tradicional a la Rive Gauche, donde la Lutecia romana cruzaba el Sena hacia la Île de la Cité. En su gran bulevar, centro de la actividad académica parisina en la Edad Media, podemos ver la Fontaine St-Michel, del s. XIX, que representa al arcángel san Miguel venciendo a un dragón.

2 Museo imprescindible

Siguiendo el bulevar en dirección al Jardin du Luxembourg encontramos el espléndido **Musée de Cluny** (p. 166) en el interior de una mansión medieval construida sobre unos baños romanos. Si se tiene tiempo para echar un vistazo a la colección se puede entrar; si no, se puede admirar el exterior, con una entrada moderna que contrasta con los restos galorromanos.

3 Magia medieval

¡Una pausa dulce! Haremos un desvío hasta la casi centenaria **Pâtisserie Viennoise,** junto a la imponente Facultad de Medicina, antes de pasar junto a **Le Champo** (p. 170), uno de los pocos cines de arte y ensayo que quedan en el barrio, en un edificio *art déco.* Rue des Écoles nos llevará luego al **Collège des Bernardins** (p. 167), antiguo colegio cisterciense del s. XIII donde se presentan exposiciones en un espacio abovedado.

4 Historia romana

Por rue Monge llegaremos a las **Arènes de Lutèce** (p. 166), anfiteatro romano del s. II que presentaba combates de gladiadores y fieras ante miles de espectadores. Hoy en día es un lugar tranquilo rodeado de vegetación.

5 Una pequeña iglesia con encanto

Siguiendo rue Clovis hacia el oeste veremos un fragmento de la muralla de Felipe II Augusto, la más antigua de París. Seguiremos cuesta arriba hasta la **Église St-Étienne du Mont** (p. 166) para ver su maravillosa fachada, junto al **Panthéon** (p. 160), la estrella del Barrio Latino, donde descansan los grandes cerebros de la historia francesa. Cerca de allí está el Centre Panthéon, uno de los edificios más famosos de la Sorbona.

6 Animada calle comercial

En **place de la Contrescarpe** (p. 168) se respira ambiente de café. Y en **rue Mouffetard** (p. 167) respiraremos el ambiente de una calle comercial adoquinada con historia medieval, flanqueada por *boutiques*, restaurantes y, hacia la parte más baja, puestos de mercado.

7 Té con menta en la mezquita

Acabaremos cerca del **Jardin des Plantes** (p. 161), en la **Grande Mosquée de Paris** (p. 169), para darnos un baño de vapor y comer algo. Se puede dar un paseo por el jardín y ver sus maravillas botánicas, y quizá incluso recorrer su laberinto.

EXPERIENCIAS

Ver al patrón de París en la Église St-Étienne du Mont IGLESIA

PLANO: 1 P. 158 **C4**

El Barrio Latino se construyó en torno a la colina de Ste Geneviève. La gran atracción del lugar es el Panthéon (p. 160), pero no hay que perderse la magnífica **Église St-Étienne du Mont,** a su lado, construida entre 1492 y 1655. Su elaborada fachada es impresionante, y en una capilla en el extremo sureste de la nave están los restos de santa Genoveva, patrona de París. La santa nació en Nanterre en el 422 y se dice que en el 451 impidió la invasión de París por parte de Atila el Huno. Un relicario profusamente decorado, junto a la tumba, contiene todo lo que queda de sus restos mortales: una falange. Los fans de la película de Woody Allen *Medianoche en París* reconocerán los escalones de piedra de la esquina noroeste como el lugar donde el personaje de Owen Wilson es recogido en un coche antiguo para viajar a la década de 1920.

Los vestigios más antiguos del Barrio Latino RUINAS ROMANAS

PLANO: 2 P. 158 **D4**

Las raíces romanas y medievales del Barrio Latino están presentes en todo el barrio. Destacan en particular las **Arènes de Lutèce,** anfiteatro romano del s. II con capacidad para 10000 espectadores. Se halló accidentalmente en 1869, durante la construcción de rue Monge, y hoy en día en lugar de luchas de gladiadores sirve para jugar al fútbol y a la petanca. En el barrio están también los restos de la muralla de Felipe II Augusto, la más antigua de París, por ejemplo en rue Clovis, donde se puede ver su estructura de piedra y ladrillo.

Las iglesias menos visitadas del Barrio Latino IGLESIAS

No muy lejos de Notre Dame encontramos iglesias menos visitadas, como la gótica **Église St-Séverin** (PLANO: 3 P. 158 **B2**; *saint-severin.com*), no muy lejos de St-Michel, que tiene una de las campanas más antiguas de París, forjada en 1412. También destacan siete vitrales que representan los siete sacramentos, diseñados por Jean René Bazaine en 1970. Una de las iglesias más antiguas de París es **St-Julien-le-Pauvre** (PLANO: 4 P. 158 **C2**; *sjlp-paris.org*), donde se ofrecen recitales de piano (de Chopin, Liszt y otros compositores) al menos dos noches por semana. Habrá que comprar entrada. Una vez en la iglesia, véase la imagen de un bote de remos tallado sobre la puerta. Es del s. XIV, según se dice la más antigua de París.

Un viaje a la Edad Media en el Musée de Cluny MUSEO

PLANO: 5 P. 158 **B2**

La colección del **Musée de Cluny – Musée National du Moyen Âge** *(musee-moyenage.fr; adultos/niños 13 €/gratis)* incluye tesoros sublimes, desde estatuas medievales a vitrales y *objets d'art*. Entre su famosa serie de tapices destaca *La dama y el unicornio* (1500). El museo también comprende el **Hôtel de Cluny,** mansión del s. xv, y el *frigidarium* de unos baños romanos. El edificio moderno por donde se entra, obra del arquitecto Bernard Desmoulin, alberga la taquilla, la librería, la tienda de recuerdos y la consigna. Tras la última renovación, el museo presenta paneles explicativos y muestras interactivas. En la 1ª planta se puede acceder a la **Chapelle de l'Hôtel de Cluny,** capilla del gótico tardío con elaboradas tallas del Cristo en la cruz, 13 ángeles y ornamentos en forma de flores y hojas. No hay que perderse los jardines, reformados recientemente, que suelen pasar desapercibidos. También hay una pequeña cafetería para hacer una pausa entre visita y visita.

ISOGOOD_PATRICK/SHUTTERSTOCK

'La dama y el unicornio', Musée de Cluny.

Asistir a una exposición en el Collège des Bernardins

MONUMENTO MEDIEVAL Y MUSEO

PLANO: 6 P. 158 **D3**

Otra maravilla arquitectónica del barrio que hay que poner en la lista es el **Collège des Bernardins** *(collegedesbernardins.fr; gratis)*. Este antiguo colegio cisterciense data de 1248 y originalmente sirvió como residencia y lugar de estudio para los monjes novicios. Hoy en día es una galería de arte y centro cultural cristiano que presenta conferencias, proyecciones y conciertos. La sala principal tiene un imponente techo abovedado. Algunos de los eventos aquí celebrados forman parte del **Festival Quartier du Livre,** festival literario celebrado en el barrio la primera semana de junio.

Un café en rue Mouffetard

CALLE

En algunos puntos, **rue Mouffetard** (PLANO: 7 P. 158 **C5**), la calle adoquinada de origen medieval que baja desde el Panthéon, apenas tiene 7 m de anchura. Se llamó así por el hedor procedente del río Bièvre (*mouffette* es mofeta), pero ha cambiado mucho con el paso de los siglos. Entre sus puestos de mercado (salvo los lunes), sus restaurantes informales y otros más turísticos, conserva ecos del pasado. La **Église St-Médard,** del s. XVI, tiene unos bonitos vitrales y es uno de los pocos edificios históricos que sobrevivió a la Revolución y a la redistribución urbana de Haussmann.

Un lugar de referencia es **place de la Contrescarpe** (PLANO: 8 P. 158 **C5**), en su día famosa por sus garitos de mala fama (Hemingway describió uno de ellos como una cloaca). Esta zona era como un imán para filósofos y escritores, que llenaban sus bulliciosos bares y salones de baile. Aunque las noches salvajes del París bohemio ya han quedado atrás, la plaza conserva sus animados cafés y terrazas, donde los visitantes comen *croque monsieurs* y se empapan de la nostalgia de la Rive Gauche.

Curioseando por las librerías del Barrio Latino

LIBRERÍAS

Muchos grandes literatos franceses y extranjeros encontraron un refugio creativo en los cafés de la ciudad, pero también en sus librerías, como **Shakespeare & Company** (PLANO: 9 P. 158 **C2**; *shakespeareandcompany.com*), lugar de referencia para los autores extranjeros residentes en París desde 1919. Empezó en el 12 rue de l'Odéon, como librería y biblioteca, donde Ernest Hemingway y F. Scott Fitzgerald eran habituales. Con el estallido de la II Guerra Mundial tuvo que cerrar, pero en 1951 su nuevo propietario, George Whitman, volvió a abrir la librería, con títulos en inglés, en su ubicación actual (37 rue de la Bûcherie), en un edificio que había sido monasterio. Han pasado más de 70 años, pero sigue siendo de visita obligada por su ambiente mágico.

En la **Abbey Bookshop** (PLANO: 10 P. 158 **B2**; *abbeybookshop.org*), gestionada por un canadiense, los libros se amontonan y las lecturas periódicas invitan a quedarse un rato. También cabe

LOS 'BOUQUINISTES', PASADO Y PRESENTE

A orillas del río, junto a quai de la Tournelle, Pont Marie y quai du Louvre, unas grandes cajas verdes se abren, convirtiéndose en puestos de *bouquinistes* (vendedores de libros usados), donde se pueden encontrar libros descatalogados, revistas antiguas, postales y viejos pósteres. En el s. XVI los puentes de París se llenaban de vendedores ambulantes. A veces sus artículos subversivos (protestantes, por ejemplo) les creaban problemas con las autoridades, así que en 1859 empezaron a emitirse licencias. Con el tiempo se instalaron estos puestos permanentes.

UN BARRIO DE GRANDES LITERATOS

Escritores de todo el mundo han buscado inspiración en París, entre ellos James Joyce, Ernest Hemingway o George Orwell. El piso de James Joyce, en el 71 de rue du Cardinal Lemoine, es donde acabó su novela *Ulises*. Hemingway vivía cerca, en el nº 74, justo encima del salón de baile Bal au Printemps. Cerca de allí, en el 6 de rue du Pot de Fer, vivió George Orwell, en una pensión nombrada como "Hotel X" en su libro de memorias *Sin blanca en París y Londres*, antes de volver a Londres.

destacar la **Librairie Eyrolles** *(eyrolles.com)*, toda una institución en la Rive Gauche, conocida por su amplia oferta de libros de arte, diseño y fotografía. Y, a orillas del Sena, los *bouquinistes* siguen vendiendo libros usados, pósteres y revistas en sus puestos de madera verdes.

Un momento de calma en la mezquita de París

MEZQUITA

PLANO: 11 P. 158 **D5**

La **Grande Mosquée de Paris** *(grandemosqueedeparis.fr)* es una de las mezquitas más grandes de Francia. Tiene un llamativo minarete que se alza tras sus paredes blancas. Dentro se pueden ver los elaborados mosaicos y muestras de caligrafía, pero también hay un **'hammam'** (baño de vapor) norafricano, con horarios de entrada diferentes para hombres y mujeres: en el bonito patio hay un **restaurante** *(la-mosquee.com)* donde comer un delicioso cuscús, *tagines* y brochetas de carne; y un **salón de té** donde se sirve un aromático té a la menta y pasteles tradicionales. En el jardín delantero también se puede fumar con narguile.

Bares de 'jazz' con ritmo

'JAZZ'

En los años posteriores a la I Guerra Mundial, el barrio se llenó de *bals* (bailes) y bares, sobre todo de *jazz*, garitos subterráneos llenos de humo como el **Caveau de la Huchette** (PLANO: 12 P. 158 **B2**; *caveaudelahuchette.fr*), donde llegaron a tocar Miles Davis o Sidney Bechet. La música se extendía por todo St-Germain des-Prés, en locales a la luz de las velas como el club de *jazz* **Chez Papa,** muy cerca del Café de Flore (p. 194). Otro local importante es **Le Petit Journal** (PLANO: 13 P. 158 **A4**; *parisjazzclub.net*), en bd St-Michel, con capacidad para más de 100 personas y en el que han actuado algunos de los grandes nombres del *jazz* durante más de 50 años. Actualmente se habla de que podría cerrar por falta de fondos, aunque los aficionados le han pedido repetidamente al Ministerio de Cultura que lo salve.

El encanto del Odéon

CINE

El barrio de Odéon, que toma su nombre del neoclásico **Théâtre de l'Odéon** (PLANO: 14 P. 158 **A3**), inaugurado en 1782 y uno de los más famosos de la ciudad por sus obras clásicas y contemporáneas, se extiende en torno al cruce de St-Germain des Prés y St-Michel. La salida del metro está junto a un cine Odéon, pero hay otras salas por todo el Barrio Latino. **Le Champo** (PLANO: 15 P. 158 **B3**; *cinema-lechampo.com*) es un cine *art déco* de 1928, donde solía ir François Truffaut a ver retrospectivas de otros directores. Otros cines independientes destacados son el **Christine21** *(pariscinemaclub.com),* propiedad de la actriz ganadora de un Óscar Isabelle Huppert y su hijo, y el **Cinéma St-André des Arts,** en la calle del mismo nombre. El **Studio Galande** *(studiogalande.fr)* es otro que conviene tener localizado, especialmente si se quiere ver *The Rocky Horror Picture Show,* que proyectan todos los viernes y sábados por la noche desde hace cuatro décadas.

Una inmersión en el mundo árabe

MUSEO

PLANO: 16 P. 158 **E3**

En el extremo sur del bd St-Germain se encuentra el **Institut du Monde Arabe** *(IMA; imarabe .org),* museo que suele pasar desapercibido pese a su imponente diseño, obra del arquitecto francés Jean Nouvel. La pantalla metálica de motivos geométricos móviles imita una *mashrabiya,* la clásica celosía de los edificios islámicos, y los motivos son en realidad 240 postigos fotosensibles que se abren y cierran automáticamente para regular la luz del edificio. El IMA, creado por Francia y 18 países árabes como centro de investigaciones, nació para promover la cultura, el arte, el conocimiento y la estética árabe. Cuenta con un museo, biblioteca, auditorio, salas de reuniones y un

LEYENDAS AMERICANAS DEL 'JAZZ'

Desde que acabó la I Guerra Mundial, Francia ha ofrecido a los músicos de *jazz* americano un escenario y un respeto que en muchos casos no recibían en EE UU (por no hablar de los derechos civiles). Tras la II Guerra Mundial el Barrio Latino se convirtió en un santuario del *jazz*. En las décadas de 1940 y 1950 pasaron por sus clubes grandes talentos como Bud Powell o Sidney Bechet, que hallaron libertad y reconocimiento en el ambiente bohemio de París. El libro de Jean-Pierre Leloir *Jazz Images* refleja lo mucho que apreciaba a esta música y sus intérpretes. París no era un paraíso, pero para muchos fue refugio y fuente de inspiración.

MISTERVLAD/SHUTTERSTOCK

Institut du Monde Arabe.

restaurante en la azotea, el **Dar Mima,** que ofrece platos con influencias del norte de África, como el *tagine* o el cuscús. Aunque lo mejor que tiene son las vistas de los tejados de París.

Diseño y arte contemporáneo en el Barrio Latino

GALERÍA

A pesar de ser uno de los barrios más antiguos de París, el Barrio Latino rebosa arte contemporáneo. Empezando por las numerosas galerías del carismático **Kamel Mennour** *(mennour.com/visit)*, que empezó vendiendo obras de arte puerta a puerta, abrió su primera galería en 1999 y hoy representa a 40 grandes artistas, desde Anish Kapoor a Alberto Giacometti. **Galerie Kreo** (PLANO: 17 P. 158 **A1**; *galeriekreo.com*) es el lugar de referencia para el arte de vanguardia. Para ver obras de artistas emergentes o más establecidos, está la **Galerie Amélie du Chalard** (PLANO: 18 P. 158 **A1**; *amelieduchalard.com*), en un bonito *hôtel particulier* (mansión). Con tantos estudiantes en el barrio, también hay espacio para los artistas que empiezan. Recientemente ha abierto sus puertas el centro de arte híbrido **Césure** (PLANO: 19 P. 158 **D6**; *cesure .paris*), en un edificio de la Sorbona convertido en espacio expositivo, estudios y residencias para artistas. En el sitio web se puede ver la agenda de eventos, desde representaciones teatrales a fiestas.

SUGERENCIAS

Lo mejor para...

Localizaciones en el plano de la **p. 158**

€ Económico €€ Medio €€€ Alto

Comer

Algo rápido

Pot O'Lait €
20 D6
Sus sabrosas *galettes* (crepes saladas de trigo sarraceno) contienen generosos rellenos, desde queso de cabra a salmón ahumado. *11.15-14.30 y 18.30-22.00 lu-ju, 11.15-14.30 y 19.00-22.30 vi y sa*

Dose €
21 C6
Café de tueste artesanal y *quiches* caseras en rue Mouffetard. *8.00-18.00 ma-vi, 9.00-18.00 sa y do*

Cantine de Césure €
22 D6
Local artístico con opciones a buen precio y cero residuos. Un buen lugar para tomar hamburguesas y ensaladas. *10.00-23.00 ma-sa*

Jozi Brunch €
23 C3
Desde tostadas con aguacate a tortitas con frutas para tomar casi a cualquier hora del día. *8.00-16.00 lu-vi, 9.00-17.30 sa y do*

Alta cocina

La Tour d'Argent €€€
24 D3
Este famoso restaurante contempla Notre Dame desde su posición elevada junto al Sena. Lleva ofreciendo su *canard à la presse* (pato prensado) y sus vistas panorámicas desde 1582, y su bodega almacena 450 000 botellas. *12.00-14.15 y 19.00-22.30 ma-sa*

Le Coupe-Chou €€
25 B3
Es toda una institución centenaria, con su chimenea abierta. Sirve *magret* de pato y otros platos clásicos franceses. *19.00-22.30*

Baieta €€
26 D3
La cocina *niçoise* de la sensacional Julia Sedefdjian (como su versión de la *bouillabaisse*) le han granjeado una estrella Michelin. *12.00-14.15 y 19.00-22.15 ma-sa*

AT €€€
27 D3
Los platos de inspiración contemporánea de Atsushi Tanaka están un nivel por encima, al de su estrella Michelin. *12.30-13.30 y 19.30-20.30 ma-sa*

Bistrós

Calice €€
28 C7
Entre bistró retro y enoteca hacia el final de rue Mouffetard sirve platos que no fallan, como el *pâté en croûte*, platos de pescado más ligeros y atractivos postres. *12.00-14.00 y 19.00-22.00 ma-do*

Café de la Nouvelle Mairie €€
29 B4
Comida tradicional de bistró bien hecha, a tiro de piedra del Panthéon, en una plaza con fuente donde en los meses cálidos corre la brisa. *8.00-24.00 lu-vi*

Les Papilles €€
30 A5
Minúsculo bistró, vinatería y *épicerie* (colmado) con los estantes de caoba

llenos de botellas, una comida de mercado excelente y vinos naturales. *12.00-14.00 y 18.30-22.00 ma-sa*

Le Verre à Pied €

31 C6

Es uno de los últimos bistrós que han sobrevivido en la bulliciosa rue Mouffetard, con mucho carácter y una *blanquette de veau* y un rosbif excelentes para acompañar con vino. *9.00-21.00 mi-sa, 9.30-16.30 do*

Imprescindibles de rue Mouffetard

Flocon €€

Véase 21 C6

Uno de los mejores restaurantes de la zona, que reinventa la cocina de bistró dándole un toque más ligero y vegetal. Están firmemente comprometidos con la sostenibilidad. *19.00-23.00 mi y ju, 12.00-15.00 y 19.00-23.00 vi-do*

OTTO by Eric Trochon €

32 C5

Pequeña cantina donde probar platos y platillos de estilo japonés cocinados con carbón *binchotan* y tomar cócteles. El chef tiene una estrella Michelin. *12.00-14.30 y 19.00-23.00 lu-vi, 12.00-24.00 sa y do*

Cave La Bourgogne €

33 C7

Un lugar perfecto para empaparse del ambiente mientras se prueba su cocina clásica acompañada de un buen tinto, en la bonita plaza St-Médard. *7.00-1.00*

Un viaje gastronómico

Alliance €€€

34 D3

Restaurante con una estrella Michelin entre la Rive Gauche y el bd St-Germain. Combina la cocina francesa con toques japoneses, con platos como el pollo de Racan con huevas de langosta en un espacio tranquilo y minimalista, con la cocina abierta. *12.00-15.00 y 19.30-22.30 lu-vi*

LAVA €€

35 C3

Al chef le encanta cocinar a llama viva, y sirve platos atrevidos, aromatizados con especias y acompañados de unos vinos vibrantes, en una celebración de los viajes, del *terroir* (la tierra) y la técnica. *12.00-14.00 y 18.30-22.00 ma-sa*

Kitchen Ter(re) €€

36 D3

Fideos hechos con cereales antiguos y acompañados de caldos y salsas de inspiración asiática, todo ello servido en un ambiente con estilo y un toque artístico. *12.15-14.00 y 19.00-22.00 ma-sa*

Los favoritos del barrio

Atelier Maître Albert €€

37 C2

Moderna *rotisserie* cerca de Notre Dame, con una cocina tradicional. El edificio es del s. XIV, y tiene hasta una chimenea medieval. *12.00-14.30 y 18.30-22.00*

Bar à Iode €

38 D3

Un local relajado, con personal amable. Los lugareños disfrutan de unas ostras, langostinos y caracoles de mar a muy buen precio, así como de platos más consistentes como el pescado con patatas fritas. *12.00-15.30 y 19.00-24.00 ma-sa*

TRAM €

39 C4

Abren para el desayuno y hasta media tarde, y sirven comida casera, desde boles de chía por la mañana a ceviche fresco, ensaladas y tartas. *9.00-19.00 ma-sa, 10.00-17.30 do*

PETR KOVALENKOV/SHUTTERSTOCK

Odette.

Beber

'Pubs' y cerveza

Bombardier

40 **C4**

Antiguo *pub* inglés justo enfrente del Panthéon, para disfrutar de las vistas. También sirven comida. *Horario variable*

Margen's

41 **C5**

Pequeño *pub*, oscuro y con neones, en plena rue Mouffetard. Se sirven pintas y cócteles desde media tarde, y la diversión sigue hasta la madrugada. *17.00-5.00 ma-do*

Le Chouff'Bar

42 **C5**

Tranquila taberna con cervezas belgas, entre ellas la potente La Chouffe, y chupitos de todo tipo. *16.00-2.00*

Brewberry

43 **C5**

Bar moderno, con más de 20 cervezas artesanas de grifo de París y del resto de Francia. *17.00-2.00 ma-do*

Café y té

Nuage

44 **C3**

A los nómadas digitales les encanta, con sus rincones acogedores en lo que fue una antigua iglesia (donde se dice que estudió Cyrano de Bergerac). *9.00-19.00 lu, ma, ju y vi, hasta 13.00 mi, 11.00-20.00 sa y do*

Odette

45 **B2**

Sala de té con unas pastas de *choux* típicas rellenas de crema. En la primera planta de una encantadora casa del s. XVII. *9.00-20.00*

Chanceux

46 **C2**

Ocupa el lugar de la antigua Circus Bakery, gestionado por el equipo responsable del Café Compagnon (que aparece en la guía Michelin). Sirve café de primera, pasteles y sándwiches, también para llevar. *Horario variable*

Café Maa

47 **B2**

Diseño nórdico, arte local y sabores finlandeses, en el Institut Finlandais. Lo mejor son sus tartaletas de centeno, sus bollitos de canela y su *chaï latte* al aroma de pino. *11.00-18.00 ma-sa*

Ambiente estudiantil

Le Violon Dingue

48 **C3**

"El violín chiflado" es un bar con grandes pantallas para ver deportes en la planta superior y una planta baja de tipo *pub*. *18.00-17.00 ma-sa*

Le Piano Vache
49 C4
Local *rockero* de la década de 1970, con música en directo los fines de semana; muy popular entre los estudiantes. *17.00-2.00 lu-sa*

Pub St-Hilaire
50 B3
Bar animado, siempre lleno de estudiantes, que acuden a jugar al billar y a comer algo consistente. *17.00-2.00 ma-ju, 16.00-3.00 vi, 13.00-3.00 sa*

Comprar

Bocados 'gourmet'

Brûlerie des Gobelins
51 C7
Tostadero de café artesanal de 1957, cerca de rue Mouffetard, con una gran clientela que acude a comprar mezclas de café seleccionadas. *9.30-19.30 ma-sa*

Fromagerie Androuet
52 C6
Quesería de 1909, una referencia en el sector, con varios locales, uno de ellos en rue Mouffetard. No es una simple *fromagerie* que vende quesos de todo el país; también los elaboran. *Horario variable*

La Maison d'Isabelle
53 C3
Ganó un concurso al mejor cruasán de mantequilla en 2018, y sus *viennoiseries* siguen atrayendo mucho público. Sus *baguettes* recién hechas y sus deliciosos cruasanes son insuperables. *6.00-20.00 ma-sa, 6.00-18.00 do*

Au Bonbon du Palais
54 C3
Esta bombonería parece sacada de la década de 1950. Vende dulces de diferentes regiones francesas, entre otros fruta y pétalos de rosa glaseados. *Horario variable*

Regalos originales

Messy Nessy's Cabinet
55 C3
Boutique con encanto gestionada por Vanessa Grall, angloestadounidense fundadora de la revista digital *Messy Nessy Chic*. Tiene montones de artículos *made in France* ideales como recuerdo. *11.00-18.00 lu-sa*

Bourgine
56 A3
Esta marca de moda independiente, inspirada en personajes históricos, se ha convertido en objeto de culto. Sus seguidores la describen como "la última *couturière* de barrio" *11.00-19.00 lu-sa, 12.00-19.00 do*

Cómics, casetes y vinilos

Le Club K7
57 C3
Su lema es *"la K7 bande encore"* (la casete aún suena), y son grandes defensores del mundo perdido de las casetes. Entrar es como retroceder en el tiempo. *11.00-19.00*

Album BD
58 B2
Los fans de los cómics disfrutarán con la impresionante selección de obras de arte y ediciones raras en esta tienda especializada de rue Dante. *10.30-19.30*

CrocoDisc
59 B3
Vinilos nuevos y de segunda mano de diversos géneros, desde el *funk* al *rock*: hay de todo, salvo música clásica. *11.00-19.00 ma-sa*

Sugerencias de lugares para comer, beber y comprar en **p. 198**

Explora St-Germain y Les Invalides

Por Nicola Leigh Stewart

En la Edad Media, la orilla izquierda del Sena era considerada campo abierto, de ahí el nombre St-Germain des Prés (de los "prados"). Pero la abadía de St-Germain, construida en el s. VI (en el lugar que ocupa hoy la Église St-Germain des Prés) acabó convirtiéndose en un centro espiritual e intelectual. El barrio adquirió importancia a principios del s. XX, cuando sus cafés empezaron a llenarse de espíritus creativos de todo el mundo que charlaban entre vasos de vino barato. Hoy en día, St-Germain des Prés es de los barrios más caros de París, donde viven las estrellas del cine, pero en sus calles adoquinadas aún resuenan los ecos de su colorido pasado.

Cómo desplazarse

A pie

París es una ciudad bastante compacta y fácil de recorrer a pie, y St-Germain des Prés es uno de los barrios más bonitos para pasear.

Metro

El metro es rápido, fácil y barato. La estación de St-Germain des Prés (línea 4) deja en pleno centro del 6e *arrondissement*. La estación Sèvres-Babylone está en la línea 12.

Bicicleta

Quien se sienta cómodo en la bici puede coger una en cualquier estación Vélib de la ciudad. Se puede comprar un pase de uno o tres días en internet.

Fontaine St-Sulpice, cerca de la Église St-Sulpice (p. 186).
OLIVEROUGE 3/SHUTTERSTOCK

★

LO MEJOR

ARTE GRATIS
Église St-Sulpice (p. 186)

MUSEO
Musée d'Orsay (p. 183)

JARDÍN
Jardin du Luxembourg (p. 182)

ESCULTURA
Musée Rodin (p. 187)

GRANDES ALMACENES
Le Bon Marché (p. 193)

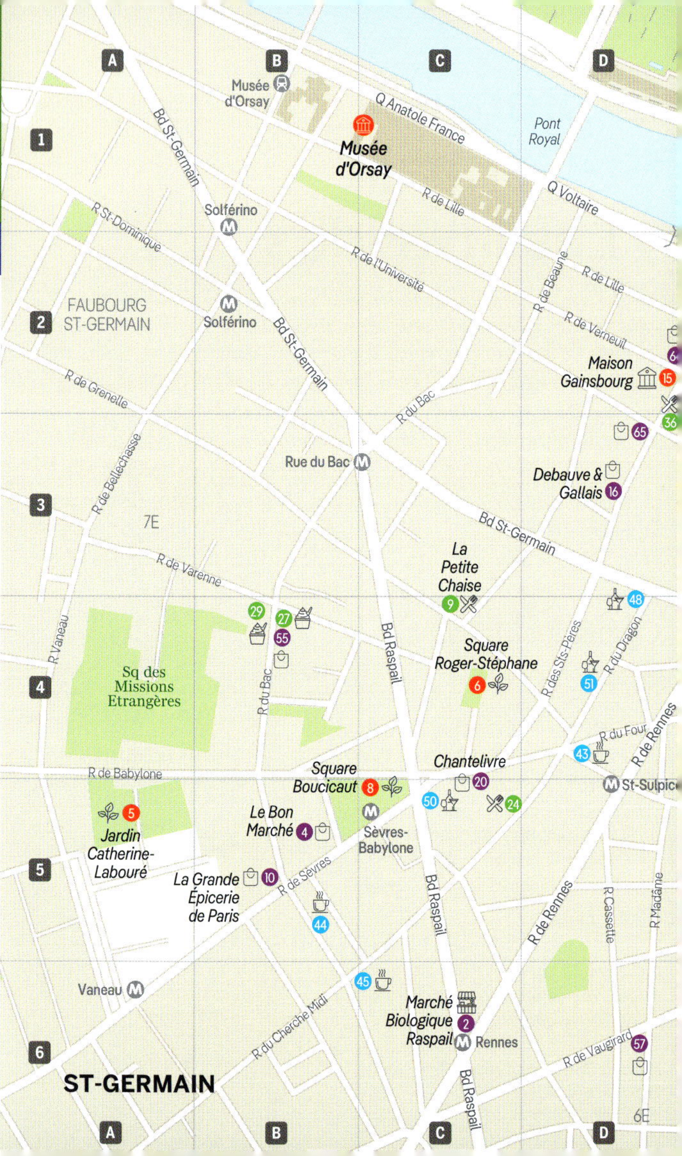
ST-GERMAIN
A
B
C
D
1
2
3
4
5
6
Musée d'Orsay
Musée d'Orsay
Q Anatole France
Pont Royal
Q Voltaire
R de Lille
Bd St-Germain
Solférino
Solférino
R St-Dominique
R de l'Université
R de Beaune
R de Lille
R de Verneuil
FAUBOURG ST-GERMAIN
R de Grenelle
Maison Gainsbourg
15
R du Bac
36
65
Rue du Bac
Debauve & Gallais
16
R de Bellechasse
7E
Bd St-Germain
R de Varenne
La Petite Chaise
9
48
29
27
55
Bd Raspail
R Vaneau
Sq des Missions Etrangères
R du Bac
Square Roger-Stéphane
6
R des Sts-Pères
R du Dragon
51
R du Four
R de Rennes
43
Chantelivre
20
St-Sulpice
R de Babylone
Square Boucicaut
8
50
24
5
Le Bon Marché
4
Sèvres-Babylone
Jardin Catherine-Labouré
La Grande Épicerie de Paris
10
R de Sèvres
44
Bd Raspail
R de Rennes
R Cassette
R Madame
45
Vaneau
Marché Biologique Raspail
2
Rennes
R du Cherche Midi
R de Vaugirard
57
Bd Raspail
6E

E
F
G
H
1
2
3
4
5
6
Más información
Imprescindible p. 182
Experiencias p. 192
Comer p. 198
Beber p. 199
Comprar p. 200
0
200 m
Musée du Louvre
Pont du Carroussel
Q François Mitterrand
Sena
Q du Louvre
La Balle au Bond
18
Pont des Arts
Pont Neuf
Q Malaquais
R des Sts-Pères
54
3 Bibliothèque Mazarine
13 Monnaie de Paris
Q de l'Horloge
Q des Orfèvres
Île de la Cité
R Jacob
R de Seine
La Palette
12
R Mazarine
R Dauphine
Q des Grands Augustins
R des Grands Augustins
Musée National Eugène Delacroix
1
Square Laurent-Prache
7
Les Deux Magots
11
60
39
35
40
32
22
Taschen
25
R St-André des Arts
St-Germain des Prés
St-Michel-Notre Dame
St-Michel
Bd St-Germain
14 Citypharma
34
R des Quatre Vents
42
R Bonaparte
Odéon
38
R Danton
49
Cluny-La Sorbonne
41
33
56
53
R St-Sulpice
Église St-Sulpice
R Garancière
R de Tournon
R de Condé
R de l'Odéon
58
21
San Francisco Book Company
52
R Racine
R des Écoles
Pl de l'Odéon
37
59
31
R de Vaugirard
Musée du Luxembourg
R de Médicis
Bd St-Michel
R Guynemer
Orangerie
Palais du Luxembourg
19 Red Wheelbarrow
R St-Jacques
Fontaine Médicis
Jardin du Luxembourg
R Soufflot

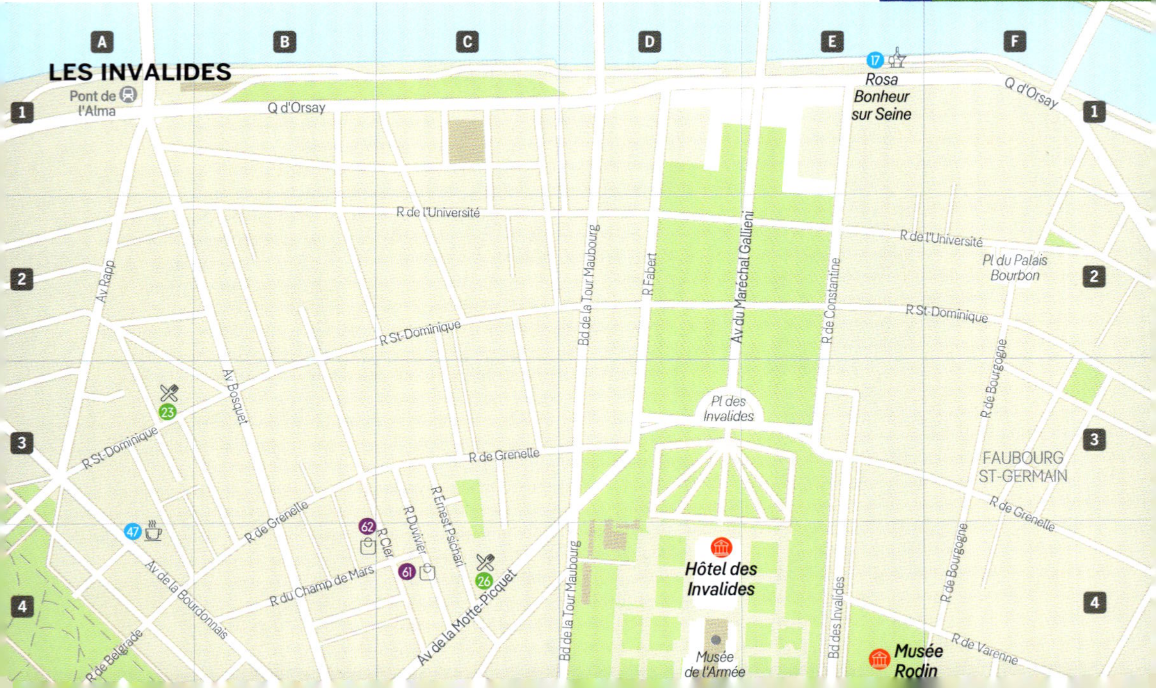
A
B
C
D
E
F
1
2
3
4
LES INVALIDES
Pont de l'Alma
Q d'Orsay
17
Rosa Bonheur sur Seine
R de l'Université
Pl du Palais Bourbon
Av Rapp
R St-Dominique
Bd de la Tour Maubourg
R Fabert
Av du Maréchal Gallieni
R de Constantine
R de Bourgogne
Av Bosquet
23
Pl des Invalides
FAUBOURG ST-GERMAIN
R de Grenelle
47
62
R Cler
R Duvivier
R Ernest Psichari
61
26
Av de la Bourdonnais
R du Champ de Mars
Av de la Motte-Picquet
Hôtel des Invalides
Bd des Invalides
R de Varenne
R de Belgrade
Musée de l'Armée
Musée Rodin

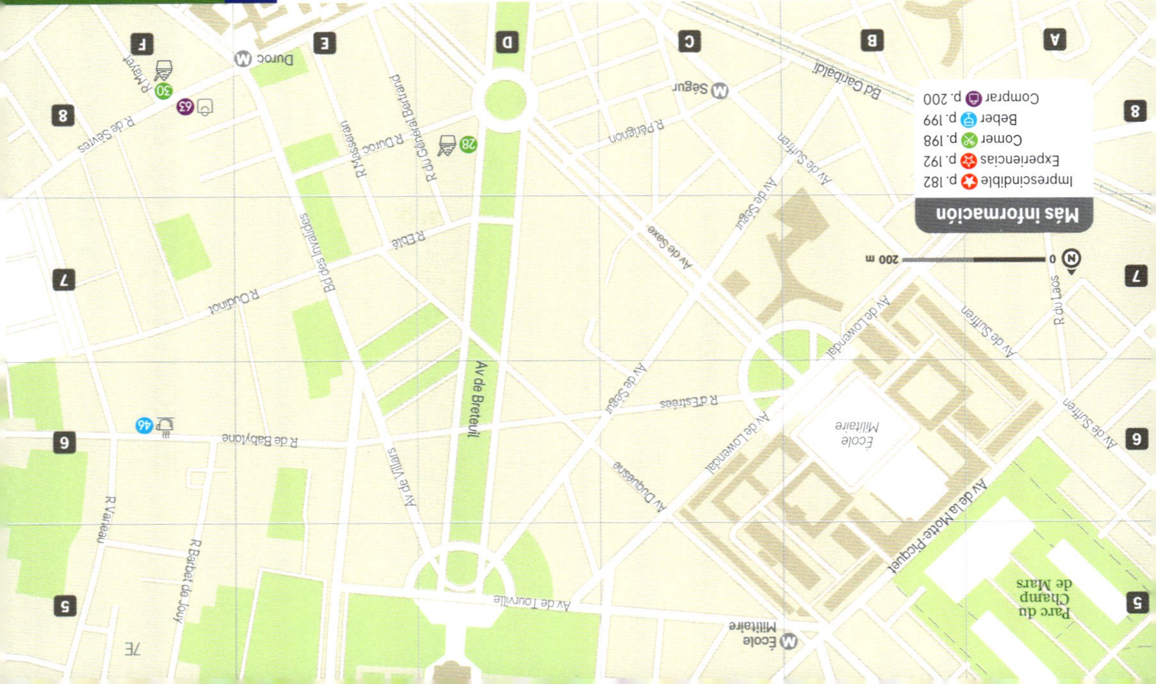
Más información
Imprescindible p. 182
Experiencias p. 192
Comer p. 198
Beber p. 199
Comprar p. 200
0
200 m
Parc du Champ de Mars
École Militaire
Av de la Motte-Picquet
Av de Suffren
R du Laos
Av de Lowendal
Av de Ségur
R d'Estrées
Av Duquesne
Av de Tourville
Av de Saxe
Ségur
Bd Garibaldi
R Pérignon
Av de Breteuil
Av de Villars
R de Babylone
R Barbet de Jouy
R Vaneau
7E
R Oudinot
Bd des Invalides
R Eblé
R du Général Bertrand
R Duroc
R Masseran
Duroc
R de Sèvres
R Mayet
28
30
63
46
A
B
C
D
E
F
5
6
7
8

★ IMPRESCINDIBLE

Jardin du Luxembourg

En el extremo sur del Barrio Latino se encuentran las 22 Ha del Jardin du Luxembourg, un parque que combina la simetría francesa con las líneas suaves de un jardín inglés. Los niños ponen a navegar sus barquitos eléctricos en el estanque central o se suben al tiovivo, uno de los más antiguos del país, mientras los adultos juegan a ajedrez bajo una pérgola.

PLANO P. 178 **E6**

CONSEJO
Atención al escoger el lugar para el pícnic: hay zonas designadas, fuera de las cuales se puede recibir un pitido del vigilante.

Nostalgia de Italia

Tras el asesinato del rey Enrique IV, en 1610, María de Médicis se convirtió en reina regente de su hijo Luis XIII. Pero no le gustaba la vida de palacio del Louvre y echaba de menos Italia, así que decidió construirse un palacio de estilo italiano. En 1612 adquirió el Petit Luxembourg, una mansión de tres alas propiedad de Francisco, duque de Piney-Luxembourg, que era amigo suyo y que ya la había invitado repetidamente a la tranquila finca.

Puntos de referencia

El jardín está lleno de tesoros: la **Fontaine Médicis,** del s. xvii, la **Orangerie** (invernadero), árboles centenarios, el huerto de frutales, un apiario y más de un centenar de estatuas por entre los senderos arbolados que han sido testigos del ajetreado pasado de la ciudad. La miel del apiario se vende a finales de septiembre, durante la **Fête du Miel.**

Escanea este QR para consultar los horarios, que cambian cada temporada.

Musée du Luxembourg

Este museo presenta exposiciones de arte moderno, en muchos casos con obras de mujeres, que en el pasado han explorado el arte de la pintora Tarsila de Aguiar do Amaral, la amistad entre la escritora estadounidense Gertrude Stein y Picasso, y la obra de las mujeres artistas de los *années folles* (los locos años veinte).

★ IMPRESCINDIBLE

Musée d'Orsay

El segundo museo más visitado de Francia después del Louvre ocupa una antigua estación ferroviaria y contiene una de las colecciones más importantes de arte impresionista y postimpresionista del mundo. Conviene dedicar al menos media jornada a contemplar el sublime edificio y sus obras de arte.

PLANO P. 178 **C1**

Historia viva de la arquitectura

Al entrar al Musée d'Orsay vale la pena hacer una pausa para observar la distribución de la planta baja, con esculturas en dos filas rectas y unas pequeñas galerías a los lados. Se hizo así para imitar la estructura de la estación ferroviaria que había aquí antes. Tratándose de un museo de tanta importancia, se decidió desde el principio que el Musée d'Orsay elevaría la historia de la arquitectura al mismo nivel que la historia del arte, por lo que las galerías dedicadas a la impresionante colección de dibujos y planos de grandes nombres como Gustave Eiffel y Viollet-le-Duc se alternan con las dedicadas a las bellas artes. Al final de la planta baja hay un espacio dedicado a la historia del desarrollo urbano de París. Bajando la vista se podrá ver una elaborada maqueta de la ciudad tal como era en 1914, cuando se inauguró el museo.

CONSEJO
Conviene reservar con tiempo. La mejor hora para la visita es cuando abre, a las 9.30, o los jueves por la tarde, cuando el museo permanece abierto hasta las 21.45.

Escanea este QR para consultar horarios, información sobre muestras y tipos de entradas.

Los impresionistas

La mayoría visita el Musée d'Orsay por su colección de obras impresionistas, que ocupan casi toda la 5ª planta del museo. Recorriendo las galerías en dirección de las agujas del reloj se tendrá una imagen bastante completa de la evolución del movimiento, desde el impresionismo al

ALEXANDRA LANDE/SHUTTERSTOCK

postimpresionismo y del postimpresionismo al neoimpresionismo, con grandes obras como *Londres, el Parlamento* de Claude Monet; *Noche estrellada sobre el Ródano* de Vincent van Gogh; o la escultura *La pequeña bailarina de catorce años* de Edgar Degas, junto a otras obras modernas célebres, como la serie *Naturaleza muerta* de Paul Cézanne.

VISTAS DEL SENA
No hay que perderse las vistas de París desde la enorme esfera del reloj de la 5ª planta: suele haber cola para hacerse un selfi.

El cine como arte

Pocos saben que desde sus inicios el Musée d'Orsay dedicó una de sus secciones a la historia del cine y la cinematografía, siendo de los primeros en considerar el cine como arte, no solo como técnica o entretenimiento. En la 5ª planta, encajada entre la colección impresionista, hay una galería que recuerda la evolución de la historia y la técnica del cine, con breves proyecciones de películas fundamentales para su historia. Además, en el auditorio se suelen proyectar grandes obras del cine desde principios del s. xx. Véase el calendario en el sitio web oficial.

Una mirada al arte contemporáneo

Aunque el Musée d'Orsay se centra sobre todo en el arte moderno del período entre 1848 y 1914, varias veces al año invita a grandes nombres del arte contemporáneo, como Jean-Philippe Delhomme, Marlene Dumas o Peter Doig, para que organicen muestras de su trabajo, que se combina con una selección de obras de la colección permanente. Al establecer un diálogo directo entre el arte contemporáneo y grandes obras clásicas, nos permite ver cada obra con una nueva perspectiva, subrayando su importancia a lo largo del tiempo. Un jueves al mes, el museo celebra los "Jueves Curiosos", en los que se invita a artistas jóvenes de otras disciplinas creativas (como la danza o la música) a desplegar su arte entre las pinturas y esculturas. Información sobre horarios en el sitio web.

Recorridos temáticos

Es imposible ver toda la colección en un día: es mejor escoger uno o dos temas, o apuntarse a una de las visitas guiadas temáticas que organiza el museo a diario en francés, inglés e italiano. Duran 90 min y se centran en diversos temas, desde obras maestras a animales o fiestas. Se pueden consultar los horarios en el sitio web del museo.

UNA PAUSA

Para comer en el museo se puede elegir entre el **Café Campana,** con una decoración fantástica obra de grandes diseñadores brasileños, el espléndido **restaurante** con frescos, y la **cafetería,** más informal.

AUDIOGUÍA

Se puede alquilar para oír los comentarios de los conservadores del museo sobre más de 300 obras. Para las exposiciones temporales, la audioguía se puede descargar al teléfono.

★ IMPRESCINDIBLE

Église St-Sulpice

A pesar de tener solo 1 m² menos de superficie que Notre Dame de Paris, la Église St-Sulpice siempre ha vivido a la sombra de la catedral, hasta que *El código Da Vinci* de Dan Brown empezó a atraer a una multitud de católicos en busca de los tesoros ocultos detallados en la famosa novela.

PLANO P. 178 **E5**

CONSEJO
La entrada a la iglesia es gratis, pero lo mejor es evitar las misas, a menos que se quiera asistir al servicio (y oír el espléndido órgano).

Escanea este QR para consultar horarios e información para la visita.

Seis arquitectos diferentes

La construcción de la iglesia actual se inició en 1642, pero pasó por las manos de varios arquitectos –lo que explica la mezcla de referencias barrocas y neoclásicas– hasta que las obras se detuvieron por completo con la Revolución francesa. De hecho, la torre derecha de la fachada oeste (diseñada por el arquitecto italiano Servandoni, que se inspiró en la catedral de St Paul de Londres) quedó inacabada.

Obras de arte dignas de un museo

Lo que tiene de especial la Église St-Sulpice son sus obras de arte. Nada más entrar, a la derecha, en la **Capilla de los Santos Ángeles,** hay tres murales en cera bien conservados, pintados por el artista francés Eugène Delacroix entre 1855 y 1861. Tampoco hay que perderse la pareja de peculiares pilas de agua bendita, a ambos lados de la nave, ni las conchas marinas gigantes, regalo de la República de Venecia al rey Francisco I, situadas sobre pedestales de piedra y con tallas de motivos marinos obra de Jean-Baptiste Pigalle. La estatua de mármol de María, al fondo de la iglesia, también es obra de este prolífico artista.

Música clásica

A lo largo de todo el año la iglesia acoge recitales de música clásica. Las entradas se pueden comprar en **L'Officiel des Spectacles** *(offi.fr)* o allí mismo, antes de cada recital.

★ IMPRESCINDIBLE

Musée Rodin

En el corazón del *7e arrondissement* se encuentra uno de los museos más tranquilos de París, dedicado al prolífico escultor francés Auguste Rodin. El Musée Rodin ocupa el Hôtel Biron, mansión aristocrática del s. XIX donde Rodin solía exponer su obra.

Escultura icónica

Muchos consideran a Rodin el fundador de la escultura moderna, famoso por su habilidad única para plasmar las complejidades de las emociones humanas a la arcilla, el bronce o el yeso. Entre sus esculturas más famosas están *El pensador*, *El beso* y *Las puertas del infierno*, todas ellas expuestas en el museo. También hay una sala dedicada a la escultora Camille Claudel, colaboradora, musa y amante de Rodin.

Unos jardines idílicos

Pero lo que hace tan especial este museo es su tranquilo jardín escultórico, en el que se presentan algunas obras de Rodin. Aunque es un bonito espacio todo el año, y es interesante ver cómo reflejan la luz las esculturas en cada estación, abril y mayo son los mejores meses, ya que es cuando florecen las rosas. También hay una cafetería con terraza exterior, muy agradable para parar a tomar un café.

Cada año se organizan dos exposiciones temporales, una de las cuales, el **Atelier Rodin,** está pensada para niños de 6 meses a 10 años, con la idea de que aprendan sobre la escultura de un modo divertido.

PLANO P. 180 **E4**

CONSEJO

El lunes el museo cierra, así que conviene evitar los martes, ya que suele estar más lleno. La entrada da acceso tanto al museo como al jardín. Se ofrecen visitas guiadas en francés.

Escanea este QR para consultar horarios y comprar entradas.

★ IMPRESCINDIBLE

Hôtel des Invalides

Luis XIV construyó el Hôtel des Invalides en la década de 1670 para alojar a 4000 *invalides* (veteranos de guerra discapacitados). Hoy en día alberga varios museos, entre ellos uno dedicado al ejército francés. En el extremo sur de la Esplanade está el mausoleo de Napoleón.

PLANO P. 180 **D4**

CONSEJO
La entrada al Musée de L'Armée da acceso también a la tumba de Napoleón, así como al Museo de la Orden de la Liberación y al Museo de Mapas en Relieve, más pequeños.

Escanea este QR para consultar horarios e información sobre exposiciones, y comprar entradas.

Musée de L'Armée

El 14 de julio de 1789, una horda penetró en el edificio y, tras una dura lucha, se hizo con 32000 rifles, con los que lanzaron la toma de la Bastilla e iniciaron la Revolución francesa. Esta historia se cuenta en el Musée de l'Armée, el museo militar nacional de Francia que, con más de 500000 piezas, es la tercera colección de armas más grande del mundo. Pero eso no debería frenar a quien sienta que las armas y el ejército no son lo suyo: los 8000 m² del complejo son un enorme gabinete de curiosidades en los que todos encontrarán algo interesante.

El museo se divide en varias secciones, entre ellas Cañones Clásicos Franceses, Armas y Armaduras Antiguas (ss. XIII al XVII), De Luis XIV a Napoleón III (1643-1870) y las dos guerras mundiales (1871-1990). Es imposible verlo todo en un solo día: lo mejor es centrarse en una sección concreta o simplemente dejarse llevar, deteniéndose en aquello que más despierte la curiosidad.

Entre lo más curioso está el último caballo de Napoleón, Vizir, disecado (aún se ve la marca a fuego en la grupa del caballo), y el cuadro *El emperador Napoleón en su trono*, de Jean-Auguste-Dominique Ingres. Varias veces al año el museo organiza exposiciones temporales, a menudo de arte contemporáneo.

PAULOALBERTO82/SHUTTERSTOCK

Bajo la cúpula dorada

Aunque Napoleón I murió exiliado en la isla de Santa Elena en 1821, en 1840 el rey Luis Felipe I ordenó la repatriación de sus restos a París, cumpliendo así con el deseo del emperador. Se tardaron más de 20 años en completar su lujosa tumba –tiempo en el que los restos de Napoleón permanecieron en la **Chapelle de St-Jerôme**– debido a lo difícil que resultaba importar la piedra que se usó. El sarcófago está hecho de cuarcita morada rusa, la base de granito se trajo de los Vosgos, y el fondo de mármol negro llegó de Sainte-Luce, en Martinica. En torno a la cripta abierta, de 6 m de profundidad, hay 12 estatuas en representación de la Victoria; en el suelo de mosaico están grabados los nombres de las batallas en las que combatió Napoleón, junto a su insignia.

UNA PAUSA
El Café Max, fundado en 1941 en la cercana av de la Motte-Picquet, fue lugar de encuentro de la Resistencia durante la II Guerra Mundial.

CIRCUITO A PIE

La esencia de St-Germain

Este itinerario recorre lugares de referencia y bonitos rincones de St-Germain des Prés con siglos de historia, desde unos imponentes jardines reales al patio escondido donde tomaban su dosis de cafeína las grandes mentes de la Ilustración. Un paseo para empaparse del ambiente de este barrio legendario, entre escaparates y animados cafés.

INICIO	FINAL	DISTANCIA
Jardin du Luxembourg	Monnaie de Paris	3 km; 2 h

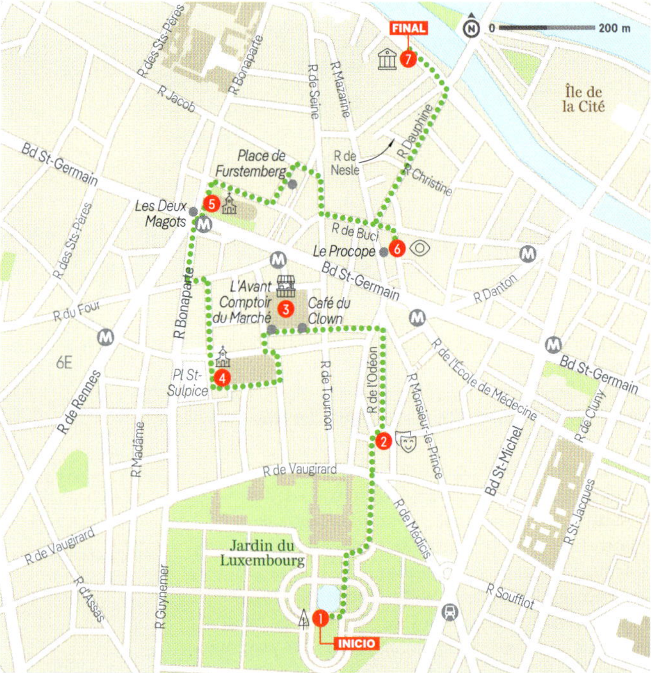

1 Espléndidos jardines

Partimos del verde **Jardin du Luxembourg** (p. 182), el parque más popular entre los parisinos. Podemos comprar un café para llevar en un quiosco y pasear por entre los parterres de flores, contemplar los barquitos de juguete en el estanque o presenciar una reñida partida de petanca. Saldremos por el norte, a rue de Vaugirard, y seguiremos por place Paul Claudel.

2 Un teatro monumental

El **Théâtre de l'Odéon** se inauguró en 1872 y ha acogido el estreno de numerosas obras famosas. En verano, la plaza adoquinada de enfrente se transforma en un café-terraza enorme. Seguimos por rue de l'Odéon.

3 Picoteo en el mercado

Giramos a la izquierda por rue des Quatres Vents y seguimos hasta el **Marché St-Germain,** mercado erigido en 1511 pero posteriormente destruido en un incendio. En su versión actual sigue teniendo encanto. Para recargar energías tenemos el **Café du Clown** (p. 199) o **L'Avant Comptoir du Marché,** donde se puede picar algo.

4 Murales de Delacroix

La siguiente parada es la **Église St-Sulpice** (p. 186). La fuente frente a la iglesia es tan imponente como los murales de Delacroix del interior. También se puede ver el gnomon, marcador astronómico grabado en el suelo y ficcionalizado por Dan Brown en *El código Da Vinci* como "la Línea Rosa". Al salir de la iglesia daremos un rodeo hasta rue Férou para ver el mural caligráfico con el poema de Arthur Rimbaud "Le bateau ivre" (El barco borracho).

5 La iglesia más antigua

Seguiremos hasta bd St-Germain, mítico bulevar de la Rive Gauche lleno de estupendos cafés y restaurantes. Veremos gente contemplando el paisaje humano desde la terraza de **Les Deux Magots** (p. 194) antes de entrar en la **Église St-Germain des Prés,** considerada la iglesia más antigua de París. Aquí hubo una abadía benedictina ya en el 558, y la estructura actual data del s. XI.

6 Patio adoquinado

A continuación, cruzaremos el **cour du Commerce-St-André,** callejón adoquinado de gran encanto flanqueado por *boutiques* y restaurantes como **Le Procope,** donde en su día cenaron Voltaire, Benjamin Franklin y Thomas Jefferson. Aquí es también donde Denis Diderot y Jean le Rond d'Alembert escribieron la *Encyclopédie* mientras tomaban innumerables tazas de café.

7 Casa de la Moneda

Por la porticada rue Dauphine iremos hacia el Sena, recorreremos rue Christine y rue de Nesle y nos empaparemos del ambiente de las antiguas callejuelas. Al llegar al Pont Neuf, el puente más antiguo de la ciudad, encontraremos la **Monnaie de Paris** (p. 194) junto a la orilla.

EXPERIENCIAS

Visitar el taller del artista en el Musée National Eugène Delacroix

MUSEO

PLANO: 1 P. 178 **E3**

En la encantadora place de Furstemberg hay un pequeño museo dedicado a Delacroix, el **Musée National Eugène Delacroix** *(musee-delacroix.fr; adultos/menores de 18 años 9 €/ gratis)*, en lo que fue la vivienda del pintor, con su taller en el jardín. Delacroix escogió este lugar por su proximidad a la Église St-Sulpice (p. 186), donde estaba pintando tres grandes murales que aún se pueden ver. También es el lugar donde pasó sus últimos años, con su fiel ama de llaves. Todas sus posesiones se vendieron tras su muerte, pero sus admiradores podrán ver pequeñas pinturas, un buen complemento a las grandes obras que tiene expuestas en el Louvre (p. 72), en un entorno mucho más tranquilo. Hay que tener en cuenta que el museo es accesible en silla de ruedas, pero el taller del jardín no. Se puede solicitar una visita guiada en inglés enviando un email al museo, que la organizará con un guía externo.

Alimentos orgánicos en el mercado de Raspail

MERCADO

PLANO: 2 P. 178 **C6**

Cada domingo, entre las 7.30 y las 14.30, se celebra en bd Raspail (entre rue de Sèvres y rue de Rennes) el **Marché Biologique Raspail,** el mejor mercado de comida orgánica de París, con unos 50 puestos que cumplen escrupulosamente las normas de producción orgánica. Eso, a su vez, hace que los precios sean más altos que en el supermercado, pero es un lugar estupendo para encontrar pan sin gluten recién horneado, curris vegetales o superalimentos como la espirulina o la maca.

La biblioteca pública más antigua de Francia

BIBLIOTECA

PLANO: 3 P. 178 **F2**

En el interior del Institut de France (encargado de la protección de la cultura francesa) se encuentra la **Bibliothèque Mazarine,** la biblioteca pública más antigua del país. En su día fue la biblioteca privada del cardenal Mazarino, pero hoy es pública y contiene los archivos nacionales, con una impresionante colección de manuscritos raros y antiguos. La resplandeciente sala de lectura está abierta al público de lunes a viernes entre las 10.00 y las 18.00, pero hay que registrarse para obtener una tarjeta de acceso (gratis para 5 días, o 15 € por el pase anual). Todos los visitantes deben lavarse las manos antes de entrar, en absoluto silencio. Se organizan visitas guiadas (muy informativas) a diario, en francés y en inglés.

Visita a los primeros grandes almacenes del mundo

COMPRAS

PLANO: 4 P. 178 B5

Le Bon Marché es un templo de las compras con una elegante arquitectura a la altura de las lujosas marcas expuestas. Se fundó en 1838, y es donde las compras se transformaron en *art de vivre*. En 1852 lo compraron Aristide Boucicaut y su esposa Marguerite, que mejoraron espectacularmente la experiencia de la clientela con su visión innovadora, introduciendo mejoras como el sistema de precios fijos y una sala de lectura para que esperaran los maridos.

Aunque no se vaya a comprar, se puede entrar para ver el lujoso ambiente de otra época. Las escaleras mecánicas centrales fueron diseñadas por Andrée Putman con unos paneles cuadrados ya emblemáticos. Gustave Eiffel diseñó los techos de hierro forjado: se dice que **La Librairie,** la librería de los grandes almacenes, soporta más peso en hierro que la Torre Eiffel.

Y no hay que olvidar pasar por los baños (con su antigua sala de maquillaje y todo): los Boucicaut fueron los primeros en introducir baños separados por sexos en un local comercial. El establecimiento tiene un calendario de eventos que incluye exposiciones de arte y números de baile.

LOS MEJORES JARDINES SECRETOS

Jardin Catherine-Labouré

PLANO: 5 P. 178 A5

Este jardín, poco conocido, está a tiro de piedra de Le Bon Marché, en el recinto de un antiguo convento del s. XVII.

Square Roger-Stéphane

PLANO: 6 P. 178 C4

Otro oasis verde es el square Roger-Stéphane, al final de la peatonal rue Juliette Récamier, bocacalle de rue de Sevrès.

Square Laurent-Prache

PLANO: 7 P. 178 E3

Este pequeño jardín pasa desapercibido, pese a estar a plena vista, junto a la abadía benedictina de St-Germain des Prés.

Square Boucicaut

PLANO: 8 P. 178 C5

Este gran parque tras la estación de metro Sèvres-Babylone es ideal para los niños, o para tomarse un helado de la cercana Le Bac à Glaces.

La Grande Épicerie de Paris, el paraíso de los 'foodies'

TIENDA 'GOURMET'

PLANO: 10 P. 178 B5

Si tras tanto caminar por Le Bon Marché se tiene ganas de comer algo, justo al lado (o por uno de los puentes que los conectan) se puede entrar en **La Grande Épicerie de**

EL RESTAURANTE MÁS ANTIGUO DE LA CIUDAD
En París hay varios restaurantes que se disputan el título. La Tour d'Argent (p. 172) es uno de los más elegantes de París, con estrella Michelin y grandes vistas. Pero cuando abrió, en 1582, era una taberna. Otro candidato en la Rive Gauche es **La Petite Chaise** (PLANO: 9 P. 178 **C4**), fundado en 1680 por el mercader de vinos Georges Rameau, que tuvo la idea pionera de servir comida para acompañar los vinos que vendía. Y Le Procope (p. 191), fundado en 1686 y lugar de encuentro de intelectuales durante la Ilustración, es el café más antiguo de la ciudad.

Paris, la tienda *gourmet* de Le Bon Marché, con una enorme oferta de productos franceses de alta calidad, marcas de alimentación de lujo y panes y pastas recién horneados cada mañana. En el sótano hay una bodega con una oferta de las más amplias (y caras) de todo París (y además hay baño, y no suele haber cola). Arriba hay un restaurante y artículos para el hogar. Y por si se decide de pronto ir de pícnic, en la planta baja se encontrarán incluso cosas como platos de papel y servilletas.

Los cócteles de los intelectuales, en St-Germain

BARES

St-Germain cuenta con famosos restaurantes por los que pasaron grandes escritores, artistas y filósofos del s. XX. **Les Deux Magots** (PLANO: 11 P. 178 **E4**) es considerado por muchos como el lugar donde nació el surrealismo. Los escritores de la generación perdida James Joyce y Ernest Hemingway también eran clientes habituales. El **Café de Flore,** al otro lado de la calle, reunía a grandes filósofos existencialistas como Simone de Beauvoir, Jean-Paul Sartre o Albert Camus. Hoy en día todo es cuestión de preferencias, pero es posible que haya que hacer cola para entrar. Si se quiere ver el panorama humano lo mejor es sentarse en la terraza a tomar café, o un *apéritif*. A unas travesías está **La Palette** (PLANO: 12 P. 178 **F3**), un bar menos conocido al que solían ir Pablo Picasso y Paul Cézanne. Aunque el folclore literario hace que parezca que los artistas subsistían solo a base de café y jerez seco, *à la* Ernest Hemingway, en algún momento comían, y para ello solían visitar la **Brasserie Lipp,** justo enfrente del Café de Flore.

Una lección sobre la historia del dinero en La Monnaie

MUSEO

PLANO: 13 P. 178 **G2**

La **Monnaie de Paris** (*monnaiedeparis.fr; adultos/con descuento 12/8 €*), o casa de la moneda, fue la primera fábrica de París cuando se inauguró, en 1775. Aunque desde 1972 la mayor parte de las monedas de Francia se han acuñado en una nueva ceca en Burdeos, las monedas conmemorativas y de coleccionismo siguen acuñándose aquí, al igual que las medallas olímpicas. No obstante, el objetivo principal del museo es el de albergar un museo permanente sobre las monedas y la acuñación en diversas épocas. Hay mucho que ver, desde la moneda más antigua del mundo a monedas de oro o lingotes recuperados de naufragios. Los viernes se puede ver incluso cómo vierten metal fundido en un molde. Es una visita interesante para niños, con un gran programa infantil. Para ver las muestras hará falta un par de horas. Al igual que otros museos de París, las tardes en que abren hasta tarde (aquí es el miércoles) son la mejor hora para la visita. En verano se monta un cine al aire libre en el patio.

Visita farmacológica a Citypharma

FARMACIA

PLANO: 14 P. 178 **E4**

En el corazón de St-Germain se encuentra la farmacia más famosa de la ciudad, **Citypharma,** lugar de peregrinaje para quien quiere hacer acopio de productos de cosmética. Tiene fama de ofrecer los mejores precios de París, y siempre se encuentran gangas entre sus cientos o miles

Maison Gainsbourg.

de productos, repartidos en dos plantas. Se encontrarán productos de las mejores marcas (Crème Embryolisse, La Roche Posay, Caudalie, Nuxe), pero no hay que dudar en pedir información: el personal está increíblemente bien informado. Eso sí, se encontrará mucha gente, sobre todo a la hora del almuerzo y los fines de semana, aunque las colas avanzan a buen ritmo.

Una incursión en la casa de Gainsbourg

MUSEO

PLANO: 15 P. 178 **D2**

La casa donde vivía el cantante francés Serge Gainsbourg, en el 5 bis de rue de Verneil, ha sido destino de peregrinaje para sus fans desde el primer momento, y hoy está cubierta de grafitos. Ha sido su hija, Charlotte Gainsbourg, quien ha abierto al

CHOCOLATE Y REALEZA

St-Germain des Prés es uno de los mejores barrios de París para comprar chocolate, y en parte eso se lo debemos a María Antonieta. En 1779, cuando Sulpice Debauve fue nombrado farmacéutico real de Luis XVI y María Antonieta, la corte de Versalles ya había adoptado la costumbre de consumir chocolate. En esa época se tomaba bebido, pero cuando María Antonieta empezó a quejarse de sus medicinas para la migraña, Debauve tuvo la idea de endulzarle la medicina con cacao y leche de almendra. Esos medallones de chocolate, que tenían forma de antiguas monedas, se ganaron inmediatamente la aprobación real, y las *pistoles* de María Antonieta aún se pueden comprar en la tienda de **Debauve & Gallais** (PLANO: 16 P. 178 **D3**).

público la **Maison Gainsbourg** *(maisongainsbourg.fr; adultos/con descuento 12/6 €, casa y museo desde 16 €)*, y ha puesto voz a los 30 min de grabación de la audioguía, que permite adentrarse en la vida privada del cantante. Tras la visita a la casa se puede cruzar la calle y ver el museo, con 450 objetos personales de la vida y la carrera musical de Gainsbourg. Todo está en francés, pero en la entrada tienen folletos en inglés. También hay una cafetería-coctelería (Le Gainsbarre), en la que se puede tomar algo, aunque no se visite la casa ni el museo. La casa es pequeña, así que solo se permite la entrada en grupos pequeños, por lo que las entradas suelen agotarse pronto.

De fiesta en un 'péniche' BARCO

El Sena pasa por el *6e* y el *7e arrondissements*, donde se encuentran numerosos *péniches*, casas-barco atracadas de forma permanente a la orilla. Algunas son viviendas privadas, pero otras se han convertido en restaurantes, bares o clubes, y son un modo estupendo de disfrutar del río. El *péniche* más popular es el **Rosa Bonheur sur Seine** (PLANO: 17 P. 180 **E1**), conocido por su música en directo (de todo tipo, de salsa a *jazz*). El calendario de eventos está en Facebook. Para algunos hay que pagar entrada, y a bordo se venden comida y bebida. Quien prefiera pasarse la noche bailando puede visitar **Le Flow,** con estupendas vistas del Pont Alexandre III. Suele celebrar noches de DJ en la cubierta y el fin de semana permanece abierto hasta la madrugada. Para tomar un *apéritif* con buen ambiente, **La Balle au Bond** (PLANO: 18 P. 178 **F2**) tiene una terraza con plantas ideal para relajarse, copa en mano, mientras se contempla la

La Balle au Bond.

puesta de sol sobre el Sena. Abre todos los días para el tardeo y la cena, y los sábados y domingos para el *brunch*.

Curioseando por el paraíso del bibliófilo LIBRERÍAS

Con la cantidad de literatos insignes que encontraron en St-Germain su fuente de inspiración, no es de extrañar que hoy en día este barrio sea el centro de la actividad editorial y literaria del país, y que cuente con algunas de las librerías más interesantes. **Red Wheelbarrow** (PLANO: 19 P. 178 **G6**), cerca del Jardin de Luxembourg, tiene libros en inglés y celebra charlas con los autores y jornadas de firma de ejemplares. Justo al lado tiene una librería infantil, **Red Balloon.**

Chantelivre (PLANO: 20 P. 178 **C5**) tiene una sección infantil al fondo, y un museo de los libros interactivo llamado La Maison des Histoires, donde los chavales pueden jugar y oír historias. En rue Monsieur le Prince está la **San Francisco Book Company** (PLANO: 21 P. 178 **G5**), un laberinto de libros de segunda mano. Si se buscan elegantes libros ilustrados, la marca francesa **Assouline** tiene dos librerías en la Rive Gauche, una de ellas en Le Bon Marché (p. 193), aunque también se puede ir a la tienda de **Taschen** (PLANO: 22 P. 178 **F4**), diseñada por Philippe Starck, donde se han celebrado eventos y sesiones de firma de grandes nombres de la fotografía, la moda y el arte.

SUGERENCIAS

Lo mejor para...

€ Económico €€ Medio €€€ Alto

Localizaciones en el plano de la **p. 178**

Comer

Panaderías

Maison Bergeron €
PLANO P. 180 23 A3
Sus cruasanes siempre figuran entre los 10 mejores, según el Sindicato de Panadería de París. *7.00-20.15*

Poilâne €
PLANO P. 178 24 C5
Quizá sea la *boulangerie* (panadería) más famosa de Francia, sobre todo por sus *miches* (grandes panes rústicos redondos), sus *punitions* (galletas de mantequilla) y sus tartas de manzana. *7.15-20.00 lu-sa*

Boulangerie Liberté €
PLANO P. 178 25 G4
Boulangerie moderna y chic. Sus cruasanes se elaboran allí mismo, y tiene otros locales en París. *7.30-20.00 lu-sa, 8.30-17.00 do*

Tapisserie €
PLANO P. 180 26 C4
Deliciosas creaciones de temporada, obra del mismo equipo que gestiona el restaurante Clamato, especializado en pescado, y el Septime, con estrella Michelin. *8.30-19.00 mi-vi, 9.30-21.00 sa, 9.30-17.00 do*

Pastas y dulces

Des Gâteaux et du Pain €€
PLANO P. 178 27 B4
Postres sublimes, cruasanes de mantequilla, panes recién horneados e incluso *quiches* para un almuerzo rápido: Claire Damon lo tiene todo en su segunda panadería. *10.00-19.30 lu y mi-sa, hasta 18.00 do*

Mori Yoshida €€
PLANO P. 180 28 D8
Sin duda tiene algunos de los dulces más bonitos (y deliciosos) de la ciudad. Entre ellos su característico Le Beige, o alguna versión moderna de clásicos franceses. *11.00-19.00 mi-do*

Philippe Conticini €€
PLANO P. 178 29 B4
El Gran Cru Vanille es su especialidad, pero todo está buenísimo. También hay cruasanes gigantes, muy "instagrameables". *10.00-19.00 ma-sa, 10.00-14.00 do*

La Pâtisserie Cyril Lignac €
PLANO P. 180 30 F8
El famoso chef Cyril Lignac ahora también se ha hecho famoso por su deliciosa *pâtisserie*. *7.00-19.00 lu, 7.00-20.00 ma-do*

Un tentempié en St-Germain des Prés

Café Pavane €
PLANO P. 178 31 F5
Lo lleva la hija del *chocolatier* Jean-Paul Hévin, y la carta incluye platos de inspiración rusa, como el *borscht*, pero también los magníficos postres de chocolate de Hévin. *11.00-19.30 mi-do*

Le Christine €€€
PLANO P. 178 32 G3
El joven chef Rodolphe Despagne presenta unas creaciones gastronómicas sorprendentes (con opciones vegetarianas) en un ambiente nada pretencioso. El servicio es fantástico, igual que los vinos. *12.00-14.00 y 19.00-22.00*

Breizh Café Odéon €

PLANO P. 178 33 F4

Esta *crêperie*, presente en toda la ciudad, sirve los mejores creps y *galettes* de París. Un lugar estupendo para almorzar o cenar, también en grupo o con niños. *10.00-23.00*

Huîtrerie Régis €€€

PLANO P. 178 34 F4

No son las ostras más baratas de París, pero sí las mejores. Es imprescindible reservar, ya que el local es minúsculo y se llena. *12.00-14.30 y 18.30-22.30 lu-vi, 14.00-22.00 sa y do*

Bistrós y clásicos franceses

La Boissonnerie €€

PLANO P. 178 35 F3

Bistró contemporáneo con platos de temporada, una gran carta de vinos y un ambiente animado y acogedor. *12.30-14.30 y 19.00-22.30*

Le Comptoir des Saints-Pères €€

PLANO P. 178 36 D2

Animado bistró clásico de St-Germain des Prés visitado por gente del barrio. Hemingway y Picasso solían pasarse por aquí. *7.00-23.00*

Polidor €€

PLANO P. 178 37 G5

Bistró con historia pero asequible donde comían Arthur Rimbaud, James Joyce y Ernest Hemingway. Los menús a precio fijo salen a buen precio. *12.00-15.00 y 19.00-24.00*

Le Comptoir du Relais €€

PLANO P. 178 38 F4

Cocina francesa todo el día, algo difícil de encontrar en París, con una selección de vinos naturales. *12.00-23.00*

Beber

Los mejores 'apéritifs'

Freddy's

PLANO P. 178 39 F3

Tiene una fantástica carta de vinos y raciones para compartir, para picar algo, almorzar o cenar. Para encontrar mesa hay que llegar pronto. *12.30-24.00*

L'Avant Comptoir de la Terre

Véase 38 F4

Tanto este local como **L'Avant Comptoir de la Mer** (*la terre* sirve sobre todo carne, *la mer* pescado), sirven tapas para compartir. Véanse los montones de mantequilla sobre el mostrador. *12.00-23.00*

Bar Etna

PLANO P. 178 40 F4

Acogedor y animado *bar à vins* para tomar vinos naturales y tapas. *17.00-2.00 ma-sa*

La Crèmerie

PLANO P. 178 41 F5

Bonita enoteca, siempre llena, con una original fachada que no pasa desapercibida. Estupendas tablas de quesos y embutidos. *18.30-22.30*

Cafés tradicionales

Café du Clown

PLANO P. 178 42 F4

Un gran café en un lugar estupendo para observar a la gente desde la terraza, en el Marché St-Germain. El baño está dentro del mercado. *8.00-18.00*

Cafe Nuances

PLANO P. 178 43 D4

Pequeña cafetería para comprar café y alguna pasta para llevar. Su café en grano, envasado en bolsas de tela, puede ser un buen regalo. *8.00-19.00 lu-vi, 9.00-19.00 sa y do*

Maison Fleuret

Véase 16 D3

Acogedora cafetería en el interior de lo que era una antigua librería. Sirven platos vegetarianos y pastas de la escuela de cocina de la propia Maison Fleuret. *9.00-18.30 mi-do*

Wani

PLANO P. 178 44 B5

Bonita cafetería para desayunar, almorzar, tomar pastas y té japonés. *11.00-17.30*

Para amantes del café

Ten Belles

PLANO P. 178 45 C6

La panadería francobritánica Ten Belles, famosa por sus deliciosos panes de *sourdough*, también está presente en la Rive Gauche. *8.30-16.30 lu-vi, 9.00-17.00 sa y do*

Coutume

PLANO P. 180 46 F6

Cafetería especializada en la calle donde vivió Yves Saint Laurent. Además de café sirven desayunos, *brunch* y pasteles. *8.30-17.30 lu-vi, 9.00-18.00 sa y do*

L'Arbre à Café

Véase 49 F4

Los grandes amantes del café disfrutarán con la oferta de granos seleccionados por este tostador y productor artesano, que tiene incluso su propia plantación. *10.00-19.45 lu-sa, 11.00-19.45 do*

Terres de Café

PLANO P. 180 47 A4

Otro pionero en el movimiento del café artesano, con la mayor variedad de cafés de toda Francia. También organizan talleres. *8.00-19.00 lu-vi, 9.30-19.00 sa y do*

Coctelerías

Cravan

PLANO P. 178 48 D4

Local hermano del primer Cravan, en el *16e*. Diseño moderno y excelentes cócteles. Aceptan reservas. *17.00-1.00 ma-vi, 12.00-1.00 sa*

Castor Club

PLANO P. 178 49 G4

Una puerta panelada en madera pero sin rótulo da paso a este bar con estética de refugio de caza, con una banda sonora de suave música *country*. *19.00-2.00 ma y mi, 19.00-4.00 ju-sa*

Bar Joséphine

PLANO P. 178 50 C5

Elegante bar de hotel en su día visitado por gente como Pablo Picasso o Josephine Baker. Sirve excelentes cócteles y atrae a un público local (y ocasionalmente a algún famoso). *17.00-1.00*

Le Bar

PLANO P. 178 51 D4

El chef Cyril Lignac es más conocido por sus restaurantes y *patisseries*, pero su coctelería (que no hay que confundir con el restaurante Bar des Prés, al otro lado de la calle) es un localito íntimo y sugerente ideal para empezar –o rematar– la noche. *19.00-1.00 mi-sa*

Comprar

Productos de belleza

Biologique Recherche

PLANO P. 178 52 F5

Es el segundo local que abre en París la marca de belleza Biologique Recherche, ya de culto, entre cuyos productos está la Lotion P50, el exfoliante de los famosos. *9.30-19.45 lu-sa, 10.30-18.15 do*

Caudalie

PLANO P. 178 53 E5

Los productos Caudalie también se encuentran en las farmacias, pero sus fans querrán echar un vistazo al nuevo *spa* que han abierto en la Rive Gauche. *10.00-19.00*

L'Officine Universelle Buly 1803

PLANO P. 178 54 E2

Las lociones corporales y los jabones de esta marca, fundada en 1803 por el perfumista francés Jean-Vincent Bully, tienen una gran presentación y son ideales como regalo. *11.00-19.00*

Oh My Cream!

PLANO P. 178 55 B4

Esta marca de belleza hoy en día se encuentra por todo París, gracias a su cuidada oferta de productos biológicos y naturales con la que se ha creado una clientela fiel. *10.30-19.30 lu-sa*

Cosas de casa

Cire Trudon

PLANO P. 178 56 F5

En su día fue la cerería oficial de la corte; la tienda de rue de Seine se fundó en 1643. *10.30-19.30 ma-sa, 11.00-19.30 lu*

Marin Montagut

PLANO P. 178 57 D6

Bonitas piezas de porcelana pintada a mano y otros objetos decorativos obra del ilustrador francés Marin Montagut. *11.00-19.00 lu-sa*

La Soufflerie

PLANO P. 178 58 F5

Cristal artesanal soplado a mano. El 100% de los beneficios se destinan a vidrieros para mantener vivo este arte en horas bajas. *11.00-19.00 lu-sa*

Astier de Villatte

PLANO P. 178 59 F5

Cerámica artesanal elaborada en su propio taller parisino, así como una selección de objetos de papelería, perfumes, velas y objetos para la casa. *11.00-19.00 lu-sa*

Alta gastronomía

Compagnie Française des Poivres et des Épices

PLANO P. 178 60 F3

Granos de pimienta de primera, especias, sal de Guérande, hierbas de Provenza, vainilla y azúcares. Las cajas de regalo son un recuerdo estupendo. *11.00-13.00 y 14.15-19.00*

Lafitte

PLANO P. 180 61 C4

Especialistas en *foie gras, rillettes, confits* de pato y *pâtés* desde 1920. También venden botellas de vino, y pueden dar consejo sobre maridajes. *14.00-19.00 ma, 10.00-13.00 y 14.00-19.00 mi-sa*

La Belle-Iloise

PLANO P. 180 62 B4

Esta *conserverie,* fundada en 1932, vende latas de pescado de Quiberon (Bretaña) con una estética antigua y una presentación muy atractiva. *10.00-19.30 lu-sa, 10.00-13.30 y 14.30-19.30 do*

L'Agrumiste

PLANO P. 180 63 F8

Aquí se pueden encontrar los cítricos menos comunes, y cualquier producto derivado: desde mermeladas a granola con yuzu, ginebra al limón o deliciosos pasteles con sabor cítrico. *11.00-19.00 ma-sa*

Antigüedades y diseño 'vintage'

L'Atelier 55

PLANO P. 178 64 D2

Tienda *vintage* especializada en muebles de mediados del s. XX y de diseño (Gio Ponti, Charles Eames, etc.), así como lámparas, cerámica y pósteres, más fáciles de llevar. *10.00-20.00 lu-sa, 10.00-18.00 do*

Galerie Stéphane Olivier

PLANO P. 178 65 D3

Su sala de exposiciones presenta una mezcla de mobiliario escandinavo de las décadas 1950 a 1970, y obras de diseñadores contemporáneos. *10.30-13.00 y 14.00-19.00 lu-sa*

Yveline Antiques

Véase 1 E3

Es toda una institución en el barrio, inaugurada en 1954 en la encantadora place de Furstemberg y llena de antigüedades y curiosidades, como maniquíes de modistería. Ahora la gestiona Agathe Derieux, que sucedió a su abuela en 2013. *11.00-19.00 lu-sa*

★ MERECE LA PENA

Les Catacombes

La atracción más macabra de París son estas galerías subterráneas llenas de cráneos y huesos en una vieja cantera de piedra caliza, uno de los mayores osarios del mundo. Sí, a algunos les dará algo de angustia, pero aun así es una de las atracciones más visitadas de París, y una experiencia increíble.

CONSEJO
No es accesible en silla de ruedas. Conviene llevar calzado resistente y una chaqueta ligera, y no ir cargado con bolsas grandes. Se puede reservar entrada por internet; mejor con antelación. La estación de metro más cercana es Denfert-Rochereau.

Escanea este QR para reservar entrada para un día y una hora precisos.

Historia

En 1785 las galerías subterráneas de una cantera abandonada se adaptaron para que acogieran los huesos exhumados de los cadáveres que ya no cabían en los superpoblados cementerios de la ciudad. En 1810 ya eran unas catacumbas donde reposaban los restos de unos seis millones de parisinos anónimos. El turismo empezó en 1809, cuando la visita era un ejercicio de sobria contemplación de la vida y la muerte, inspirado por las poesías escritas en las paredes. La visita se hacía a la luz de las velas, en lo que seguro sería una experiencia fantasmagórica.

Un viaje atemporal

La entrada es amplia, en av du Colonel Henri Rol-Tanguy, *14e*. Se baja una escalera de caracol con 131 escalones hasta el osario, donde se verá una cantidad impresionante de huesos y cráneos amontonados en las paredes. *"Arrête, c'est ici l'empire de la mort"* ("Para, este es el imperio de la muerte"), dice la inscripción en la entrada del osario, infundiendo miedo y respeto. Pero no todo son huesos. El lugar también tiene un gran interés geológico, filosófico, arquitectónico y arqueológico. Incluso se pueden ver antiguos fósiles marinos en las capas de roca.

TATIANA POPOVA/SHUTTERSTOCK

La visita recorre 1,5 km de túneles, y se está fresco (a 14°C). Se sale subiendo 112 escalones por un "espacio de transición" minimalista, todo en blanco, con una tienda de regalos en el 21bis de av René Coty. No es una visita recomendada para quien sufra de claustrofobia.

Dato curioso

Les Catacombes comprenden solo una pequeña parte de la vasta red de túneles que recorren el subsuelo de París, y tuvieron diferentes usos a lo largo de los años, desde el cultivo de setas a una base secreta de la Resistencia durante la II Guerra Mundial. Hoy en día es ilegal ir más allá del espacio oficial de Les Catacombes. Algunos *cataphiles* (amantes del subsuelo que se cuelan para explorar) montan incluso *raves* en "salas" decoradas con grafitos y esculturas, y muchos acaban recibiendo multas.

UNA PAUSA
Al salir a la arbolada av René Coty, girando a la derecha por rue Dareau encontramos **Le Vaudésir,** un acogedor bistró al estilo antiguo.

CIRCUITO A PIE

Sabor de pueblo en el '14e'

En su día Montparnasse fue lugar de reunión de escritores y otros artistas que frecuentaban *brasseries* legendarias como La Coupole o La Rotonde. Pero también hay muchos rincones ocultos y zonas poco visitadas que vale la pena explorar a pie para disfrutar de su relajado ambiente bohemio.

INICIO	FINAL	DISTANCIA
Cimetière du Montparnasse	Parc Montsouris	4 km; 2-3 h

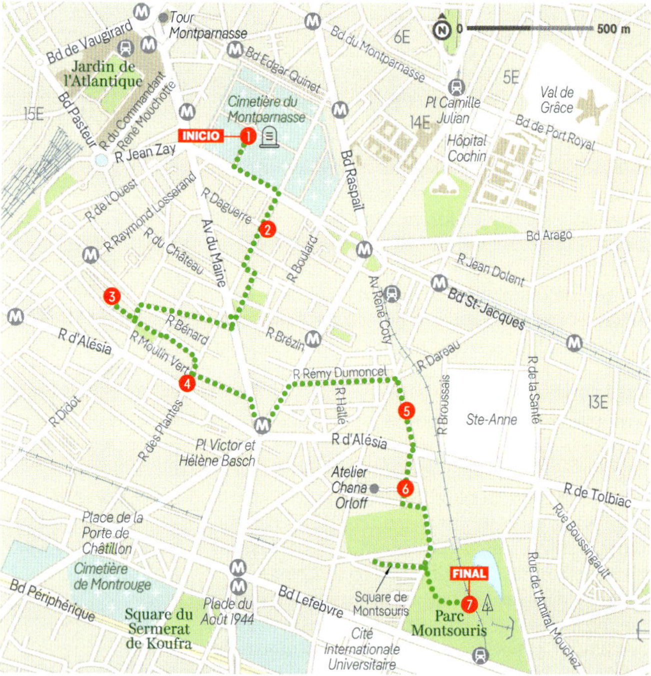

1 Leyendas de Montparnasse

Empezamos en el **Cimetière du Montparnasse,** última morada de personajes como el escritor Guy de Maupassant, el dramaturgo Samuel Beckett, el escultor Constantin Brancusi, el fotógrafo Man Ray, el cantante Serge Gainsbourg y los filósofos Jean-Paul Sartre y Simone de Beauvoir. Es menos famoso que el Père Lachaise (p. 126) y resulta agradable para pasear a la sombra de los árboles, con la **Tour Montparnasse** al fondo.

2 Animada calle comercial

Seguimos por **rue Daguerre,** con un animado ambiente de pueblo. Es peatonal entre av du Général Leclerc y rue Boulard, y está llena de floristerías, *fromageries*, *boulangeries* y cafés donde sentarse a contemplar la actividad. Las tiendas suelen exponer su mercancía en la calle. En el nº 63 está la entrada a la Cité Artisanale, un callejón con encanto lleno de talleres artesanos.

3 La calle más bonita

Hacia el sur encontramos el square Ferdinand Brunot y el square de l'Aspirant Dunant, jardines donde juegan los niños cuando hace sol. Seguiremos al oeste hacia **rue des Thermopyles,** quizá la calle más fotogénica al sur del Sena, con sus postigos de colores, sus jardines llenos de flores y su ambiente relajado que recuerdan la Francia rural. Una joya por la que da gusto pasear.

4 Casas cubiertas de hiedra

Tomaremos rue du Moulin Vert, llamada así por un viejo molino y una *guinguette* (un salón de baile al aire libre) de color verde que llevan aquí desde antes de que este barrio se incorporara a París, en 1860. Giraremos por el **impasse du Moulin Vert,** entre casas con la fachada cubierta de hiedra y enredaderas.

5 Paseo peatonal

Nos dirigiremos al este, cruzando la concurrida av du Général Leclerc, para llegar a rue Hallé. En el nº 12 hay una plaza en forma de media luna con casas que recuerdan un pueblo de provincias francés. Seguiremos hasta **av René Coty,** avenida con un paseo peatonal entre árboles muy apreciado por la gente del barrio.

6 La calle de los artistas

Por las escaleras a la derecha de la calle llegamos a la minúscula **rue des Artistes,** con *petites maisons* antes ocupadas por artistas. El **Atelier Chana Orloff,** cerca de allí, es donde vivió y trabajó esta escultora de origen ucraniano.

7 Un parque con encanto

Seguiremos por el square de Montsouris. Esta vía residencial adyacente al **Parc Montsouris** está flanqueada por villas *art déco* construidas en la década de 1920. El paseo acaba en el parque, con un estanque y castaños de Indias, tejos, hayas lloronas y plátanos. Es un lugar estupendo para el pícnic, con zonas de juegos para los niños.

★ MERECE LA PENA

Château de Versailles

El monumental Château de Versailles, de 400 años de antigüedad, ocupa 900 Ha y es el palacio más famoso de Francia. Se encuentra 22 km al suroeste del centro de París, y el recinto se divide en tres secciones principales: el palacio; los jardines, canales y estanques; y la Finca Trianon, al noroeste.

CONSEJO
Para llegar a Versalles lo mejor es tomar la línea RER C en dirección a Versailles Château Rive Gauche (algunos trenes siguen rutas diferentes).

Escanea este QR para comprar entradas con horas asignadas. Sin reserva previa, no se garantiza la entrada.

Historia

En principio era un refugio de caza real, pero Luis XIV transformó la propiedad en un enorme *château* barroco. En la obra participaron más de 30000 obreros y soldados, y dejó las arcas del reino temblando. El Château de Versailles fue capital política del reino y sede de la corte entre 1682 y 1789, cuando los revolucionarios acabaron con la guardia del palacio y se llevaron a Luis XVI y María Antonieta a París, donde fueron guillotinados.

El palacio

Las obras del palacio se iniciaron en 1661, bajo la dirección del arquitecto Louis Le Vau (unos años más tarde le sucedió Jules Hardouin-Mansart), el pintor Charles Le Brun (que se encargó de la ostentosa decoración interior) y el paisajista André Le Nôtre, que hizo allanar colinas, drenó pantanos y reubicó bosques para crear unos jardines aparentemente infinitos, estanques y fuentes. Desde su construcción no ha habido grandes cambios, salvo por los muebles que desaparecieron durante la Revolución y la redecoración de algunas de las salas por orden de Luis Felipe I [1830-1848], que abrió parte del *château* al público en 1837. Las obras de restauración que están terminándose actualmente han costado 400 millones de euros.

KKULIKOV/SHUTTERSTOCK

La Galería de los Espejos y los Aposentos Reales

La opulencia del palacio alcanza su cota más alta en la reluciente **Galerie des Glaces** (Galería de los Espejos). Este salón de baile de 75 m de longitud está decorado con 17 espejos gigantes (a su vez compuestos por 357 espejos menores) a un lado y el mismo número de ventanas al otro, con vistas a los jardines y al sol poniente. Por su parte, en los **Grands Appartements du Roi et de la Reine** (Aposentos del Rey de la Reina) todos los detalles son de lujo, con salas dedicadas a Hércules, Venus, Diana, Marte y Mercurio.

Jardines y recinto

El paseo por los artísticos jardines formales, las zonas naturales, el enorme Grand Canal y los palacios de Trianon son parte destacada de la visita.

UNA PAUSA

Se puede comer en el moderno restaurante **Ore,** de Alain Ducasse, en el propio *château,* o en **La Petite Venise,** en el Grand Canal. Otra opción es llevar un pícnic.

Guía práctica

En bici, Barrio Latino (p. 157).
OLIVEROUGE 3/SHUTTERSTOCK

Viajar en familia

París está pensada para los niños. No solo hay juegos infantiles en cada parque, sino que también tienen mucho que ver y hacer: desde zoos a paseos en barco por el Sena.

Parques temáticos

Disneyland París es un imán para las familias. Está 32 km al este de la ciudad, y es fácilmente accesible con el RER A. El **Parc Astérix,** parque temático 35 km al norte de la ciudad, abre en verano y cuenta con seis "mundos" de vertiginosas atracciones y espectáculos. El **Jardin d'Acclimatation** (p. 66), en el Bois de Boulogne, es el único parque de atracciones en el interior de la ciudad.

MUSEOS A GOGÓ

En París hay museos para todos los gustos, y muchos son gratis para los niños. Algunos tienen entretenidos talleres infantiles que despiertan su interés. **Escanea este QR para ver una lista completa:**

Alojamiento

En París las habitaciones de hotel pueden ser más pequeñas de lo esperado, algo a tener en cuenta a la hora de compartir habitación. Algunos hoteles ofrecen habitaciones familiares. Un apartamento de alquiler puede ser una opción más espaciosa, y permite adaptar la comida a los gustos y costumbres de los pequeños. Si se lleva carricoche conviene comprobar que haya ascensor.

Un parque de ensueño

Zona de juegos, espectáculos de marionetas, tiovivo: el legendario **Jardin du Luxembourg** (p. 182) hace las delicias de los niños desde hace generaciones. Los clásicos barquitos a vela del estanque crean una estampa deliciosa.

A la caza del tesoro

Los mosaicos pixelados del artista callejero francés **Invader** (p. 116) están por toda la ciudad, y localizarlos da puntos en su *app.*

Transporte público

Los menores de cuatro años viajan gratis en el metro, RER y autobuses. Los menores de 10 años viajan a mitad de precio. Los autobuses tienen el piso bajo, lo que facilita la entrada con carritos. El metro es caótico en hora punta, y algunas estaciones tienen muchas escaleras.

PRYZMAT/SHUTTERSTOCK

Alojamiento

La oferta es enorme, desde albergues a hoteles palaciegos. Quien quiera cocinarse su comida y disponer de espacio puede alquilar un apartamento.

Si te gusta...

Tesoros artísticos y buena vida

Louvre y Les Halles (p. 69) En pleno centro, con excelentes comunicaciones, grandes museos y abundantes tiendas de ropa y comida. Con lo que cuestan aquí las propiedades, no sale barato.

Grandes vistas y un animado ambiente multicultural

Montmartre y norte de París (p. 89) Calles empinadas, encanto rural. Algunas zonas son muy turísticas. Buenas opciones económicas. El barrio de luces rojas de Pigalle no es para todos.

'Boutiques' elegantes y vida nocturna

Le Marais (p. 107) Barrio tremendamente popular, con sus calles llenas de historia, placitas escondidas y una animada oferta de bares y restaurantes, que de noche pueden ser una fuente de ruido.

Historia, 'jazz' y conexiones literarias

Barrio latino (p. 157) Animado barrio estudiantil con una gran oferta para comer, beber y divertirse. Bien ubicado para explorar París a pie. La oferta de alojamiento es muy variada.

Compras con estilo y vida de café

St-Germain y Les Invalides (p. 177) Barrio típico parisino, cerca del Sena y el Jardin du Luxembourg, con precios al nivel de sus *boutiques* de lujo.

IMPRESCINDIBLE

Algunos barrios periféricos, como el *16e*, al oeste de París (p. 39), el *14e*, al sur de París, y el este (p. 123) salen muy a cuenta. París es una ciudad compacta, lo que significa que es relativamente fácil desplazarse. Aunque los barrios más populares entre los turistas, como St-Germain, tienen los precios más altos, las zonas menos turísticas ofrecen precios más económicos y la posibilidad de experimentar la vida de barrio.

CUÁNTO CUESTA

Cama en un albergue desde 32 €

Hotel-*boutique* de precio medio desde 160 €

Apartamento-estudio desde 130 €

Comida, bebida y fiesta

Alergias e intolerancias

Las cartas y menús suelen indicar los alérgenos más comunes, y las intolerancias se toman en serio. Solo hay que comunicarlo al camarero y –si es posible– al establecimiento por anticipado. Los chefs franceses no suelen modificar sus platos, pero pueden buscar alternativas.

CÓMO DECIR

Soy alérgico al/a los... Je suis allergique à/aux...
frutos secos noix
crustáceos crustacés
lácteos produits laitiers
trigo blé

CÓMO PREGUNTAR...

¿Esto es sin gluten?
Est-ce sans gluten?
¿Esto contiene frutos secos?
Est-ce que ceci contient des noix?
¿Tienen una opción vegana?
Proposez-vous une option végétalienne?

RESERVAS

Para asegurarse una mesa es esencial reservar, mejor unos días antes para lugares de precio medio, y hasta uno o dos meses antes para los restaurantes más populares o elegantes. Algunos requieren reconfirmación unos días antes, por correo electrónico o teléfono: si se ve un número francés en el móvil, mejor responder.

Menú de mediodía a precio fijo

Las *formules* o *menus* (menús del día) suelen incluir de dos a cuatro platos. El *plat du jour* (plato del día) siempre sale a buen precio. Los menús de mediodía también, y permiten disfrutar de la *haute cuisine* a precios muy asequibles.

Cómo pagar la cuenta

Intentar que traigan *l'addition* (la cuenta) puede resultar desesperante. En Francia se considera maleducado traerla enseguida, así que habrá que insistir, pidiendo *"l'addition, s'il vous plaît"* (la cuenta, por favor) en cuanto se esté listo.

Pagar a medias No es raro pagar una cuenta entre varias personas. Solo hay que indicarle al camarero la cantidad que paga cada uno.

Propinas El servicio está incluido en la cuenta, así que no es obligatorio dejar *pourboire* (propina), aunque se puede dejar un 5-10 % si el servicio ha sido bueno.

PRECIOS

Los siguientes indicadores hacen referencia al precio medio de un plato principal.

€ menos de 20 €
€€ 20-50 €
€€€ más de 50 €

HORARIOS

Cafés 7.00-23.00
Restaurantes 12.00 a 14.30 y 19.00 a 23.00; pueden cerrar en domingo o lunes
Restaurantes en service continu 12.00 a 23.00

NEW AFRICA/SHUTTERSTOCK

Salir por la ciudad

Vida de café Para los parisinos que viven en apartamentos minúsculos, los cafés y bares siempre han sido como el salón que no tenían: un lugar donde encontrarse con los amigos, tomarse *un verre* (un vaso de vino), leer durante horas frente a un *café au lait* o tomarse un cóctel a la hora del *apéro* (aperitivo antes de la cena).

De marcha Hay locales con música y ambientes de todos tipos. La llegada de nuevas discotecas abiertas toda la noche, como **Mia Mao** (p. 100), local de música electrónica al estilo Berlín en una enorme nave industrial de La Villette, ha transformado por completo la oferta de ocio.

Diferentes precios Salir a beber en París significa pagar por el espacio que se ocupa, así que sale más caro tomar algo en una mesita (sobre todo en la terraza) que en la barra, y más en el *8e* que en el *18e*.

Hora de cierre Bares y cafés cierran hacia las 2.00, aunque algunos tienen licencia para permanecer abiertos hasta la madrugada. Los horarios de clubes y discotecas varían, pero suelen empezar tarde.

CUÁNTO CUESTA

'Baguette'
1,20 €

Cerveza en un café
6 €

Una botella de vino decente en la tienda
10 €

'Espresso' en un café
3 €

Crepe
5 €

Plato principal en un bistró
15-22 €

Comida de dos platos
24-50 € o más

Comunidad LGTBIQ+

París es una ciudad tan abierta que en realidad el "ambiente" está menos confinado y limitado a locales específicos que en otras ciudades europeas.

Fiestas y celebraciones

Con mucho, el evento más sonado en el calendario LGTBIQ+ es el **Gay Pride**, a finales de junio, cuando la Marche des Fiertés atraviesa la ciudad, pasando por Le Marais, creando un espectáculo lleno de color, y acompañado de dos semanas de fiestas. El resto del año se celebran estos eventos.

Mayo **Le Bal de l'Amour** es un evento festivo que celebra la igualdad en el matrimonio, organizada por el gobierno de la ciudad, gratuito y abierto a todos.

Mayo La **Paris Ass Book Fair** congrega a artistas, libreros y editores de libros y revistas en el Palais de Tokyo.

Octubre-noviembre El **Jerk Off** es un festival con eventos dedicados a la cultura *queer* y alternativa.

Noviembre El **Chéries-Chéri** es un festival internacional de cine LGTBIQ+, con el apoyo del Ministerio de Cultura francés.

IMPRESCINDIBLE

El barrio del ambiente

Le Marais, especialmente en torno al cruce de rue Ste-Croix de la Bretonnerie y rue des Archives, y hacia el este por rue Vieille du Temple, siempre ha sido el centro de la vida nocturna LGTBIQ+, y sigue siendo su epicentro.

A LA POLÍTICA CON ORGULLO

En 2001 París fue la primera capital europea que eligió a un alcalde abiertamente gay. Es una ciudad abierta, en la que las parejas del mismo sexo muestran su afecto en público sin reparos.

NEW AFRICA/SHUTTERSTOCK

VISITAS GUIADAS

Para ver la vida gay de París con la perspectiva de un lugareño, se puede hacer una visita guiada.

Recursos

- **Gay Cities** *(paris.gaycities.com)* Esta guía de viajes ofrece información sobre todo tipo de eventos y locales, desde bares a clubes o saunas.
- **Lugares de interés cultural para gays y lesbianas** *(https://parisjetaime.com/spa/articulo/lugares-culturales-gays-y-lesbianos-a652)* La Oficina de Turismo de París indica "los lugares más gays de la capital".
- **Spartacus International Gay Guide** *(spartacus.travel)* Sitio web con recomendaciones, sobre todo de alojamientos *gay-friendly*.

Salud y seguridad

París es una ciudad segura y bien iluminada, pero siempre hay que aplicar el sentido común y prestar atención al entorno.

HUELGAS Y PROTESTAS

Las huelgas ocasionales pueden alterar los programas de viaje. París es el escenario de la mayoría de las manifestaciones públicas en Francia, que pueden atraer a mucha población del resto del país. Aunque suelen ser protestas pacíficas, en ocasiones pueden volverse violentas. El itinerario suele anunciarse previamente.

Seguro

En caso de precisar tratamiento médico durante la visita a Francia, los ciudadanos de la UE, reciben asistencia sanitaria gratuita o a coste reducido con la Tarjeta Sanitaria Europea. Cada miembro de la familia debe tener su tarjeta. Los ciudadanos de otros países deberían informarse de si hay algún acuerdo recíproco de asistencia médica entre su país y Francia.

Agua del grifo

El agua del grifo es potable. En los restaurantes se puede pedir una *carafe d'eau* (jarra de agua) sin cargo.

Farmacias y hospitales

Para pequeños problemas de salud y comprar medicamentos con prescripción se puede ir a una *pharmacie*. Para problemas más graves, al departamento de *urgences* de los *hôpitaux*.

Las farmacias están indicadas con una gran cruz verde luminosa. En cada barrio hay siempre al menos una de guardia; en el sitio web de la oficina de turismo de París se encontrará una lista completa.

CARTERISTAS

Cuidado con los carteristas, especialmente en el metro/RER y en las zonas turísticas más concurridas. No hay que llevar el teléfono en el bolsillo de atrás, ni dejarlo sobre la mesita de una terraza.

A TENER EN CUENTA

Seguridad

Las bicicletas deben asegurarse con cadena o candado, y en el metro hay que tener cuidado de los efectos personales.

Privacidad

Pedir permiso antes de tomar fotos a alguien.

Alcohol

Los parisinos beben vino en los pícnics a pesar de que la ley prohíbe consumir alcohol en público.

Turismo responsable

Consejos para reducir la huella, apoyar la economía local y dejar un impacto positivo en la comunidad.

Comida sostenible

Le Perchoir Porte de Versailles trae la comida de la plantación a la mesa. Está en Nature Urbaine, la mayor granja urbana en una azotea.

Para comprar alimentos biológicos se puede visitar el **Marché Biologique Raspail** (domingo; p. 192), el **Marché Biologique des Batignolles** (sábado) o el **Marché Biologique Brancusi** (sábado).

Los restaurantes vegetarianos y veganos son cada vez más abundantes. **Franck Adandé** (@vegantouristparis) ofrece circuitos veganos, tiene su propia *newsletter* y un mapa turístico vegano.

El contacto con la gente

Explore Paris *(exploreparis.com/fr)* ofrece actividades y visitas guiadas que se apartan de la norma, incidiendo en el contacto con la gente del lugar y los artesanos de toda el área metropolitana.

IMPRESCINDIBLE

Compras con residuo cero

Se pueden encontrar gangas a través de la *app* **Too Good to Go** *(toogoodtogo.fr)*, que contribuye a reducir el desperdicio de comida.

Un París diverso

Se puede descubrir el París "negro" con **Entrée to Black Paris** *(entreetoblackparis.com)*, recorrer los barrios multiculturales del noreste con **Ça Se Visite** *(ca-se-visite.fr)* y saber más de la cultura islámica en un circuito con el **Institut des Cultures d'Islam** *(institut-cultures-islam.org)*.

Recursos

- **bdmma.paris/en/les-prix/le-label-fabrique-a-paris** Productos "Made in Paris".
- **welovegreen.fr** Festival que solo usa energía renovable y sin residuos.

DESDE LA IZDA.: DERYABINKA/SHUTTERSTOCK, I WALL/SHUTTERSTOCK, REFOX PHOTOS/SHUTTERSTOCK

EN LAS ALTURAS

El **Ballon Generali de Paris** *(ballondeparis.com)*, globo aerostático panorámico, está amarrado en el Parc André Citroën, y permite ver París desde 150 m de altura. Se usa como "laboratorio volante", para medir la calidad del aire.

Compras inteligentes

París cuenta con una plétora de *boutiques vintage* y de segunda mano. En Le Marais las hay para todos los bolsillos, desde **Room** a **BIS Boutique Solidaire** (p. 115). Y el **Marché aux Puces de St-Ouen** (p. 94), es el mercado de antigüedades más grande del mundo.

En **Empreintes** *(empreintes-paris.com)* se podrán ver 1000 artículos exquisitos hechos a mano en talleres de diseño franceses.

FUENTES DE AGUA POTABLE

Las espléndidas fuentes verdes de Wallace están por todo París. Algunas fuentes más modernas tienen incluso agua con gas. Además, la red **Ici, je choisis l'eau de Paris** (Yo escojo el agua de París) tiene 1000 puestos de agua por la ciudad para rellenar la botella.

Escanea este QR para localizar la fuente más cercana.

El cambio climático y los viajes

Es imposible ignorar el impacto de nuestros viajes y la importancia de hacer cambios. Lonely Planet anima a todos los viajeros a involucrarse en su huella de carbono. Muchas webs de líneas aéreas y sitios de reservas ofrecen la opción de compensar el impacto de los gases de efecto invernadero realizando donaciones para iniciativas respetuosas con el clima en todo el mundo.

La **calculadora de compensación del carbono de la ONU** muestra el impacto de los vuelos en las emisiones domésticas.

La **calculadora de emisiones de carbono de la OACI** permite analizar el CO_2 generado por trayectos de un punto a otro punto.

Accesibilidad

Transporte público

La red de metro, inaugurada en 1900, no es accesible en su totalidad. Las estaciones más antiguas no tienen escaleras mecánicas ni ascensores. La línea 14, sin conductor, que lleva al aeropuerto de Orly, es la única línea completamente accesible. Los autobuses, en cambio, son accesibles, de piso bajo y puertas amplias.

Alojamiento

En hoteles y apartamentos la accesibilidad no siempre está garantizada. Los hoteles de grandes cadenas y en edificios modernos suelen cumplir con los estándares internacionales, pero otros edificios, como los apartamentos de alquiler, pueden no estar adaptados.

IMPRESCINDIBLE

Tras seis años de obras, el **Musée de la Marine** (p. 51) reabrió sus puertas a finales de 2023, y ahora es plenamente accesible. En sus relucientes interiores se ofrecen actividades adaptadas a personas con todo tipo de discapacidad. Por ejemplo, las personas con audífonos pueden tomar prestado un bucle magnético en recepción. Hay sillas de ruedas, y se ofrecen visitas guiadas en lenguaje de signos. Incluso se ofrecen actividades especiales para niños con autismo.

LA ETIQUETA TOURISME & HANDICAP

Monumentos como **La Monnaie de Paris** (p. 194) y museos como el **Louvre** (p. 72) han recibido la etiqueta Tourisme & Handicap en reconocimiento de la calidad de sus facilidades para personas con discapacidad.

Cultura accesible

Muchas atracciones culturales, incluido el **Arco de Triunfo** (p. 58), ofrecen entrada gratuita para personas con discapacidad y sus acompañantes, así como circuitos adaptados (que habrá que reservar).

TAXIS

Taxis G7 *(g7.fr)* ofrece cientos de coches de piso bajo y más de 100 coches equipados con rampas, y sus conductores están formados en el trato con personas discapacitadas. Todos sus coches aceptan perros lazarillo.

Recursos

my.parisjetaime.com/handicap
La oficina de turismo de París recoge abundante información útil.

Lo esencial

Horario comercial

Estos son horarios estándar aproximados. Muchos negocios cierran en agosto para las vacaciones de verano.

Bancos 9.00-13.00 y 14.00-17.00 lu-vi; algunos abren los sábados por la mañana

Bares y cafés 7.00-23.00 o 2.00

Museos 10.00-18.00; cerrados lunes o jueves

Restaurantes 12.00-14.00 y 19.00-22.30; pueden cerrar el domingo o el lunes

Tiendas 10.00-19.00 lu-sa; horarios más amplios en zonas turísticas

Ouvert(e)
Abierto
Fermé(e)
Cerrado

A TENER EN CUENTA

Hora local
GMT +1

Prefijo nacional
33

Emergencias
112

Población
2,1 millones de hab.

ELECTRICIDAD

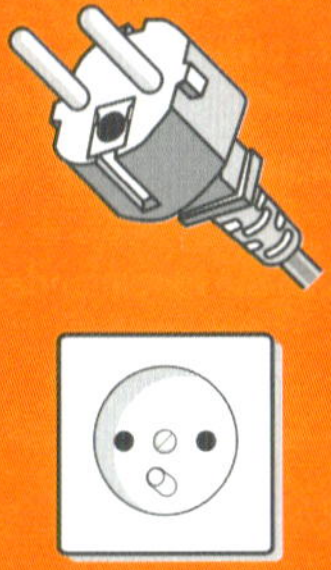

230V/50Hz

Fumar

Fumar es ilegal en todos los espacios públicos, incluidos restaurantes, cafés y bares. Desde julio de 2025, también está prohibido en lugares al aire libre si hay niños presentes (incluidos parques, playas, paradas de autobús, escuelas y estadios). No obstante, es legal hacerlo en las terrazas de los restaurantes.

Fiestas oficiales

Año Nuevo (Jour de l'An) 1 de enero

Domingo y Lunes de Pascua (Pâques y Lundi de Pâques) Finales de marzo/abril

Día del Trabajo (Fête du Travail) 1 de mayo

Día de la Victoria (Victoire 1945) 8 de mayo

Jueves de la Ascensión (L'Ascension) En mayo (40 días después de la Pascua)

Lunes de Pentecostés (Lundi de Pentecôte) Entre mediados de mayo y mediados de junio (7° lunes tras la Pascua)

Día de la Bastilla (Fête Nationale) 14 de julio

La Asunción (L'Assomption) 15 de agosto

Todos los Santos (La Toussaint) 1 de noviembre

Día del Armisticio (Le Onze Novembre) 11 de noviembre

Navidad (Noël) 25 de diciembre

Idioma

Vocabulario básico

Hola

Bonjour *bon·jur*

Adiós

Au revoir *or·vuar*

Sí

Oui *ui*

No

Non *non*

Por favor

S'il vous plaît *sil·vu·ple*

Gracias

Merci *mɛr·si*

Disculpe

Excusez-moi *eks·kü·ze mua*

Perdón

Pardon *par·don*

Frases rápidas

¿Habla español?
Parlez-vous espagnol? *par·le vu ɛs·pa·ñol*

No comprendo.
Je ne comprends pas. *joe noe kon·pran pa*

¿Cómo se llama?
Comment vous appelez-vous? *ko·man vu·za·poe·le vu*

Me llamo...
Je m'appelle ... *joe ma·pɛl ...*

¿Dónde está...?
Où est ...? *u ɛ ...*

¿Me puede indicar (en el plano)?
Pouvez-vous m'indiquer (sur la carte)? *pu·ve vu min·di·ke (sür la kart)*

¡Socorro!
Au secours! *o soe·kur*

¡Salud!
Santé! *san·tɛ*

¿Qué me recomienda?
Qu'est-ce que vous conseillez? *kɛs koe vu kon·sɛ·ye*

Números

1 **un** *ɛn*

2 **deux** *doe*

3 **trois** *trua*

4 **quatre** *katr*

5 **cinq** *sɛnk*

Importante

Forma de respeto En francés, como en español, la segunda persona del singular tiene una forma informal y una de respeto (*tu* y *vous*, respectivamente), aunque el uso de *vous* es mucho más amplio que el usted español. Prácticamente se usa con cualquier persona que no se conozca.

Hora

¿Qué hora es?
Quelle heure est-il? *kɛl oer ɛ·til*
Son las (8) en punto **Il est (huit) heures** *il ɛ (uit) oer*
Son las (10) y media **Il est (dix) heures et demie** *il ɛ (diz) oer e doe·mi*
mañana **matin** *ma·tɛn*
tarde **après-midi** *a·pre·mi·di*
tarde-noche **soir** *suar*
ayer **hier** *i·ɛr*
hoy **aujourd'hui** *o·jur·dü*
mañana **demain** *doe·mɛn*

JERGA DE LA CALLE

¿Qué hay? Quoi de neuf?
¡Déjalo!/¡Ni caso! Laisse-tomber!
No me importa/paso J'ai la flemme
¡Que aproveche! Bon app!
¡No puede ser! C'est pas vrai!
¡Venga!/¡Hagámoslo! C'est parti!
¡Perfecto! ¡Genial! Nickel!
¡Caray! La vache! (literalmente, "la vaca")
Buena suerte Merde
Ahí está/ahí tienes Et voilà

Carteles

Entrée Entrada
Fermé Cerrado
Ouvert Abierto
Sortie Salida
Toilettes/WC Baños

¿QUIÉN HABLA FRANCÉS?

El francés es lengua oficial en 29 países, entre ellos Francia, Bélgica, Canadá, la República Democrática del Congo y Vanuatu. Ochenta millones de personas hablan francés como lengua materna y cincuenta millones como segunda lengua.

6 **six** sis
7 **sept** *sɛt*
8 **huit** *uit*
9 **neuf** *noef*
10 **dix** *dis*

Índice

Puntos de interés p. 000
Págs. de los planos p. 000

Véanse también los subíndices:
Comer p. 225
Beber p. 226
Comprar p. 226

Comer

Beber

Comprar